지금 공부하는 네가,
모두를 놀라게 할 것이다

지금 **공부하는** 네가, **모두를** 놀라게 할 것이다

김형중 지음

프롬북스
frombooks

현재present는 곧 선물present이라고 한다. 영어 철자가 같아서가 아니라, 지금 이 순간 노력하면 미래가 달라진다는 의미에서 전적으로 공감이 가는 말이다. 여러분의 미래는 확정형이 아니라 가변형이고, 지금 노력하면 얼마든지 바꿀 수 있다.

미래의 여러분은 구글 창립자인 래리 페이지와 세르게이 브린 또는 페이스북 창업자인 마크 주커버그가 될 수도 있고, 제2의 빌 게이츠나 스티브 잡스 또는 아인슈타인이나 반기문이 될 수도 있다. 멋진 목표를 설정하고 최선을 다한다면, 지금 공부하고 있는 여러분은 세상을 깜짝 놀라게 할 것이다.

나를 행복하게 하고 모두를 놀라게 할 '꿈'을 찾는 데 결코 시간을 아끼지 말자.

다만, 꿈을 꾸는 방법, 꿈과 목표를 구별하는 능력, 왜 공부해야 하는가에 대한 답을 아는 데 시간을 우선적으로 써야 한다.

농구선수가 골대를 향해 온몸으로 솟구쳐 오르듯, 축구선수가 골문을 향해 장애물들을 피하며 전력 질주하듯, 그 꿈을 향해 달려가는 여러분에게 가장 안전하고 빠르게 목표에 도달할 수 있는 '내비게이

션'이 될 책을 내놓는다.

　이 책에는 십 대에서 이십 대 초반까지 알을 깨고 세상을 향해 나아가는 젊은이라면 누구나 겪을 수밖에 없는 상처와 갈등을 현명하게 이겨내는 방법이 들어 있다. '된 사람'이 갖추어야 할 품성과 '난 사람'으로 살아갈 수 있는 다양한 사례도 소개했다. 그리고 이를 통해 여러분 스스로 미래의 삶을 유추해낼 수 있는 선례도 담아놓았다. 또한 실질적으로 여러분에게 날개를 달아줄 공부방법, 그리고 부모님들께 당부하고 싶은 말 등을 담았다.

　여러분은 이미 꿈이 아니라 성적으로 줄을 서봤을 것이고, 이로 인해 마음이 아팠을 것이다. 그래서 공부를, 더 나아가서는 꿈을 포기했을 수도 있다. 하지만 기억하자. 꿈이 꺾이는 순간 공부도 꺾인다. 결국, 성적으로 마음 아픈 학생이 행복해질 수 있는 방법은 오직, 공부를 잘할 수 있는 방법을 터득하는 것뿐이다.

　국·영·수 공부만 공부가 아니다. 요리사가 되기 위해서 요리를 연구하고 직접 해보는 것도 공부고, 노래하는 것이 좋아서 노래를 만들고 악기를 연습하는 것도 공부다. 학교 공부건 다른 공부건 간에,

공부만이 여러분을 행복한 미래로 이끌어준다. 공부에 미쳐야 여러분은 세상을 놀라게 할 수 있다.

꿈을 가지고, 그 꿈을 향한 열정으로 하루하루를 살아야 여러분은 행복할 수 있다. 그리고 매일 행복하게 성취를 해나가는 사람이면, 그의 인생은 100% 성공한다. 피카소의 작품 〈누드, 녹색 잎과 상반신〉은 2010년 5월에 1억 640만 달러에 팔렸고, 〈파이프를 든 소년〉은 2004년 1억 410만 달러에 팔렸으며, 〈창가에 앉은 여인〉이 2013년 2월 2,860만 파운드에 팔렸다. 한화로 계산하면 대략 1,170억 원, 1,145억 원, 490억 원에 해당하는 금액이다.

이런 놀라운 가격의 작품을 피카소는 얼마나 남겼을까? 피카소는 91세까지 살면서 80년 동안의 작품 활동을 통해 그림 1만 3,500점, 판화 10만여 점, 삽화 3만 4,000점, 조각 300점 등을 남겨, 작품 수가 가장 많은 화가로서 『기네스북』에 올라 있다. 판화를 제외한 작품만 따져보더라도 연간 600점 가까운 작품을 만들었고, 판화까지 합하면 하루 평균 너덧 점의 작품 활동을 했다는 계산이 나온다.

그가 얼마나 작품 활동에 빠져 하루하루를 살았겠는가? 피카소는 다분히 충동적이고 감정적인 성격이었지만 작업을 할 때만큼은 그 어떤 예술가보다 부지런하고 성실했다. 사흘 밤낮 물 한 모금, 빵 한 조각 먹지 않고 작업에 몰입하던 적도 많았다고 한다.

이렇게 빠질 수 있는 것, 이만큼 좋아하고 잘할 수 있는 것, 바로 그것을 찾아라! 그리고 그것을 향해 노력해라. 공부해라. 꿈을 향해 공부하는 여러분의 책꽂이 가운데 칸에 이 책이 자리 잡고, 지치고 힘든 여러분에게 도움이 되길 간절히 바란다.

김형중

차례

프롤로그 004

CHAPTER 1
포기하지 마, 지금의 성적이 미래를 결정하는 건 아니야

1. 세계 무대로 날고 싶은 너에게 · 014
2. 기회는 지금 여기에 있다! · 020
3. 네가 게임에 빠져 있는 진짜 이유 · 026
4. 세상에서 가장 아름다운 '고통' ―일단 한번 느껴봐 · 037
5. 공부? 2년만 집중하면 올라가지 못할 등급 없다 · 043
6. 요리사도, 음악가도, 운동선수도 공부는 기본이다 · 048
7. 아버지의 빈자리, 이미 받은 것으로 채워라 · 055
8. 재수! 삼수? 두려워만 하지 말자 · 062
9. 부모와의 갈등 땐, 중재인을 찾아보자 · 069
10. 성적보다 성(性)이 더 문제가 되는 사춘기 · 076

CHAPTER 2

행복은 어른이 되어야만
꿀 수 있는 꿈이 아니다

1. 바로 거기에 내가 공부해야 하는 모든 이유가 있다 • 084

2. 끝없이 이뤄지는 꿈 vs. 꿈으로 착각한 직업 • 089

3. 대학 캠퍼스―그 공간에 머물다 • 094

4. 책 속에서 유추의 시야가 확보될 때 • 099

5. 동성친구보다 이성친구가 더 좋아지는 나이 • 103

6. 진짜 멋진 사람이 되기 위해서 지금 너에게 필요한 것 • 108

7. 배우려는 마음만 있으면 거지에게서도 배운다 • 112

8. 여행과 만남에서 배우는 것들 • 117

9. 진정한 친구는 같이 비를 맞아주는 사람이다 • 122

CHAPTER 3

꿈, 그리고
진로와 진학

1. 진학, 진로, 직업을 한 바구니에 담아라 • 128

2 대학을 택할 것인가, 전공을 택할 것인가 • 135

3. 서울대 의대? 이렇게 하면 갈 수 있어! • 142

4. 대학은 자신의 대학을 빛내줄 학생을 원한다 • 148

5. 열심히 찾아라, 열리지 않는 대학문이란 없다 • 156

6. 한번도 생각해보지 못한 전공과 선택 노하우 • 161

7. 대입원서 쓰기 전에 꼭 알아야 할 것들 • 168

8. 배치표의 행간과 원서접수의 경제원리 • 174

9. 대학입시의 핵심은 졸업 후의 인생 • 181

10. 세상은 넓고 대학은 많다 • 188

CHAPTER 4

네 공부에
날개를 달아주마!

1. '시험 운' 진짜일까? • 198

2. 어려운 문제 먼저 풀어야 할까, 나중에 풀어야 할까? • 203

3. 시간관리, 10중 6은 고정하고 4에 변화를 줘라 • 209

4. 특정 과목 올인, 좋은 전략 아니다 • 214

5. 공부는 엉덩이로, 성실과 끈기가 답이 될 때 • 220

6. 아무리 강조해도 부족하지 않은 오답 노트 정리법 • 224

7. 질문, 이렇게 해야 실력이 쑥쑥 는다 • 230

8. 수능시험과 내신시험의 차이부터 확실하게 • 233

9. 교과서 학습목표와 학습활동 확인은 필수! • 239

10. 마무리 학습과 이미지 트레이닝 • 244

30년의 교육 노하우가 담긴
'학부모 다이제스트'

1. 부모라는 '자격'으로 습관처럼 '상처' 주지 마라 • 250

2. 부모의 교육적 소신에 아이를 포함하라 • 254

3. '엄마 덕분에'와 '엄마 때문에' • 258

4. 학부모 천태만상 • 262

5. 삼무일극(三無一極) • 267

6. 자신과 주변의 이목보다 아이의 인생을 보라 • 272

7. 아이가 원하는 진로의 사람들을 만나게 해줘라 • 279

8. 꿈이 꺾이는 순간 공부도 꺾인다 • 284

9. 멘탈이 강한 아이로 키워라 • 290

10. 자존감 높은 아이, 자존심만 센 아이 • 295

11. 학부모라는 이유로 사생활을 포기하지 마라 • 301

12. 객관적인 시각으로 자녀를 바라보라 • 307

1

포기하지 마,
지금의 성적이 미래를
결정하는 건 아니야

"새는 알을 깨고 나오려고 싸운다. 알은 새의 세계다. 태어나려는 자는 하나의 세계를 깨뜨리지 않으면 안 된다."

『데미안』에 등장하는 구절이다. 새가 태어나기 위해 반드시 깨뜨려야만 하는 알은 부모가 감싸주고 보호해주는 세계다. 성장한다는 것은 부모로부터 벗어나 자신만의 세상을 향해 나아가는 과정이다. 사춘기는 부모 품을 떠나 정신적으로 홀로 서려는 시작점이다. 새가 알을 깨는 고통 없이는 태어날 수 없듯이, 여러분도 어른이 되기 위해서는 알을 깨는 고통을 이겨내야 한다. 알을 깨트리고 나오는 과정에서 얻게 되는 상처와 갈등은 부러진 뼈가 더 단단하게 붙듯, 달구어진 쇠가 더 단단해지듯, 알을 깨고 나와 만나게 될 세상을 견디어내게 해주는 든든한 갑옷이다.

1

세계 무대로 날고 싶은 너에게

우화등선羽化登仙

E여대 건축공학과 4학년인 현지(가명)는 누구보다도 바쁜 대학생활을 보내고 있다. 전공 공부를 열심히 하는 것은 물론, 민병철 교수의 '선플달기운동본부' 봉사활동을 하면서 대학생 대표가 되었기 때문이다. 게다가 3학년 때 각 대학 학생들과의 네트워크를 활용해 모 연예인의 바이럴마케팅 일을 했는데, 반응이 좋아서 바이럴마케팅의 귀재라는 평가도 받았다. 최근에는 다른 연예인 소속사로부터 바이럴마케팅 업무를 맡아달라는 부탁도 받았다.

　그뿐일까? 주말에는 고등학생 과외도 하는 중이다. 학교 수업을

우화등선(羽化登仙): 사람이 날개가 돋아 신선(神仙)이 되어 하늘로 올라간다는 뜻.

포기하지 마,
지금의 성적이 미래를
결정하는 건 아니야

들으면서 봉사활동과 바이럴마케팅 업무까지 처리하느라 너무 바쁘다. 그러나 수능 때까지 아이를 맡아달라는 부모들의 간절한 부탁 때문에 그만둘 수가 없다. 수험생들을 잘 가르친다는 소문 덕분에 70~80만 원의 과외비를 받고 있는데, 경제적인 측면의 매력도 크다. 친구들은 열심히 공부하고 돈까지 벌면서 누구나 꿈꾸는 대학생활을 하는 현지를 무척 부러워한다. 현지도 지금의 대학생활이 너무 즐겁고 행복하다. 대학에 입학하기 전, 항상 꿈꿔오던 것보다도 지금의 대학생활이 더 완벽하기 때문이다.

그런데 졸업이 다가오면서 취업 시즌이 되자 현지에게 고민이 생겼다. 남들처럼 취업이 안 되어서가 아니다. 여러 방면에서 활발히 활동한 이력이 좋은 평가를 받아서 몇몇 회사에 합격했는데, 전공을 살릴 수 있는 회사에 취직할지 마케팅 분야의 직업을 선택할지 결정하기가 어려워서다. 고민 끝에 삼수생 시절 자신의 담임이던 학원 선생님에게 상담을 한 현지는 자신의 마케팅 능력을 십분 발휘할 수 있는 모 대기업에 취직을 했다.

늘 바쁘고 활기차고 매력 있고 자신감 넘치는 현지지만, 불과 몇 년 전만 해도 현지는 벼랑 끝에 서 있었다. 커리어우먼으로 뛰어난 능력을 발휘하는 지금의 현지를 알고 있는 사람들이라면, 그녀가 지나친 두려움으로 인해 수능시험을 두 차례나 망쳤다는 사실을 아무도 믿지 못할 것이다.

첫해는 난독증이었다. 1교시 언어영역 시험 중반쯤에 전혀 예상하지 못한 지문과 문제가 나왔다. 가슴이 두근거리기 시작했다. 당황해서 다음 문제로 넘어갔지만, 무엇을 묻는지 이해가 되지 않았다. 머릿속이 하얘지면서 시험지 위의 글자들을 전혀 읽을 수가 없었다. 그러고는 종이 울렸다. 1교시가 끝난 것이다. 현지는 천천히 일어나 가방을 들고 교실 밖으로 걸어나왔다. 2, 3, 4교시 시험을 포기한 채로….

두 번째 해는 고열이 그녀의 발목을 잡았다. 유명한 재수학원에서 1년 동안 열심히 공부를 했고, 모의고사 점수도 괜찮게 나왔다. 하지만 수능 날짜가 다가오자 걱정과 두려움으로 가슴이 두근거리기 시작했다. 1년 전 사건이 생각난 엄마는 시험 보러 가는 현지에게 우황청심환을 먹였다. 긴장을 풀어주기 위해서였다. 그런데 이번에는 고열 탓에 시험장에서 정신을 잃고 쓰러지고 말았다. 결국 1교시 시험도 마치지 못하고 앰뷸런스에 실려 교문을 빠져나왔다.

그렇게 삼수생이 된 현지는 우리 학원과 인연을 맺었다. 원래 현지의 성적은 중상위권 대학을 목표로 삼아야 하는 정도였다. 그런데 서울대에 보내야겠다는 엄마의 치맛바람으로 전교회장을 맡으면서 위상이 부풀려졌다. 이후 엄마의 끊임없는 세뇌로 현지 스스로도 자신을 과대평가하게 되었다. 상담을 마친 현지 담임선생님은 현지의 난독증과 고열의 원인을 엄마가 주는 지나친 스트레스라고 판단했다. 그리고 현지의 엄마에게 "앞으로 현지에게 성적의 'ㅅ' 자도 꺼내지 말고, 입시나 수능에 대해서는 한마디도 하지 말아달라"고 요청했다. 현지의 엄마는 처음에는 펄쩍 뛰었지만, 곧 수긍하고 학원의 방침을 따라주었다.

열심히 공부하던 현지는 8월 즈음부터 하루에 한 번씩 담임을 찾아와서, "선생님, 진짜로 제가 할 수 있을까요?" 하고 불안감을 표출하기 시작했다. 오랜 경험으로 학생들의 심리에 능통했던 담임은, 현지가 찾아올 때마다 현지의 성적 추이, 전체 수험생 대비 객관적인 위치, 꾸준히 써왔던 오답 노트 등 구체적인 자료를 꺼내어 보여주었다. "봐, 네 성적은 이렇게 오르고 있어. 이 오답 노트를 봐. 예전에는 이런 문제 몰랐는데 지금은 알잖아?" 하면서 끊임없이 자신감을 불어넣어준 것이다.

현지가 맞이한 세 번째 수능시험 당일, 현지의 담임은 현지의 시험장으로 갔다. 학생들에게 초콜릿과 과자 등을 건네주면서 시험을 잘 치르라고 격려하기 위함이었다. 그런데 굳은 표정으로 고사장으로 향하던 현지가 갑자기 담임에게 달려와서는 울기 시작했다. 혼잡한 정문에서 엉엉 우는 현지의 어깨를 토닥이고 헤어진 담임은, '이 아이가 시험을 끝까지 치르고 나올 수 있을까' 걱정했다.

그날 현지는 처음으로 수능시험 문제를 다 풀고 나서 수험장을 당당히 걸어나왔다. 현지의 담임은 지금도 그 순간을 "소름 끼쳤다"라고 표현한다. 현지가 시험을 다 치르고 나왔다는 사실 자체가 너무 고마웠다는 것이다. 세 번째 수능시험에서 현지는 연대나 고대에 도전해볼 만한 성적을 받았다. 하지만 E여대로 진학했다. "절대로 대학입시에 떨어지고 싶지 않아요. 다시는 수능시험을 못 보겠어요. 그러니 100% 합격할 수 있는 곳으로만 원서를 써주세요"라는 현지의 강력한 바람 때문이었다.

'우화등선羽化登仙'이라는 말이 있다. 사람이 신선이 되어 하늘로 올라간다는 뜻이다. '우화羽化'라는 단어는 번데기가 나방으로 변태變態하는 것을 말한다. 힘들었던 삼수생 생활 끝에 누구보다도 멋진 대학생활을 보내고 훌륭한 직장인으로 성장한 현지를 생각하면, 나는 우화등선羽化登仙 또는 우화羽化 라는 말이 떠오른다.

시험을 끝까지 치르지도 못하던 현지가 대학입학 후에 화사하게 피어나는 모습이, 마치 누에고치 속에 보잘것없이 웅크리고 있던 번데기가 나방이 되어 화려한 날개를 펴고 날아오르는 모습, 고통과 상처 속에서 살아가는 인간이 신선이 되어 하얀 도복을 입고 비상하는 모습을 연상시키기 때문이다.

시험지 앞에서 머릿속이 하얘져버린 현지, 시험날짜가 다가오자 불안하고 초조해 하다가 고사장 앞에서 울음을 터트린 현지, 이것은 결코 남의 이야기가 아니다. 지금 이 글을 읽는 여러분들 중에도 시험지를 받아들면 머릿속이 하얘지거나, 시험 때만 다가오면 엄마·아빠의 잔소리 걱정부터 하는 학생이 있을 것이다. 나 역시 어렸을 때 시험공부를 제대로 해놓지 않을 때면 시험 전에 전쟁이라도 일어나길 간절히 기도한 적이 있었다. 너무도 당연한 일이지만, 시험 안 보게 해주려고 전쟁이 일어나는 일은 결코 일어나지 않았다.

수능도 제대로 못 치르던 현지가 누구보다도 멋진 대학생활을 보낸 것은 기적이 아니다. 우리 모두가 마음만 먹으면 해낼 수 있는 노력의 결과일 뿐이다. 모든 것은 지나간다. "This, too, shall pass away."를 기억하자. 아무리 힘든 상황도 영원히 계속되지는 않는다. 영원히 계속되지 않을 상황이라면 이겨낼 수 있다.

여러분도 해낼 수 있다. 지금은 누에고치 속에 갇혀 사방이 막힌 듯 답답하고 몸조차 움직일 수 없겠지만, 조금만 더 버티고 조금만 더 노력하면 화려한 날개를 펼치고 날아오를 수 있다.

지금 이 순간

지금 이 순간을 놓치지 말라.
'나는 지금 이렇게 살고 있다' 고 순간순간 자각하라.

한눈팔지 말고, 딴생각하지 말고, 남의 말에 속지 말고, 스스로 살펴라.
이와 같이 하는 내 말에도 얽매이지 말고 그대의 길을 가라.

이 순간을 헛되이 보내지 말라.
이런 순간들이 쌓여 한 생애를 이룬다.

너무 긴장하지 말라.
너무 긴장하면 탄력을 잃게 되고 한결같이 꾸준히 나아가기도 어렵다.
사는 일이 즐거워야 한다.

날마다 새롭게 시작하라.
묵은 수렁에서 거듭거듭 털고 일어서라.

2

기회는 지금 여기에 있다

진인사대천명盡人事待天命

자신이 목표하던 것을 단번에 이루지 못한 사람들은 대부분 실의에 빠진다. 실패했으니 자신에게는 더 이상의 기회도 희망도 없다고 생각하는 것이다. 그리고 "Opportunity is nowhere." 즉 "기회는 아무 곳에도 없다"라는 말에 고개를 끄덕이며, 비참한 심경으로 귀한 시간을 헛되이 보낸다. 하지만 아는가? 기회는 어디에도 없다는 절망감을 조금만 떼어놓으면 바로 그 자리에서 기회를 얻을 수 있다는 사실을 말이다. 'nowhere'를 조금 떨어뜨려 'now here'로 바꾸면 "Opportunity is now here." 즉 "기회는 지금 여기에 있다"는 말이 되는 것이다.

진인사대천명(盡人事待天命): 인간으로서 해야 할 일을 다하고 나서 하늘의 뜻을 기다린다는 의미의 한자성어.

포기하지 마,
지금의 성적이 미래를
결정하는 건 아니야

실패했으므로 절망뿐이라고 생각되는 바로 그 자리에서 여러분의 생각을 바꾸고 최선을 다해 노력해보라. 진인사대천명盡人事待天命하면 천우신조天佑神助하는 법이다. 내가 할 수 있는 모든 노력을 다하고 기다리면, 하늘도 돕고 신도 도와 목표하던 일을 이룰 수 있다는 말이다. 하늘은 스스로 돕는 자를 돕는다. 진짜로 실패해서 절망밖에 남지 않은 사람들은 바로 '포기한 사람들'이다. 포기했기 때문에 실패하는 것일 뿐, 힘들다고 생각되는 시점에서도 최선의 노력을 다하는 한 반드시 성공한다.

수학능력시험이나 학교시험에서도 마찬가지다. 자신이 원하는 대학에 가려면 350점을 맞아야 한다고 가정할 때, 모의고사에서 300점을 맞았다면 여러분은 어떻게 하겠는가? 50점이 부족하니 포기해야 할까? 만일 50점을 더 얻을 자신이 없어서 포기해버린다면, 단언컨대 그 학생은 300점이 아니라 250점밖에 맞지 못한다.

하지만 '그래? 그럼 나는 400점을 맞겠어!' 다짐하고 엉덩이에 땀띠가 나도록 앉아서 공부하면 그 학생은 350점을 충분히 받아 목표한 대학에 합격한다. 정말이다.

몇 년 전에 명문대학교(연대)의 사회학과에 합격한 진석은 고등학교 때까지만 해도 복싱부 학생이었다. 모범생도 아니어서 툭하면 싸움질의 연속이었다. 하지만 부상을 입어 복싱 선수의 길을 포기해야만 했다. 수업도 빼먹고 운동에만 열중하던 실력으로 그가 갈 수 있는 대학은 어디에도 없었다.

운동을 할 수 없게 되었으므로 공부를 해서 대학에 가야겠다고 마음먹은 진석. 그가 학원에 찾아와서 물어본 것은 "가능할까요?"였다.

진석과 상담한 담임이 '뜻을 두고 독하게 노력하면 못할 것이 없다'는 평소의 소신대로 "응, 가능해."라고 대답하자 그가 말했다. "열심히 한번 해보겠습니다!"

초등학교, 중학교, 고등학교 12년 동안 공부에는 관심 없이 놀고 운동만 하던 진석이 기적을 일으키는 데 걸린 시간은 2년 반이었다. 고등학교까지 열심히 공부하고도 진학하기 힘든 명문대학교에 복싱을 하던 문제아가 2년 반 만에 합격을 한 것이다. 이것이 바로 진인사대천명이다. 운동과 싸움질만 하던 친구도 정말로 최선을 다하면 이런 결과를 얻는다. 공부뿐만 아니라 무슨 일이든 그렇다. 목표를 세우고 제대로 된 방법으로 집중하면 2~3년 안에 승부가 난다. 열심히 한다는 것, 최선을 다한다는 것은 이렇게 중요하다.

"열심히 해도 안 되던데?"라고 반문하는 친구들도 있을 것이다. 하지만 되돌아보자. 정말로 집중해서, 정말로 열심히 했는가? 우리는 보통 나름대로 열심히 사는 것 같지만, 속내를 들여다보면 사실은 열심히 살지 않는다. 어떤 일에 남들보다 많은 시간을 투자하면 열심히 했다고 생각하기 쉬운데, 진정성 있게 치열하게 사는 사람들은 별로 없다. 3년 정도 집중해서 정말 열심히 노력한다면 이루지 못할 것이 없다.

그런데 많은 친구들이 고1, 심하면 중1 때부터 포기한다. 중학교 1학년 학생이 "저는 영어를 포기했어요"라고 당당히 말하기도 한다. 세상에, 아직 제대로 된 공부는 시작하지도 않은 중학교 1학년 학생이 영어를 포기하다니? 복싱만 하던, 그래서 공부의 기본이 전혀 없던 진석도 2년 만에 명문대에 가는데? 중학교 1학년이면 아직 시작도 안 했는데 무엇을 포기한다는 말인가? 포기는 그야말로 김장철 배추

셀 때나 쓰는 말이다.

그런데 6월 모의고사 점수가 안 나오면 그때부터 정시 포기하고 수시에 올인하는 친구들이 의외로 많다. 그런 친구들은 재수를 해도 뒷심이 약하다. 점수가 오르기는커녕 현상유지조차 힘들다는 이야기다. 생각해보자. 설사 모의고사 점수가 번번이 뜻대로 안 나온다 해도, 포기한 상태에서 남은 시간을 허비하다가 다음 해에 다시 시작하는 학생이 유리할까, 아니면 수능시험까지 최선을 다하고 나서 재수하는 학생이 유리할까? 설사 원하는 대학에 가지 못할 것이 거의 확실한 점수가 나올지라도, 11월 수능까지 최선을 다한 뒤 원서접수를 하고 논술시험까지 치러본 학생이 이듬해에 더 유리할 것은 자명한 일 아닌가?

수능점수가 나오고 원서접수를 할 때까지 최선을 다하는 친구가 훨씬 유리하다. 학원설명회를 할 때 '하늘은 스스로 돕는 자를 돕는다'는 사례로서 내가 손에 꼽는 남학생이 있다. 간절히 희망하던 교대에 합격하기에는 부족한 점수인 언수외 1, 4, 1 등급을 받은 태우는 원서 상담을 하러 오면서 150쪽 정도의 자료를 들고 왔다. 교대와 관련된 커뮤니티에서 주고받은 이야기들과 최근 경쟁률을 종합한 자료 등이었다. 그런데 그가 모아온 자료를 보니 남학생의 경우 서울교대와 경인교대가 번갈아가면서 펑크가 났다. 탐구과목 때문이었다.

당시에는 탐구영역을 네 과목 치를 때였다. 보통 4과목 시험을 보면 한 과목은 조금 못 보는 경우가 많다. 그래서 서울교대와 경인교대 중 3과목을 반영하는 학교로 학생들이 몰리고 4과목 모두 반영하는 학교는 경쟁률이 낮아지는 것이었다. 수리영역에서 4등급이라는 낮은 점수를 받고도 포기하지 않고 연구하고 찾아본 결과 태우가 내린 결론은 "선생님, 이 자료들로 보건대 이번에는 서울교대 커트라인이 좀 내려가지 않을까요?"였다. 태우의 이야기를 들은 담임은 고개를 끄덕였다. "이 자료를 보니 이번에는 서울교대 커트라인이 네 말처럼 배치표대로 가지는 않을 것 같다. 경쟁률이 지나치게 높지만 않으면 한번 넣어보자."

결과는 합격이었다. 태우가 여러 날 고민하며 분석해서 예측한 대로의 결과가 나왔던 것이다. 원하는 대학교에 진학한 태우는 과외 아르바이트로 한 달에 300만 원씩 벌면서 남부러울 것 하나 없는 대학생활을 보냈고, 지금은 꿈에 그리던 교사가 되어 학생들을 가르치고 있다. 이렇게 해야 한다. 포기하지 않고 끝까지 물고 늘어지면 하늘도 돕는 법이다. 만일 태우가 수리영역 4등급 점수로 어떻게 원하는 대학에 가겠느냐며 포기했다면 이후의 달콤한 열매들을 맛볼 수 있었을까?

미진은 정반대의 사례다. 미대진학을 희망하는 예체능계반 학생이던 미진이 가고 싶어 하는 대학교는 수능최저학력기준이 있었으나 수능시험을 잘못 본 것이다. 그리고 최저학력기준을 충족시키기가 힘들다고 생각한 미진이 실기시험 응시를 포기하고 말았는데, 막상 뚜껑을 열고 보니 그해 수능시험이 어렵게 출제된 탓에 미진이 가려던 대학의 수능최저학력기준을 충족시키는 등급이 나왔다. 그러나 자포자기한 미진이 실기시험을 포기하는 바람에 원하는 대학에 갈 기회를 잃어버리고 말았다. 나중에 그 사실을 알고 땅을 치며 후회했지만, 미진은 결국 삼수생이 되었다.

자, 여러분은 4등급을 받고도 원하는 대학에 진학한 태우의 길을 택할 것인가, 안될 거라고 지레짐작하고 포기해버리는 바람에 합격 기회를 놓친 미진의 길을 택할 것인가?

포기하지 마,
지금의 성적이 미래를
결정하는 건 아니야

할 수 있다고 생각하는 사람

- 월터 윈틀

패배한다고 생각하면, 당신은 패배한다. 용기가 없다면, 당신은 하지 않는다. 승리하고 싶지만 할 수 없다고 생각하면, 당신이 할 수 없는 것은 거의 확실한 일이다.

실패할 것이라고 생각하면, 당신은 실패한다. 우리가 발견한 세상에서 성공은 사람의 의지로 시작되기 때문이다. 마음의 상태가 전부다.

뛰어넘는다고 생각하면, 당신은 뛰어넘는다. 당신은 날아오를 높이를 생각해야만 한다. 그 전에 스스로 확신하고 있어야만 한다. 당신은 언제나 경기를 승리할 수 있다.

더 강하거나 더 빠른 사람에게 삶의 승리가 언제나 주어지는 것은 아니다. 그러나 빠르든 늦든 간에 승리하는 사람은 할 수 있다고 생각하는 사람이다.

『천국으로 가는 시』 중에서, 유연, 존재의 향기

3
◇
◇
◇

네가 게임에 빠져 있는 진짜 이유

심기일전心機一轉

나는 요즘 학생들을 생각하면 마음이 아프다. '놀 시간'이 절대적으로 부족하기 때문이다. 단순 계산을 해보더라도 하루 24시간 중에서 학교에서 8시간, 학원에서 3~4시간, 길거리에서 오가는 데 1시간, 자는 데 7시간, 밥 먹는 데 2시간, 학교와 학원 숙제하느라 2시간을 빼고 나면 남는 시간이 하나도 없다. 머릿속 복잡한 사춘기인데, 교복 바지 해마다 늘려 입을 정도로 몸과 마음이 쑥쑥 크는 십 대인데, 이런 말도 안 되는 일이 어디 있는가?

사실 지금 여러분 시기에는 놀아야 한다. 몸은 자연에서 뛰놀고 마

심기일전(心機一轉): 어떠한 동기(動機)에 의(依)하여 지금까지의 마음과 자세를 완전히 바꿈.

포기하지 마,
지금의 성적이 미래를
결정하는 건 아니야

음은 책과 다양한 사고와 대화 속에서 뛰어놀아야 한다. 육체가 밤이 되면 잠을 자는 것처럼, 정신도 공부하고 나면 쉬어야 한다. 하지만 대한민국의 교육현실이 그렇지 않다. 여러분은 부모 세대에 비해 일찍부터 입시전쟁을 치르고 있다. 특목고나 과학영재학교, 자사고 진학을 위해 늦으면 중학교 때부터, 빠른 학생들의 경우 초등학교 때부터 영어·수학 선행학습을 시작하기 때문이다.

학교에서 좁고 딱딱한 의자에 앉아 7~8시간 공부하고, 집에 와서 쉴 틈도 없이 학원으로 직행해 또 밤늦게까지 공부하는 것은 정말 지치는 일이다. 학원에 다니지 않는 친구들도 힘들기는 마찬가지다. 다들 열심히 공부하는데 혼자만 뒤지는 것 같아 불안하고, 피시방에 가도 부모님을 비롯한 주변의 시선이 따가워 마음이 편치 않다. 학원에 다니는 친구들은 열심히 공부해도 끝이 보이지 않아 힘들다. 열심히 공부해 명문고에 진학해도 머리 좋고 공부 잘하는 친구들만 있는 곳에서 잘 버텨낼지 자신이 없다.

강민도 한때 엄친아였다. 열심히 공부했고, 힘든 과정을 거쳐 기숙사 고등학교에 진학했다. 기숙사에서 지내면 평일에는 학원수강이 불가능하기 때문에, 부모님은 인터넷 강의 용도로 노트북을 선물했다.

처음에는 부모님이 신청해준 인강을 열심히 들었으나, 계속 듣다 보니 지겹고 졸렸다. 그래서 어느 날 컴퓨터 게임을 시작했다. 하루에 딱 30분만 할 생각이었다. 하지만 마음대로 되지 않았다. 몇 달이 지나자 게임 시간은 2시간으로 늘었고, 나중에는 정규 수업시간 외에는 대부분 게임을 하게 되었다. 멈출 수가 없었다. 성적은 계속 떨어져서 마음이 초조한데, 게임하는 시간만큼은 현실을 잊을 수 있었기 때문이다. 숨을 쉴 수 있는 유일한 공간이었던 것이다.

상황은 점차 나빠졌다. 부모님이 그 사실을 알게 되었고, 강민을 보는 시선이 달라졌다. 모범생이던 아들이 게임 중독 탓에 성적마저 뚝뚝 떨어지자, 부모님은 게임 중독을 치료하기 위해 게임치료센터에 보내거나 심리 상담을 받게 했다. 그래도 어느 샌가 컴퓨터 앞에 앉아 있는 자신이 스스로도 싫었다. 강민과 부모의 관계는 걷잡을 수 없이 악화되었다. 강민이 게임 중독에서 빠져나오지 못하자 부모님은 욕설과 손찌검까지 하게 되었다.

궁지에 몰린 강민은 더욱 사이버 세계로 파고들었다. 그리고 결국 재수생이 되었다. 재수할 때도 무단으로 결석하거나 핑계를 대고 조퇴한 후 피시방을 찾았다. 언제부턴가 부모님은 강민을 아예 인간 취급조차 않게 되었다. 눈도 잘 마주치려 하지 않았다. 재수생활을 시작하면서 강민도 열심히 공부하고 싶었다. 하지만 마음대로 되지 않았다. 사이버 세계에 익숙한 터라 행동에 많은 제약을 받는 학원생활에 적응하기가 힘들었다. 강민의 학원 담임선생님은 가끔 강민과 피시방에 함께 가서 게임을 하기도 했다. 처음에 그러한 담임의 행동을 보고 강민은 '응? 왜 다른 어른들처럼 나무라지 않지? 작전인가?' 싶어서 신뢰가 가지 않았다. 하지만 게임을 하면서 대화를 나눠보니, 제법 이야기가 통했다. 자신의 마음을 이해해주는 어른이라는 생각이 들었다.

"너 말고도 게임에 빠져 있는 아이들 되게 많아. 네가 나쁜 거 아니야."

"하루 종일 공부하는데 게임 좀 하는 것도 괜찮아. 다만, 너무 많이 하면 대학에 또 떨어질지 모르니 시간 조절만 좀 해. 수험생들한테 노는 시간은 고속도로에 있는 휴게실하고 같아. 열심히 달리다가 중간에 잠깐 쉬었다 가는 거지. 휴게실에 하루 종일 있으면 목적지에 못 가잖아. 근데 하루아침에 고쳐지면 그게 중독이겠냐? 나도 담배 많이 피우는데, 끊어보려고 10년 동안 노력해도 못 끊었어."

"나한테는 거짓말하지 말고 사실대로 얘기해. 네가 정말 피시방 가고 싶어서 가겠다고 말하면, 내가 판단해보고 너에게 필요한 상황이라면 허락해줄게. 나무라지 않을 테니 숨기지만 마."

강민은 "너한테 큰 문제가 있어!"라고 몰아붙이지 않고 이해해주는 선생님이 고마웠다. 그리고 이렇게 허심탄회하게 말해주는 선생님 몰래 피시방에 가는 것이 점점 미안해졌다. 담임은 수업 때면 학생들 가운데 한 명씩 앞에 나가서 자신의 마음 속 이야기를 하는 시간을 마련해주었다. 이 자리에 가끔 강민을 세워 속마음을 이야기하게 했는데, 처음에는 자기 이야기를 하는 것이 불편했다.

하지만 한 번, 두 번 이야기를 하다 보니 친구들의 시선이 점차 편안하게 느껴졌다. 어떤 친구는 여자 친구 생각이 하루 종일 나서 힘들고, 어떤 친구는 스마트폰을 손에서 놓을 수가 없어 힘들고, 어떤 친구는 부모님들이 죽을 만큼 싫다고 고백했다. 내 고민이 바로 친구들 고민이었던 것이다. 아이들 사이에 끼지 않고 구석에 앉아 있기를 좋아하던 강민은 언제부턴가 친구들과의 대화를 즐기기 시작했다. 예전에는 강민 스스로도 자신을 문제아라고 느꼈다. 그런데 담임이 자신을 잠재력 있는 착한 아이라고 격려해주자, 강민도 자신의 잠재력이 느껴졌다. '나도 할 수 있다'는 생각이 들기 시작한 것이다.

실제로 게임 중독에까지 이르는 아이들은 '착해빠진' 아이들이 많다. 힘이나 파워게임으로 친구들과의 관계를 지배해나갈 수 있는 아이들은 게임에 빠지지 않는다. 여자 친구가 있는 아이들도 게임에 빠지지 않고, 축구나 농구 등 친구들과 함께 즐기는 스포츠가 있는 친구들도 게임 중독까지 가지는 않는다. 친구들과의 파워게임에서 소외가 되거나 피동적인 상황이 되니, 이를 회피하기 위해 사이버 공간으로 들어가게 마련이다. 따라서 현실적인 관계에서도 신뢰할 수 있고 자신을 존중해주는 관계가 있다는 것을 확인하면 현실공간으로 빠져나올 수 있다. 잘못된 길을 가는 자신에게서 벗어나야겠다는 생각을 하는 친구들은, 자기가 집중하던 일에서 벗어났을 때 대안이 될 수 있는 공간, 즉 학원이나 친구 또는 선생님과의 관계에서 자기가 수용될 수 있다는 신뢰를 얻게 되면 빠져나올 수 있다.

사이버 공간에서 빠져나와 현실공간에 자리 잡은 강민이 마침내 열심히 공부하기 시작했다. 점차 공부가 재미있어졌다. 6월을 지나 7월이 되자 게임하고 싶은 생각이 더 이상 들지 않았다. 이제는 게임보다 공부가 더 재미있었다. 그 다음부터는 무섭게 공부했다. 집중하는 대상이 게임에서 공부로 완전히 바뀐 것이었다. 그러자 학습 성과가 나타나고 성적이 수직상승했다. 결국 부모님과 자신이 원하던 대학에 합격했다. 그야말로 환골탈태換骨奪胎한 강민의 모습에 부모님도 크게 기뻐했고 관계도 회복되었다.

재수를 시작하던 초창기의 강민은 아빠와 엄마의 말씀을 아예 듣지 않았다. 고개를 숙이고 굳은 표정으로 흘려버렸다. 고1, 고2, 고3 때까지 계속되던 이야기와 잔소리였기 때문에 자신이 잘못하고 있다는 것을 알지만 듣기가 싫었다. 갈 데도 없고 더 이상 밀릴 데도 없을 만큼 구석에 몰려 있으니, 부모의 말은 온통 웅크리고 있는 자신을 찌르는 송곳으로밖에 느껴지지 않았다. 받아들일 마음의 여유가 없었던 것이다.

아마 여러분 중에는 지금도 강민 같은 상황에 빠져 있는 친구들이 많을 것이다. 해야 할 일, 바람직한 일, 부모님의 마음에 드는 일이 무엇인지 잘 알고 있음에도 불구하고, 자신의 행동이 제어가 안 되는 친구들 말이다. 벗어나고 싶은데도 불구하고 그만둘 수 없는 일들, 빠져들면 머릿속에서 다른 고민이 떠오르지 않는 것들…. 담배, 스마트폰, 게임, 인터넷, 음주, 웹툰, 아프리카TV, 폭력, 야설, 야동, 채팅 등. 이중에서 여러분이 현재 친구들보다 과다하게 하는 것은 몇 가지인가? 하고는 있지만 얼마든지 멈출 수 있는 것과 멈출 수 없는 것은 무엇인가? 그만두려고 노력해봤으나 그만두지 못하는 것, 일상생활에 지장을 줄 정도로 자주 하게 되는 것, 즉 중독 상태에 있는 것은 무엇인가?

게임 중독이나 흡연 문제는 오래 전부터 있어왔지만, 최근 자녀들과 부모가 가장 첨예하게 대립하는 대상은 스마트폰이다. 스마트폰 중독이 심각한 청소년이 79.1%, 가족과 함께할 때도 이용하는 청소년이 35.2%에 달한다는 통계가 있을 정도다.

영준은 최근 가족들과 이야기를 나누지 않는다. 중학교에 들어와서는 성적뿐 아니라 친구관계도 좋았다. 그런데 1학년 2학기 때 전교 2등을 한 선물로 최신형 스마트폰을 선물로 받은 뒤로는 모든 것이 달라졌다. 스마트폰 게임이 너무 재미있어 학교 마치고 집에 돌아오면 자투리 시간에 온통 스마트폰을 붙들고 있기 때문이다. "그놈의 스마트폰 좀 내려놓고 공부하라"며 얻어맞은 후로는 아버지와도 대화를 거부하고 있다. 게임 중간중간에는 음악도 찾아 듣고 심야시간에는 친구들과의 카톡, 아프리카TV를 보다 보면 2시를 넘기는 것은 보통이다. 그러다 보니 수면부족으로 학교에서는 늘 졸게 된다.

연우는 아프리카TV에 푹 빠져 있다. 듣고 보는 것만으로는 왠지 부족한 느낌이 들어서 최근에는 친구 몇몇과 함께 직접 방송을 하고 있다. 방송에서 보여줄 UCC 제작, 프로그램 구성 준비 등으로 학교와 학원 숙제할 시간도 없지만, 방송을 듣고 반응을 올려주는 청취자들을 보면 기운이 절로 나서 방송을 멈출 수 없다. 부모님은 오래 전부터 "제발 그만 좀 하라"며 화를 내기 시작했다.

승철은 매일 친구들과 함께 피시방에 간다. 리그오브레전드LOL 반별 대항에 참가하는 반대표선수이기 때문이다. 게임 고수로서 반에서는 레벨이 가장 높지만, 그렇다고 해서 프로게이머가 될 수준의 실력은 아니다. 부모님은 프로게이머가 될 것도 아니면서 하루에 대여섯 시간 이상을 게임에 낭비하는 승철을 도저히 이해하지 못한다. 부모님과는 싸울 만큼 싸워봤고, 최근에는 부모님으로부터 피시방 비용도 받지 못한다. 하지만 걱정없다. 반 친구들이 승철과 한 팀으로 게임하기 위해 피시방 비용을 부담해주기 때문이다.

영준, 연우, 승철은 요즘 우리 주변에서 '너무나 흔히' 볼 수 있는 친구들이다. 인터넷중독대응센터의 '2012 인터넷 중독 실태조사'를 보면, 설문대상자 중 79.1%가 스마트폰을 비롯한 인터넷 중독이 '심각하다'고 응답했다. 2012년 청소년의 스마트폰 중독률은 18.4%, 2012년 고등학생 흡연율은 남학생이 22.4%, 여학생이 7.5%, 남녀 평균 15.4%에 달한다. 고등학생 100명 중 15명이 흡연을 하는 것으로, 청소년 흡연율 세계 1위가 바로 우리나라다.

한국인터넷진흥원의 '2012 스마트폰 이용 실태조사'에 따르면 스마트폰 이용자의 77.4%가 '특별한 이유가 없어도 스마트폰을 자주 확인한다'고 응답했다. 스마트폰에 중독된 청소년들 중 35.2%는 스마트폰 때문에 부모님과 갈등을 겪고 있고, 23.7%는 학업 방해를 겪는다고 한다. 청소년들이 스마트폰을 많이 사용하면 뇌가 균형 있게 발달하지 못해 주의력 부족과 과잉행동장애ADHD, 팝콘브레인popcorn brain 등이 발생할 수 있다고 전문가들은 경고한다. 야동 등 유해정보에 쉽게 노출되고, 애플리케이션을 통해 친구들과 쉽게 공유할 수 있는 것도 큰 문제다.

인터넷과 통신사업의 발달은 학생들에게 중독으로 빠져들 수 있는 상황을 너무 쉽게 만들어주고, 학생들은 너나없이 스트레스가 심하다. 국제중, 특목고 등으로 인해 '성적과 입시 스트레스' 세대가 초등학교까지 낮아졌고, 부모들은 기대하고 비고하고, 학생들은 학교와 학원을 병행하느라 몸도 마음도 피곤하기 때문이다. 폭발 일보 직전의 자녀들에게 부모의 충고는 잔소리와 간섭일 뿐, 그 이상도 이하도 아니다.

말을 우물가로 끌고 올 수는 있지만 억지로 물을 마시게 할 수는 없다. 자녀들이 설령 책상 앞에 앉아 있더라도 그 모든 시간을 공부하는 것은 절대 아니다. 고민거리가 있거나 스스로 공부할 의지가 없는 학생들은 '그냥' 앉아 있는 것에 지나지 않는다. 특히 고3이나 재수생 등 수험생 치고 의자에 앉아 있지 않는 사람은 별로 없다. 그런데 어떤 학생은 연습장 펴놓고 예상점수 쓰고, 어떤 학생은 스마트폰 들여다보고, 어떤 학생은 아예 피시방으로 출동을 한다. 그러면 엄마들은 "선생님, 우리 애가 미쳤나 봐요. 수능 날짜 다가오는데 피시방에서 게임하고 있어요. 어쩝니까?" 하고 상담을 해온다. 그러면 나는 "맞아요, 미쳤어요"라고 대답하곤 한다. 정말이다.

고3이나 재수, 삼수하는 친구들이라고 해서 인생이 걸린 시험이 다가오는데 피시방에서 게임하면서 마음이 편안하겠는가? 철이 없어서 거기 앉아 있을까? 절대 아니다. 게임에 빠져 있는 수험생은 정말로 게임이 재미있어 피시방에서 죽치는 것이 아니다. 피시방에서 게임을 하면서도 불안하고 초조하고 미칠 것 같은 심정이다. 그럼에도 불구하고 피시방에서 밤을 지새는 학생들이 생기는 이유는 스트레스와 압박감에서 잠시라도 피해 있을 도피처가 되기 때문이다. 권장할 일은 아니지만 비정상적이거나 이해 못 할 일은 아니다.

'다른 사람들도 다 하는데 뭘…' 이라는 생각도 들 것이다. 담배 피우는 학생들에게 벌을 주는 선생님들도 피우는 담배, 피시방 자리를 차지하고 있는 어른들…. 하지만 남들도 하니까 나도 한다는 것은 비겁한 핑계에 지나지 않는다. 중요한 것은 마음가짐이다. 강민처럼 심기일전心機一轉하고 노력하면 나쁜 습관을 끊어낼 수 있다. 무엇이든 두 달, 짧으면 3주일 정도만 계속하면 습관이 된다고 한다. 무엇을 선택하든 간에, 우리는 한 가지를 선택하면 다른 한 가지는 놓치게 되어 있다. 우리 앞에 놓인 수많은 선택의 기회 중에서 나쁜 것을 버리고 좋은 것을 선택해서 실행에 옮겨라.

그러면 수험생은 전체적인 스트레스 관리를 어떻게 해야 할까? 내가 가장 권장하는 해결책은 공부의 집중력을 높이기 위해 휴식을 취하되 '생산적인 휴식 취하기'다. 앉아서 공부하는 것은 머리만 쓰기 때문에, 머리가 맑아지려면 몸을 써야 한다. 몸을 써라. 그래야 정신이 맑아진다.

남학생들에게는 운동을 권장한다. 좋아하는 음악을 들으면 마음도 편해지므로, 음악을 듣는 것이 운동보다 좋을 수도 있다. TV 시청이나 스마트폰 들여다보기, 게임하기 등은 오히려 더 피곤해지는 일이므로 삼가야 한다. 차라리 나가서 놀거나 그 시간에 여자 친구 만나는 편이 낫다. 자는 것도 생산적인 휴식이 아니다. 대학입시를 준비하는 사람들은 어차피 늘 잠이 부족하다. 피곤하면 자야 하겠지만, 그림을 그리거나 바둑 등 좋아하는 활동을 하는 편이 집중력을 높여주므로 더 생산적인 휴식이 된다.

나는 수험생들과 상담할 때 '일주일에 3시간 놀자'를 주장한다. 토요일 오후 정도가 좋다. 하지만 3시간 넘게 놀면 한계효용체감의 법칙이 적용되어 오히려 정신적으로 마이너스가 된다. 5시간 놀면 스트레스가 더 풀리는 것이 아니라 5시간이나 놀았다는 사실 때문에 스트레스를 또 받게 된다. 적당한 시간, 제대로 놀면서 쉬자. 노는 것은 절대 나쁜 것이 아니다. 제때 제대로 놀면 집중력이 높아져 오히려 공부 효율이 향상된다.

　　열심히 공부하고 주말에 3시간 정도 노는 시간은 아까워할 필요가
없다. 놀아놓고 그 시간을 아까워하면 오히려 스트레스다. 높지 않은
산에 등산을 다녀오거나, 영화 한 편 보고 차 한잔 마시거나, 노래방
에 가서 소리 지르며 노래하고 맛있는 것을 사먹거나, 한 시간 정도
운동하고 목욕 다녀와서 맛있는 것 먹으면 딱 3시간 정도 걸린다. 편
안한 마음으로 일주일에 3시간은 제대로 휴식하자. 그러면 집중력이
더 좋아져 공부가 한층 재미있어진다.

포기하지 마,
지금의 성적이 미래를
결정하는 건 아니야

4

◇
◇ ◇
◇

세상에서 가장 아름다운 '고통'
일단 한번 느껴봐

—

중석몰촉 中石沒鏃

벌써 15년 전 일이지만 또렷이 기억나는 '발'이 하나 있다. 1998년 미국 LPGA U.S.오픈에서 연못에 빠진 골프공을 쳐올리기 위해 박세리 선수가 양말을 벗던 순간, 새하얗게 드러난 박세리 선수의 바로 그 발이다. 시차 때문에 새벽까지 골프 중계를 기다리다 본 광경인데, 가슴이 울컥했더랬다. 얼마나 열심히 연습했는지, 아무 말 하지 않아도 흑백으로 나뉜 발이 모든 이야기를 해주었기 때문이다.

이렇게 사람들에게 감동을 선사하는 발들이 있다. 발레리나 강수진의 뒤틀린 발, 피겨스케이팅 김연아 선수의 휘어진 발목, 박지성 선

중석몰촉(中石沒鏃): 돌 속에 박힌 화살촉이라는 말로, 정신을 집중하면 때로는 믿을 수 없을 만큼 큰 힘이 나온다는 말이다.

수의 굳은 살 박힌 발…. 그냥 '연습 많이 했겠지'가 아니라 얼마나 많은 시간 고통을 이겨내면서 자신과 싸웠는지를 여실히 말해주는 증거들이기 때문이다. 누군가가 남들보다 높은 성과를 이루었을 때, 그 성공 뒤에는 반드시 남다른 노력이 있다. 모든 노력에는 인내와 고통이 따른다. 그 아픔을 이겨내고 목표를 달성하면, 그 성취감은 거저 얻어지는 것보다 열 배, 백 배 값지게 다가온다. 내가 만났던, 수많은 고통과 힘들게 싸워서 이겨낸 친구를 소개한다.

명현은 아토피가 아주 심한 남학생이었다. 학기 초에는 의지력으로 버틸 수 있었지만, 여름철로 접어들자 힘들어 하는 모습이 역력했다. 아토피가 발진하기 시작하면 계속 긁고, 발가락이나 발바닥까지 짓무르고 터져서 피가 나고 걷기도 힘들 정도였다. 너무 아프고 힘드니까 수업만 듣고 집에서 자습을 하겠다고 요청해왔다.

그런데 우리 학원은 집에서 자습하는 것을 허용하지 않는다. 집에서 자습하는 학생은 아무리 스스로의 의지가 강하고 계획을 세워 실천해나가더라도 학습 성과는 그다지 높지 않다. 친구들과 같이 학습하는 분위기에서 선생님들이 관리감독하면서, 아이가 지치면 북돋기도 하고 잘하면 칭찬해주고, 문제를 풀다가 막히면 설명해주는 편이 훨씬 효율적이다. 그래서 학원에서 버티라고 조언했더니 부모님이 전화를 했다. "애가 이러이러한 상황이니 조금 더 쾌적한 상황에서 자습하고 싶다. 집으로 보내 달라"는 요지였다.

그래서 학원 옆의 독서실을 끊어 그곳에서 자습을 하게 했으나, 그마저도 버거워했다. 결국 명현은 학원을 그만두었고, 이듬해에 삼수생이 되어 다시 찾아왔다. 처음에는 다시 받아들일 수 없어 거절했다.

재수 때와 같은 상황이 반복될 것 같아서였다. 그런데 이번에는 집에서의 자습은 포기하고 학원의 방침에 따르겠다고 간곡히 부탁하는 바람에 입학을 허용했다.

몸이 아프든 활기 넘치든 간에 고3을 마치고 재수 또는 삼수를 하는 1년의 생활은 누구나 너무 힘들다. 모든 학생이 다 고생한다. 그 학생만 힘든 게 아니다. 물론 다른 학생보다 더 많이 힘들 수는 있지만, 고통을 참아내지 않고 얻는 성공은 없지 않은가. 더구나 재수까지 하고도 실패한 경험이 있으니 이번에는 계속 학원 수업을 듣고 자습까지 함께했다. 그런데 여름에 아토피가 심해지자 같은 일이 반복되었고, 담임은 집에서 자습하겠다는 요청을 딱 잘라 거절했다.

"결과가 보장되지 않은 상황에서 1년 동안 수험생으로 지내는 힘든 일을 또 하는데, 내년에 이런 생활을 반복하게 하고 싶지 않습니다. 못 보내겠습니다."

온몸이 짓물러 피가 나는데도 어떻게 해주지 못하고 지켜봐야만 하는 어머니나, 그런 학생을 보면서 원하는 대로 해주지 못하는 담임이나, 건강한 사람도 하기 힘든 삼수생 생활을 신체적인 고통까지 참아내면서 공부해야 하는 명현이나 모두가 힘들고 고통스러운 시기였다. 그렇게 여름과 가을을 보내고 드디어 수능날짜가 다가왔다.

이번만큼은 결코 실패하지 않으리라는 굳은 결심을 한 명현의 집중하는 모습은 참으로 아름다웠다. 담임도 저렇게 집중한다면 중석몰촉中石沒鏃의 결과를 가져오리라는 확신을 가질 정도였다. 중석몰촉이란 돌 속에 박힌 화살촉이라는 말로서, 온 정신을 집중해서 활을 쏘면 화살촉이 돌도 뚫는, 즉 정신을 집중하면 믿을 수 없을 만큼 큰 힘이 나온다는 말이다.

명현은 힘든 시기를 잘 견뎌낸 만큼 만족스러운 점수를 받았고, 교대로 진학하였다. 고진감래苦盡甘來라는 말이 저절로 떠오르는 쾌거였다. 남들보다 심한 고생을 한 끝에 손에 쥔 열매의 달콤함은 이루 말할 수 없었다. 정신일도 하사불성精神一到 何事不成이라더니, 노력이 결국 신체적 약점까지도 극복하게 만든 것이다.

재미있는 것은 교대에 진학한 뒤 가까운 곳에 있는 학교 선생님이 된 명현의 피부가 지금은 상처 하나 없이 반들반들해졌다는 것이다. 합기도 등 무술도 연마해서 더욱 건강해졌으며, 학생들을 재미나게 가르치는 인기 만점의 선생님이 되었다.

이 책을 읽는 독자 중에는 신체적인 고통을 느끼는 친구들이 분명 있을 것이다. 명심해야 할 것은 자신의 고통을 힘들다, 고통스럽다고 느낄수록 그 고통은 더 커진다는 것이다. 자신이 하고자 하는 욕구나 목표와 실제로 행동으로 할 수 있는 것이 일치하지 않은 상태에서, 자기 몸이 아픈 상태라는 핑계로 회피하면서 목표를 잃거나, 심리적인 갈등을 외부의 책임으로 돌리는 행위는 아무런 해결책이 되지 못한다. 산이 목표물을 가로막고 있거든 도망가지 말고 그 산을 넘어가야만 목표에 도달할 수 있다. 넘어야 할 산이 험난하다고 해서 회피하며 빙빙 돌기만 한다면, 결국은 목표물에 도달하지도 못한 채 오랫동안 고생만 더 하게 된다.

사람들은 그렇다. 내가 노력을 했든 안 했든, 노력의 정도가 크든 작든 간에, 자기가 노력한 것에 대한 결과 값을 받아내야 다음을 준비할 수 있는 힘이 생긴다. 수험생이 얻을 수 있는 결과물은 결국 점수나는 실패한 적이 없네. 나는 효과가 없는 5,000가지 방법을 찾아내는 데 성공했네.
내가 올바른 방법을 찾아내는 데 5,000가지 방법만큼 가까워졌다 말일세.

에디슨

장애물이 긍정적인 사람을 만나면

독수리가 더 빨리, 더 쉽게 날기 위해 극복해야 할 유일한 장애물은 '공기'다.
그러나 공기를 모두 없앤 다음 진공 상태에서 날게 하면,
그 즉시 땅바닥으로 떨어져 아예 날 수 없게 된다.
공기는 저항이 되는 동시에 비행을 위한 필수조건이기 때문이다.
마찬가지로 인간의 삶에서도 장애물이 성공의 조건이다.

『매일 읽는 맥스웰 리더십』, 존 C. 맥스웰, 니케북스

요, 목표한 대학이다. 점수를 못 받아 목표한 대학에 가지 못하면, 즉 노력에 대한 결과물을 손에 받아들지 못하면, 더 큰 고통들을 계속 겪게 된다. 목표물 앞을 가로막은 산을 넘지 않고 빙빙 돌기만 하면, 재수할 때도 삼수할 때도 같은 일이 반복된다.

그 힘든 시기의 고통을 이겨낸 경험이 있었기에 명현은 교대에 진학해 운동하면서 스스로 아토피를 이겨내고, 스스로를 관리할 수 있었던 것이다. 만일 삼수 때도 아프다는 이유로 약해지는 자신을 묵인했더라면, 명현은 아프면 공부를 못한다는 사고방식을 갖게 되었을 것이다. 문제는 아토피가 아니라 무엇이든 해내고 극복하겠다는 의지의 부족이었던 것이다.

성공하는 사람들의 특징은 아프거나 힘들어도 노력을 멈추지 않는 것이다. 자신의 환경이 남들보다 열악할지라도 목표를 달성하기 위해 매일매일 쉬지 않고 전진한다는 것이다. 운동이든 발레든 같다. 연습을 하루 쉬면 내가 알고, 이틀 쉬면 남들이 알고, 사흘 쉬면 모두가 안다고 한다. 공부도 마찬가지다. 머리에 굳은살이 박힐 만큼 노력하면, 아프거나 힘들어도 매일매일 노력하면, 결국은 목표에 도달한다.

지금 너무 막막하고 넘을 수 없는 산이 가로막고 있다고 생각하는 친구가 있는가? 그렇다면 생각을 바꿔라. 그대를 가로막는 것은 산이 아니라, '나는 할 수 없을 거야'라는 병약한 생각이다.

5

◇
◇
◇

공부? 2년만 집중하면
올라가지 못할 등급 없다

—

상전벽해 桑田碧海

『당신의 꿈은 무엇입니까』라는 책을 쓴 김수영 씨를 기억하는가? 가난, 왕따, 자살 시도, 일진 출신에 가출까지, 문제아에 비행소녀였던 그녀는 결국 중학교도 중퇴했다. '지금까지와 다르게 살자' 라고 결심한 후 검정고시로 실업계 고등학교로 진학한 그녀는 사람들의 비웃음을 견디며 대학진학을 준비했고, 실업고 최초로 골든벨 우승자가 되었다. 연세대에도 합격해서 영문학과 경영학을 전공하고 졸업 후 골드만삭스에 입사했다. 그야말로 간절히 원하면 이루어진다는 것을 증명해 보인 셈이다. 하지만 그녀는 스물다섯이라는 젊은 나이에 암에 걸렸음

상전벽해(桑田碧海): 뽕나무 밭이 푸른 바다가 되었다라는 뜻으로, 세상(世上)이 몰라볼 정도(程度)로 바뀐 것.

을 알게 된다. 절망에 빠졌지만 그녀가 그 자리에서 주저앉거나 포기했을까? 아니다. 죽기 전에 해보고 싶은 73가지 버킷리스트를 만들어 첫 번째 꿈을 이루기 위해 세계 여행을 시작했다. 이후 7년간 50여 나라에서 42가지의 꿈을 이뤘고, 2011년 6월부터 1년 동안 25개국을 여행하며 365명의 삶과 꿈을 담은 '꿈의 파노라마 프로젝트'를 진행했다.

그녀는 지금 많은 사람들에게 꿈과 용기를 주면서 살고 있다. 그녀를 보면서 꿈을 찾고 용기를 얻는 사람들에게 그녀의 어두운 과거는 오히려 빛이 된다. 나보다 더 어둡고 어려운 삶을 걸어왔던 그녀도 성공했으므로, 나도 성공할 수 있다는 희망의 별이 되는 것이다.

우리는 누구나 어두운 자궁에서 살다가 좁은 산도를 힘들게 거쳐 차가운 세상에 울음을 터뜨리며 나온 존재들이다. 누구에게나 어둡고 힘든 시기는 있다. 하지만 태어나기 직전이 가장 어려웠듯, 동트기 전 새벽이 가장 어둡듯, 더 이상 나빠질 수 없을 것 같은 상황에서도 마음을 바꾸면 모든 것이 달라질 수 있다. 뽕나무 밭이 바다가 되고, 깡패가 목사가 되고, 일진학생이 누구나 본받고 싶어 하는 유명인이 되기도 하는 것이다.

그런 의미에서 나에게 상전벽해 같은 변화를 실감케 한 학생이 있다. 바로 깡패, 일진으로 통하던 동현이다. 물론 처음부터 깡패는 아니었다. 함께 야구장을 찾아주는 아버지, 함께 목욕탕에 가는 아버지가 그리웠을 뿐이다. 아버지는 늘 일 때문에 바빴다. 국내출장은 물론 해외출장이 잦아 얼굴 보기가 힘들었지만, 어쩌다 집에 있어도 소파나 침대에 누워 자는 모습뿐이었다. 엄마도 밖에 나가 있을 때가 많았고, 외아들인 까닭에 함께 대화를 나누거나 고민을 상담할 형이나 누나도 없었다.

부산에 살던 동현은 고등학생 때 분당으로 전학을 왔다. 전학 온 첫날부터 일이 잘못되었다. 심한 사투리를 쓴다는 이유로 친구들이 비웃었고, 반에서 껄렁거리는 아이들 몇몇이 우스꽝스럽게 사투리를 흉내냈다. 화가 나서 그중 한 친구를 때렸는데, 친구를 때린 후부터 반 아이들의 태도가 달라졌다. 아무도 자신을 건드리지 않고 심부름을 시켜도 군소리하지 않고 해주었다. 주먹으로 유명해지면서 맞짱 뜨는 일이 잦아졌고, 여러 번의 싸움을 거쳐 동현은 이른바 일진이 되었다. 달라진 동현의 모습에 엄마는 어쩔 줄 몰랐고, 아버지는 아들을 아예 무시했다. 결국 동현은 고등학교 2학년을 마치지 못하고 자퇴를 하고 말았다.

동현이 학교를 그만두자 아버지는 매우 당황했다. 열심히 돈 벌어다 주면 자식이 제대로 클 줄 알았지, 고등학교도 졸업 못하고 낙오자가 되리라고는 상상도 못했던 것이다. 결국 동현은 재수를 하게 되었다. "우리 집안에 대학도 안 나온 애는 없다"면서 대학에 진학하라고 부모가 우리 학원에 등록했던 것이다.

열심히 공부해본 적이 없던 친구가 재수학원에 다닌다고 열심히 할 리가 없었다. 동현의 선생님은 젊고 혈기왕성하고 사명감 있는 분이었다. 동현은 학원에도 자주 결석을 했다. 일주일에 한 번 하던 결석이 두 번이 되었다. 결석 일수가 점점 늘어 일주일에 두 번 결석하던 동현이가 세 번째 결석을 하던 날, 이렇게 두어서는 안 되겠다고 판단한 담임이 동현의 집으로 찾아갔다.

엄마는 아들이 집에 없다고 했다. 그때 시간이 아침 9시였다. 담임은 "집에 있는 것 다 압니다. 감싸주려고 하지 마십시오. 이대로 두면 올해도 대학에 못 갑니다" 하고 동현의 방문을 벌컥 열었다. 담임은 침대에 누워 있다가 깜짝 놀라 벌떡 일어나는 그를 주먹으로 쳤다. 늘 친구들을 때리던 동현이 처음으로 얻어맞은 것이다.

"정신 차려, 이 녀석아. 지금 이 시간들이 너한테 얼마나 소중하고, 지금 너에게 주어진 기회가 너의 인생에 얼마나 중요한지 알아? 공부하고 싶어도 집안 형편 때문에 공부를 포기하고 취업하는 친구들도 있고, 세상에는 먹을 것이 없어서 굶는 사람들도 많아. 부모님이 너 좋아하는 것 만들어주고 학원 보냈으면, 다른 친구들보다 시간을 더 소비하고 1년 동안 더 공부하고 있으면 정신 차려야지. 언제까지 이렇게 지낼래?"

당황한 동현의 엄마가 따라 들어와 선생님 팔을 붙들고 말릴 정도로 혼을 냈는데, 반항할 줄 알았던 동현이 뜻밖에 울음을 터뜨렸다. 처음으로 자신에 대해 관심을 가져주는 담임에게 동현은 아버지의 모습을 보았던 것이다. 그는 이후로 지각 한번 없이 열심히 공부를 했다.

"아버지는 어렸을 때부터 저한테 관심이 없었고, 자주 볼 수도 없었어요. 엄마는 항상 제가 해달라는 대로 들어주기만 하고 저를 혼내거나 이끌어주지 않았죠. 그때 선생님한테 혼난 것이 처음이었어요. 제 미래에 대해 걱정하면서 어른에게서 처음 들은 훈육이었어요." 나중에 동현이 밝힌 속내였다. 자신에게 관심을 보이면서 혼내주기까지 한 담임은 동현에게 또 다른 아빠나 다름없었던 것이다.

이후 동현은 담임에게 고민을 털어놓고 의논도 하면서 열심히 공부했다. 고등학교 때 워낙 기초가 되어 있지 않았기 때문에 학원에서 가장 성적이 낮은 반에 속했다. 수능시험을 치른 결과 영어 한 과목에서 1등급이 나왔다. 영어는 열심히 공부하면 점수가 올라갈 수 있는 과목이었기 때문이다. 담임은 어떻게든 그를 대학에 합격시키기 위해 원서를 넣을 만한 대학을 찾았다. 그리고 마침내 J대학 지방 캠퍼스의 공공정책학과를 찾아냈다. 영어 1개 영역 특별전형으로 들어갈 수 있는 학교를 용케 찾아낸 것이었다. 다른 영역 시험을 잘 본 학생들도 많을 텐데 영어 한 과목만 1등급을 받은 친구가 입학할 수 있을까 걱정했는데, 다행히 합격을 했다.

일진으로 친구들과 어울려 다니면서 사고만 치고, 고등학교도 채 마치지 못하고 퇴학을 당하고, 1년 재수를 하면서 늦게야 정신을 차려 열심히 공부해 가까스로 대학생이 된 동현. 그의 인생은 대학생이 되기 전까지와 대학생이 된 이후로 확실하게 선이 그어진다. 그야말로 뽕나무 밭과 바다만큼이나 많은 차이가 나는 것이다.

동현은 방황하던 지난 시간들을 보상이라도 받으려는 듯, 정말 성실하게 열심히 대학생활을 했다. 남들보다 스펙도 열심히 쌓고, 누구보다 밀도 있게 하루를 보내고, 영어공부도 열심히 했다. 그 결과 지방대학이라는 핸디캡을 극복하고 대기업에 취업해 해외사업부에서 근무하고 있다. 지금도 한국에 들어올 때면, 해외에서 근무하던 나라의 특산물을 준비해 당시 학원의 담임선생님을 찾아온다.

동현의 현재 모습을 보면 누구도 동현의 고교시절을 짐작하지 못할 것이다. 산다는 것은 이런 것이다. 누구나 길을 잘못 들 수 있다. 넓은 도로에서 벗어나 남들이 잘 가지 않는 곳으로 걸어가다 보면 길이 없어지기도 하고, 돌부리나 나뭇가지에 걸려 넘어지기도 한다. 하지만 잘못 든 길에서 조금 헤매는 것이 뭐가 나쁜가? 조금 더 색다른 경험을 한 것뿐이다.

6

요리사도, 음악가도, 운동선수도 공부는 기본이다

〈내 인생은 나의 것〉이라는 민해경의 노래가 있다. 나는 이 노래가 여러분 사이에서 다시 한 번 히트곡이 되었으면 좋겠다는 바람을 갖는다. 민해경이라는 가수를 너무 좋아해서가 아니라, 여러분에게 꼭 들려주고 싶은 가사 때문이다. 가사 일부를 음미해보자.

내 인생은 나의 것　　　　　　　　　　　　작사 박건호/노래 민해경

내 인생은 나의 것 내 인생은 나의 것 그냥 나에게 맡겨주세요.

내 인생은 나의 것 내 인생은 나의 것 나는 모든 것 책임질 수 있어요.

사랑하는 부모님 부모님은 나에게 너무도 많은 것을 원하셨어요.

때로는 감당하기 어려웠지만 따라야 했었지요.

포기하지 마,
지금의 성적이 미래를
결정하는 건 아니야

가지 말라는 곳엔 가지 않았고 하지 말라는 일은 삼가했기에
언제나 나는 얌전하다고 칭찬받는 아이였지요.
그것이 기쁘셨나요.
화초처럼 기르시면서 부모님의 뜻대로 된다고 생각하셨나요.
그러나 이젠 말하겠어요.
부모님은 사랑을 다 주셨지만 나는 아직은 아쉬워하는데
이렇게 그늘진 나의 마음을 그냥 버려두지 마세요.
내 인생은 나의 것 내 인생은 나의 것 그냥 나에게 맡겨주세요.
내 인생은 나의 것 내 인생은 나의 것 나는 모든 것 책임질 수 있어요.

이 가사를 굳이 옮겨 적은 이유는 꿈을 꾸고 꿈을 향해 나아가야 할 여러분이 자신의 미래를 별다른 생각 없이 부모님들 선택에 맡겨두기 때문이다. 여러분의 인생을 살아나가는 것은 바로 여러분이다. 부모님들이 아니다.

"꼬박꼬박 월급 나오고 방학이면 월급 받으면서 쉬고, 교사 얼마나 좋아? 넌 교대 가는 것이 좋겠어." "집안에 판검사 하나는 있어야지. 너는 법학과 가야 해." 부모님들이 이렇게 아무리 권하더라도 학생들 가르치는 것이 싫다면, 교대 갈 수 없는 이유를 진심으로 말할 수 있는 용기를 내야 한다. "싫다니까. 교대 가고 싶지 않으니까 안 간다는데 왜 자꾸 맘대로 하는 거야?" 하며 소리 지르고 반항하기보다 부모님에 대한 존중이 기본이 된 태도로 이해를 구해야 한다는 뜻이다. 그래야 여러분의 미래가 행복하다.

부모님이 결사적으로 반대하는 선택을 했지만, 결국 부모님까지

행복하게 만든 대선의 사례를 소개한다. 대선의 아버지는 명문대를 졸업하고 마찬가지로 명문대를 졸업한 여성과 결혼하고, 글로벌 대기업의 임원으로 일하고 있는 내 친구다. 이들 부부는 너무도 당연하게 아들이 열심히 공부해서 과고를 거쳐 자신들이 졸업한 대학의 후배가 되기를 기대했다. 실제로 대선의 성적은 아주 좋았다.

하지만 대선의 생각은 달랐다. 일반 대학이 아니라 요리사가 될 수 있는 학교로 진학하고 싶었다. 요리가 재미있고 행복하고, 또 중요한 일이라는 확신도 섰다. 더구나 한식에 대한 자부심도 커 국내뿐 아니라 해외에 나가서도 요리를 공부하고 싶었다. 그래서 그는 어느 날 부모님 앞에서 중대 선언을 했다.

"아빠, 엄마. 저 과고 말고 조리과학고 갈 거예요."

부모 입장에서는 깜짝 놀랄 수밖에 없는 선언이었다. 당연히 집안이 발칵 뒤집혔다. 부모로서는 한번도 생각해본 적이 없는 길이었다. 어느 날 대선의 부모가 나를 찾아와서 부탁을 했다.

"사교육 업체에서 일하는 네가 '요리는 나중에 하거나 취미생활로 해도 된다'고 설득 좀 해줘. 우리보다는 네 말이 더 설득력 있을 것 아니야."

한마디로 자신들과 같은 삶을 살도록 설득해달라는 이야기였다. 하지만 나는 '행복하게 사는 것'을 최고의 가치로 삼아야 한다고 생각하는 사람이다. 자신이 좋아하는 일을 해야 행복하지, 남들 눈에 그럴싸해 보이는 일을 하고 남들 눈에 그럴싸해 보이는 학교에 진학하는 것이 행복은 아니지 않는가. 그래서 나는 내 친구 편을 들어줄 수가 없었다.

"아이가 서울대나 고대, 연대 같은 명문대에 가고 싶다고 원하면 모를까, 내가 사교육에 종사하지만 아이들로 하여금 명문대에 가야 한다고 설득하는 사람은 아니다. 네 이야기를 들어보니까, 대선의 의지가 확고하다. 나는 자신이 가야 할 길에 대한 확고한 의지가 있다면 그 길을 밀어주어야 한다고 생각하는 사람이다. 조리과학고를 졸업해서 그 길을 걷고 싶다는 아이의 의지가 확고하니 아이의 의견을 존중해줘라. 나 같으면 그 길로 가라고 최대한 지원하겠다."

이런 나의 태도 때문에 그날 그 친구하고 정말 많이 다퉜다. 대선은 자신의 고집을 꺾지 않았고, 자식 이기는 부모 없다고 결국 친구가 양보를 했다. 대선은 조리과학고를 거쳐 조리과학대에 진학했고, 지금은 이탈리아에 유학을 가 있다. 아직도 부모가 그때 자신들이 양보하고 아이의 뜻에 따른 것을 후회하고 있을까? 천만에! 지금은 대선의 부모도 너무 행복해 한다.

아무리 글로벌 대기업 임원이지만 친구는 조만간 회사에서 정년퇴직하고 퇴직금으로 불안정한 미래를 설계해야 하는데, 아들은 장차 정년퇴직도 없이 자기가 좋아하는 바로 그 일을 하면서, 자신이 그만두고 싶을 때까지 일할 수 있지 않은가 말이다. 얼마 전에는 나에게 자랑까지 했다. 유학 가 있는 아들이 방학을 맞아 한국에 나오더니 그러더란다. "아빠, 아르바이트를 하든 접시를 닦든 간에 생활비는 제가 벌겠는데, 유럽에 가서 보니까 학비가 만만치 않아요. 그러니까 학비만 대주세요. 대신 나중에 저를 위해 음식점 차려주고 하실 필요는 없어요. 저는 밑바닥부터 시작해 돈 모아 조그만 가게부터 시작할 거예요." 이와 같은 아들의 당당한 포부와 요구에 오히려 아들 녀석이 부럽더라고 고백했다.

부모들은 이런 존재다. 여러분이 행복해 하면 따라서 행복해진다. 학원에서 학부모 또는 학생들과 상담을 하다 보면, 아이와 부모가 언쟁하는 것을 자주 목격하게 된다. "명문대 졸업장과 혈연·학연·지연이 세상 살아가는 데 얼마나 도움이 되는지 모른다. 국적은 바꿀 수 있어도 학적은 못 바꾸는 법이다. 그런데 애가 공부는 안 하고 미술을 하고 싶다고 한다. 미술 해서 잘 먹고 잘살 수 있나?" 하고 흥분하는 아버지가 있는가 하면, 상담하다 갑자기 부부싸움을 하기도 한다. "당신은 도대체 애를 어떻게 가르쳤기에 애가 이래?" 하는 것이다.

위의 사례가 어쩌면 바로 여러분의 부모일지도 모르겠다. 학원에서 상담해주는 내가 이렇게 답답한데, 자신과 생각이 다른 부모 밑에서 아침저녁으로 눈치 보면서 학교 다니고 재수 학원 다니는 여러분은 얼마나 힘들고 답답하겠는가? 잔소리 듣기 싫어 아버지의 퇴근 시간만 되면 방문을 닫아버리는 것도 이해가 된다.

중요한 것은 이렇게 갈등을 빚더라도 여러분이 미술을 하고 싶다면 부모님을 설득시키는 것이 맞다. 요즘은 미술을 해도 얼마든지 밥 먹고 산다. 옛날과 다르다. 미술이나 음악 등 예체능을 전공하는 데 많은 돈이 들어가는 것이 미안하다면, 열심히 해서 장학금 받고 아르바이트 하면 된다.

"미술 전공하면 네가 미술 강사밖에 더 하냐!" 하는 식으로 말하는 부모님이 있다면, 미술 전공해서 잘사는 사람들의 사례를 찾아 파일로 정리한 다음 아버지께 드려라. 사업보고서처럼, 그런 사례들과 함께 자신의 계획을 보고서로 만들어서 드리면 더 좋다. 그렇게까지 확고하게 자신이 원하는 것을 주장한다면, 십중팔구 부모님도 여러분을 밀어주실 것이다.

앞으로 어떻게 살아갈 것인가, 어떤 삶을 살 것인가를 생각하고 인생에 영향을 줄 어떤 결정을 내릴 때, 잠시 다른 사람들의 눈과 의식은 접어둬라. 모두들 부러워하는 길을 걸으려고 하지만 않아도, 훨씬 더 실속 있는 선택을 할 수 있다.

명문대에 가야만 인생에서 성공하는 것은 결코 아니다. 오히려 명문대를 나오는 것이 인생의 큰 성공을 가로막을 수도 있다. 두루두루 잘해서 잘사는 시대는 지났다. 한 가지라도 똑 부러지게 해야 성공한다. 그런데 명문대를 가기 위해서 성적, 토플이니 토익 등 영어공인시험 점수, 한자능력시험, 국어능력시험, 수학 올림피아드, 물리·화학 올림피아드 등등의 스펙들을 쌓아올린다는 것은 한 가지에 몰입하는 것을 방해한다.

엄친아, 모범생 친구들이 인생에서 성공할 가능성이 높은 것은 사실이지만, 어른이 된 친구들이나 지인들을 만나보면 큰 성공을 이룬 사람들은 학창시절 이른바 '꼴통'이라고 불리던 친구들이다. 사실 부모들도 알고 있다. 명문대에 가야만 인생에서 성공하는 것은 아니라는 사실을. 동창회에 가보면, 사회적으로 성공해서 잘살면서 동창회에 참석해 호탕하게 웃고 여기저기 인사하고 다니는 친구들이 학창시절의 우등생은 아니다.

그럼에도 불구하고 부모님이 여러분에게 공부 잘해서 좋은 대학에 가라고 기원하는 것은 통계적으로 명문대 나온 사람들이 안정적으로 살고 있기 때문이다. '하이리스크 하이리턴high-risk high-return'임에도 불구하고 부모들은 여러분이 확률이 낮은 길, 리스크가 큰 길을 선택하는 것을 두려워한다. '가늘고 길게, 안전하게' 이것이 자식농사를 짓는 어른들의 손익계산표다.

명문대 나오지 않고도 잘사는 사람들은 셀 수도 없을 만큼 많다. 명문대 나와서 잘사는 사람들보다 명문대 안 나오고도 잘사는 사람들 수가 더 많다. 많이 배우지 않아도 잘살 뿐만 아니라, 돈이 많지 않아도 만족하게 잘사는 사람들이 많다. 사람들은 어떤 일을 하더라도 행복하게 살아야 한다. 꼭 명문대나 의대 나와서 안정적으로 돈을 벌어야 잘산다고 부모님이 믿으시거든, 그 생각을 깨트려주는 것도 여러분의 몫이다. 국·영·수 공부만 공부가 아니라, 요리공부도 미술공부도 모두 공부다. 오히려 국·영·수 공부보다 훨씬 쓸모 있는 공부다. 정말 좋아하는 일이 있다면, '남들 보기에'라는 잣대를 조금쯤 무시해라.

정말 하고 싶은 일이 있는데 부모님이 반대한다면, 단언컨대 싸워라. 내 인생은 내가 사는 것이지 부모님이 대신 살아주는 것이 아니다. 그리고 위의 사례에서 알 수 있듯이, 자식 이기는 부모 없다. 100%는 아닐지라도 대부분의 부모들이 자녀가 결정한 일에 반대하는 이유는 자녀가 그 길을 선택했을 때 불행해질까 걱정하기 때문이다. 자식이 행복하게 살 만한 선택, 정말 하고 싶은 선택을 했다고 확신한다면, 그 길을 반대할 부모는 많지 않다.

7

아버지의 빈자리,
이미 받은 것으로 채워라

—

천붕지통天崩之痛

뉴스에서 날마다 수많은 사건·사고, 그리고 그와 관련한 사람들의 사망소식을 접한다. 교통사고, 살인, 질병, 화재사고, 폭발사고, 쓰나미, 지진, 자살, 전쟁, 굶주림…. 수많은 이유로 너무 많은 사람들이 죽어가기 때문에, 우리는 가까운 사람이 다치거나 사망하지 않는 한 무관심하게 지나치고 만다. 그 한 사람, 한 사람의 가족들이 고통을 당한다는 사실을 떠올리지 않는 것이다.

어떤 이유로든 세상을 떠나는 사람들 모두는 누군가의 가족이고, 가족을 잃은 사람들은 고통 속에 남겨지게 된다. 신체 일부가 절단된 사

천붕지통(天崩之痛): '하늘이 무너지는 듯한 슬픔' 이라는 뜻으로, 임금이나 아버지를 잃은 슬픔을 뜻한다.

람들 말에 따르면, 발목을 절단해도 여전히 발목의 느낌이 남아 있다고
한다. 분명 눈에 보이지 않는데도 불구하고 우리의 신체와 감각은 여전
히 그 존재, 즉 환상지幻想肢를 느끼는 것이다. 느닷없이 가족을 잃은 사
람들의 경우 가족의 부존재를 받아들이기가 더욱 힘들다. 함께 걷던
길, 함께 사용하던 밥그릇, 함께 사용하던 화장실과 소파… 이 모든 것
을 기억하게 된다면 남은 가족들의 애간장은 끊어질 듯 아플 것이다.

　평판 좋은 판사의 딸로 부족함 없이 살던 연경은 고2 때 가족 모두
해외여행을 갔다. 가족들은 호텔에 머물고 아버지 혼자 해변으로 산
책을 나간 사이에 거대한 쓰나미가 덮쳐왔고, 수만 명이 목숨을 잃었
다. 연경의 아버지도 돌아오지 못했다.

　청천벽력靑天霹靂 같은 사건이었고, 가족들 모두 아버지의 죽음을
받아들이지 못했다. 날마다 하늘을 원망하고, ‘여행을 가지 않았더라
면, 아니 그때 산책만 못 나가게 했었어도…’ 하는 후회가 떠나지 않
았다. 그 고통이 너무 심해 차라리 죽어버리고 싶다는 생각뿐이었다.
고3이 되었지만 열심히 공부해서 법대에 입학해도 자신의 모습을 보
여줄 아버지가 없었다. 1년을 꼬박 방황했다.

　태우는 서울대 법대 출신의 검사장이던 아버지가 중3 때 돌아가셨
다. 늘 존경하는 롤 모델이던 아버지의 죽음은 태우에게 큰 충격이었
다. 아버지처럼 사는 것이 꿈이었던 태우는 방황하기 시작했다. 학습
의욕뿐 아니라 삶의 의미도 잃었고, 무기력증에 빠져 정신과 치료를
받기에 이르렀다. 결국 어머니는 자퇴를 선택했다. 고1때 일이었다.
자퇴를 하고 6개월 정도 자유롭게 여행을 다니며 마음을 추스리고 고
졸 검정고시를 치른 후에 대학입학을 위해 우리 학원을 찾았다.

학원에 다니면서도 태우는 자신이 빠진 구렁텅이에서 벗어날 생각을 하지 않았다. 자신의 방황과 순조롭지 못한 고교생활 모두를 아버지가 갑자기 돌아가신 상황 탓으로 돌렸다. 검사장이던 아버지가 과로로 돌아가셨다고 생각하고 법조인이 되려던 꿈까지 버렸다. 다행히도 태우의 학원 담임선생님 역시 어려서 아버지를 잃고 고교생활을 방황하며 보냈기 때문에, 태우를 잘 이해하고 공감해주었다. 공부뿐 아니라 연애상담이나 남자가 된다는 것에 관한 상담 등 아빠 역할을 하려고 노력했다. 그 결과 태우는 K대 경영학과에 진학하여 잘 적응하고 있다. 같은 선생님께 지도받던 연경 역시 아버지의 부재보다는 사랑을 기억하고 열심히 노력한 결과 의대 진학에 성공했다. 태우와 연경은 어린 나이에 감당하기 힘들 수도 있는 아버지의 죽음을, 방황하기는 했지만 결국은 꿋꿋하게 잘 극복해냈다.

태우나 연경처럼 갑자기 아버지를 잃었을 때의 상실감과 상처, 막막함은 당해보지 않은 사람은 짐작조차 할 수 없을 것이다. 오죽하면 하늘이 무너지는 고통, 천붕지통天崩之痛이라고 표현하겠는가. 가족, 특히 가장을 잃으면 누구나 절망감에 빠져 자신을 놓아버리거나 잃어버리기 쉽다. 정신적인 고통과 날마다 느껴지는 빈자리의 공허감뿐 아니라 편모가정이라는 사회적 편견이나 경제적 곤란 등 현실적인 벽에도 부딪히기 때문이다.

아버지뿐 아니라 어머니 또는 형제자매를 잃어도 마찬가지다. 가족을 잃고 느끼는 고통은 예로부터 여러 가지로 설명해왔다. 아버지를 잃어 하늘이 무너지는 천붕지통天崩之痛, 어버이를 잃고 끝없이 느껴지는 망극지통罔極之痛, 남편의 죽음을 알고 통곡을 하니 성이 무너졌다는 붕성지통崩城之痛, 형제자매를 잃어 몸의 반쪽을 떼어내는 듯한 할반지통割半之痛 등등…. 하지만 어떤 고통을 느끼더라도 그 슬픔은 한시적이어야 한다. 애도기간이 지나면 전보다 더 열심히 살아야 한다. 남들보다 핸디캡을 하나 더 가지고 있으면 그 핸디캡을 극복하기 위해 두 배 더 노력해서 성공해야 한다. 돌아가신 분도 그것을 원할 것이다. 그래서 위인들이나 성공한 유명인 중에는 편부슬하 또는 편모슬하에서 자란 사람들이 의외로 많다.

미국의 초대대통령으로 1789~97년까지 8년 동안 미국의 기틀을 닦은 조지 워싱턴George Washington은 부유한 집안에서 태어났지만 11세 때 아버지를, 20세 때 아버지처럼 따르던 큰형을 잃었다. 세계적인 모델인 나오미 캠벨Naomi Campbell도 편모가정에서 자랐다. 역사적인 위인 중에는 편모슬하에서 자란 사람이 많고, 역대 학력고사나 수학능력시험 전국수석 중에도 유달리 편모슬하에서 자란 사람이 많다. 성공한 사람들은 아버지의 부재가 오히려 자신을 단련시키는 오왕 부처의 섶과 월왕 구천의 쓸개 역할을 하는 것이다.●

여러분도 마찬가지다. 아버지나 어머니, 형제자매 등 사랑하는 사람을 잃었다면, 마음의 날을 벼리고 벼려서 오히려 더 큰 성공을 일구어내야 한다. 아버지가 돌아가신 것은 크나큰 역경이지만, 그 역경 때문에 자신의 삶마저 팽개치는 것은 어리석은 사람들이 하는 선택이

● 와신상담(臥薪嘗膽): 섶나무 위에서 잠을 자고 쓸개를 핥는다. 뜻을 이루기 위해 온갖 괴로움을 무릅쓴다는 뜻. 와신은 오왕 부차가 아버지의 원수를 갚으려고 섶 위에서 자며 마음을 벼른 고사이고, 상담은 월나라 구천이 오나라에 당한 치욕을 잊지 않기 위해 쓸개를 핥으며 칼날을 갈았다는 고사. 여기에서는 아버지가 비록 돌아가셨으나 기어코 성공하고 말리라는 마음을 늘 되새김질했다는 의미로 씀.

포기하지 마,
지금의 성적이 미래를
결정하는 건 아니야

다. 아버지가 일찍 돌아가셔서 못 얻은 것만 보지 말고 이미 얻은 것을 봐야 한다. 누군가가 성공하는 데 필요한 것은 아버지나 어머니, 형제자매가 아니다.

당시 태우의 담임이던 현 이투스교육의 H 본부장도 중3 때 아버지가 돌아가셨는데, 성인이 된 후에 생각해보니 아버지로부터 받을 것들을 초등학교 때 이미 많이 받았더라고 술회했다. 초등학교 때 아버지랑 영화를 보러 가곤 했는데, 당시 극장은 좌석제가 아니어서 일찍 가지 않으면 뒷자리에 서서 볼 수밖에 없었다. 그러면 키 큰 사람들에게 가려서 안 보이는 아들을 위해 아버지는 목마를 태워주었다고 한다. 생각해보라. 초등학생 아들을 한 시간 넘게 목마를 태워주기가 쉬운 일인가? 그 시절에 그렇게 즐겁게 봤던 영화가 대학시절 영화 동아리를 할 때나 살아갈 때 정서적인 면에서 많은 영향을 미쳤고, 힘들 때마다 아버지의 그 사랑이 버팀목이 되었다고 한다.

태우나 연경처럼 아버지를 존경하고 아버지가 롤 모델이었다면, 이미 넘칠 만큼 많이 받은 것이다. 아버지가 안 계셔서 받지 못한 것을 생각하지 말라. 아버지 역시 자신이 없다고 해서 무너지는 가족보다는 다시 힘을 내서 잘살아가는 가족이 되기를 원할 것이다. 아버지와 함께 사는 것이 오히려 더 힘든 사람도 많고, 서로에게 스트레스인 아버지와 아들딸도 많다. 아버지가 자녀에게 관심이 없어서 돌아가신 것이나 다름없는 가정도 많다. 오죽하면 좋은 대학을 보내는 요건으로 '아빠의 무관심, 엄마의 정보력, 할아버지의 경제력'이라는 우스갯소리까지 떠돌겠는가? 자, 여러분은 어떠한가? 아버지가 직장일로 자주 술 마시고 퇴근해서 공부에 방해된다고 짜증 내고 있지는 않는가? 고3이라 공부해야 하는데 거실에서 TV를 본다며 문을 쾅 닫고 들어가지는 않는가? 성적에 관해 물어본다고 싫어하지는 않는가?

가족 간에 아무 문제없는 행복한 가정이라면 더할 나위 없이 좋겠지만, 설사 상황에 문제가 있더라도 그것 때문에 여러분의 삶을 나쁜 쪽으로 변화시켜서는 안 된다. 불평하고 짜증 내서 상황이 변화되면 몰라도, 자신이 변화시킬 수 없는 상황이라면 자신이 변해라. 아버지의 죽음은 내가 어찌할 수 없는 것이다. 내가 어찌할 수 없는 것은 아무리 탓해도 변화되지 않는다. 그렇다면 내가 할 수 있는 것에 변화를 줘야 한다.

돌아가신 아버지는 아무리 탓해도 살아나시지 않지만, 아버지가 생각날 때마다 더 열심히 공부하면 나의 미래는 달라진다. 가난한 집에서 태어난 것은 어쩔 수 없지만 공부를 8시간이 아니라 10시간 하는 것은 내가 할 수 있는 일이다. 아버지가 술주정하면 술주정을 막을 수는 없어도 그 시간에 잠을 자거나 독서실에 가는 일은 할 수 있다. 상황이 안 되면 나를 바꾸어라. 왜? 바로 내 인생이고, 내가 잘살아야 하기 때문이다.

스스로 극복할 수 있다는 자신감을 가지고 자기 인생의 중심에 자신을 세워보자. 그리고 지금의 상황이 부정적이라 할지라도, 이면에 있는 긍정적인 측면을 보려고 노력해라. 환경은 어디까지나 도구에 불과하다. 우리가 어떻게 받아들이고 어떻게 활용하느냐에 따라 결과는 얼마든지 달라진다.

지금 하고 있는 행동의 결과가 바로 나의 미래다. 1년 후, 5년 후, 20년 후에 어떻게 살고 싶은가? 그 모습을 이루기 위해 필요한 것을 지금 해라. 나의 미래가 잘못된다면 그것은 '남 탓'이 아니라 '내 탓'이다.

'강철왕'이라고 불리는 앤드류 카네기는 13세 때 주급 1달러 20센트를 받고 면직물 공장에 다녔다. 학력은 초등학교를 다닌 것이 전부였다. 16세 때는 주급 2달러 50센트를 받는 전보 배달원이었다. 그는 20세 때 아버지를 잃고 가장이 되었지만, 43세 때는 미국 최대의 강철 공장을 설립한 강철왕이 되어 있었다.

그는 썰물 때 백사장 한쪽으로 기울어 박혀 있는 낡은 나룻배 한 척과 노 하나만 놓여 있는 허름한 풍경화 하나를 평생 보물처럼 아꼈다. 그림이 좋아서가 아니라 그림 밑에 적혀 있는 글귀 때문이었다.

"반드시 밀물은 밀려오리라. 그날에 나는 바다로 나아가리."

8

◇
◇
◇

재수! 삼수? 두려워만 하지 말자

—

불요불굴 不撓不屈

국제중학교입시 실패, 특목고입시 실패, 대학입시 실패, 경시대회입상 실패, 오디션테스트 실패, 학교시험 실패…. 요즘 학생들은 학교를 졸업하기도 전에 '실패했다'는 말을 참 많이 한다. 재수생을 주요 대상으로 하는 우리 학원의 특성상, 대학입시에 실패한 학생들을 많이 만나게 된다. 상담을 위해 학원에 찾아온 학생들을 만날 때마다 안타까운 것은 대학입시에 한두 번 실패한 것을, 겨우 그것을, 인생에서 실패했다고 받아들이는 것이다.

단언컨대 대학입시 실패나 특목고입시 실패는 인생의 실패가 아니

불요불굴(不撓不屈): 구부러지지도 굽히지도 않음. 어떤 어려움에도 결코 포기하거나 절망하지 않고 꿋꿋이 견디어나가는 모습을 말한다. 칠전팔기(七顚八起)와 비슷한 말.

포기하지 마,
지금의 성적이 미래를
결정하는 건 아니야

다! 대학입시에 낙방한 것은 인생의 실패와는 아무 상관이 없다. 생각해보라. 대한민국 평균수명은 81세인데 고등학교 입시는 16살, 대학입시는 19살에 치러진다. 취직은 보통 20대 후반부터 하고, 결혼은 대개 30대 초반에 한다. 31살에 결혼하더라도 결혼 후 50년의 인생이 남아 있다. 그런데 어떻게 인생의 실패가 10대 중반이나 후반에 결정되는가? 인생에서 실패했다는 결론을 내리기 전에, 자신의 인생이 어디까지인지 먼저 생각하고 나서 '실패했다, 성공했다'를 이야기하자.

내 인생은 100세까지인데 19살에 원하는 대학에 입학하지 못했다면, 그것은 인생에 실패한 것이 아니라 장애물을 만난 것에 지나지 않는다. 누구도 평탄한 길만 골라서 끝까지 성공가도를 달릴 수는 없다. 인생은 장애물 달리기다. 웅덩이를 건너고 매트에서 구르고 허들을 넘으면서 결승점을 향해 달려가야 하는 장애물 경기다. 살아가면서 마주치는 숱한 도전 중 일부는 통과하고 일부에서는 걸리는 것이 특별한 일이 아니라는 이야기다. 장애물에 걸려서 넘어졌더라도 툭툭 털고 일어나 다음 코스를 향해 달려가야 한다. 그것이 장애물 달리기의 규칙이다. 그런데 경기 초반에 장애물을 넘다가 러프에 빠지거나 넘어졌다고 그 자리에 주저앉아버린다면, 그 사람은 우승은커녕 결승점에도 도달하지 못한다.

결승점에 도달하기 전에, 말하자면 인생의 마지막 순간 이전에 만난 굴곡점은 실패가 아니라 성공을 위한 밑거름일 수 있다. 특정 시기에 모든 것을 판단하는 것은 길게 보는 안목이 없거나 호흡이 너무 짧은 것이다. 재수를 하거나 삼수를 한 학생은 다른 사람들보다 호흡이 조금 더 길었을 뿐이다.

새로운 환경에서는 늘 무언가를 배울 수 있다. 사람이 발전하기 위해서는 어떤 환경에 처하더라도 그곳에서 자기를 성장시킬 수 있어야 한다. 성장 동력을 확보할 수 있어야 한다. 재수생이나 삼수생이어서 배울 수 있는 것도 굉장히 많다. 고등학교 때까지는 부모나 선생님에 의해 통제 당하는데, 학교를 벗어나 수험생 생활을 하면 스스로가 통제해야 한다. 자기를 통제할 수 있는 능력, 즉 스스로가 스스로를 통제하는 힘을 키울 수 있다.

인생의 성패는 몇 승 몇 패로 따질 수 없다. 딱 한번, 눈 감기 전에 스스로의 삶이 성공했는지 실패했는지 판가름하고 죽는 게 인생이라고 생각한다. 마지막 죽는 순간에 따지는 것이다. 그런데 겨우 십 대에 무슨 인생의 실패나 성공을 이야기하는가? 다만, 현재 잠시 문제가 있는 것이다. 실패가 아니라 어려움이 있고 문제가 있는 것이다. 그걸 풀어나가면 된다.

길을 걷다가 넘어졌으면 일어나는 것이 당연하다. 실패는 길을 걷다가 넘어진 것과 같다. 일어서서 다시 길을 걸으면 된다. 한 번 넘어졌다고 그 자리에 그대로 주저앉거나 누워버린다면 얼마나 우스꽝스럽고 어리석은가?

MS의 전 회장 빌 게이츠는 실패한 기업에서 일한 경력이 있는 사람들을 의도적으로 채용한다고 한다. MS가 언젠가 실패할 때, 그 사람들의 실패 경험이 곤경에서 빠져나오는 데 반드시 도움이 될 것으로 믿기 때문이다. 세일즈맨 중 48%는 한 번 권유해보고 포기하고, 25%는 두 번, 15%는 세 번까지 물건을 사라고 권유한다고 한다. 세일즈맨 중 12%만이 4번 이상 권하는데, 이 12%의 사람들이 전체 판매량의 80% 이상을 차지한다는 미국소매협회의 보고가 있었다. 실패해도 포기하지 않는 것, 그것은 커다란 결과를 가져다준다.

KFC의 창업자 코널 샌더슨은, 가진 거라고는 특이한 닭튀김 조리법밖에 없는, 나이 든 퇴역자에다가 망한 식당 주인이었다. 그가 자신의 닭튀김 조리법을 식당주인에게 팔아 로열티를 받으려고 트럭을 몰고 미국 전역을 돌며 식당주인들을 만나고 다녔을 때, 거절당한 횟수는 무려 1009번이었다. 1009번이나 거절을 당했다면, 여러분은 다시 1010번째에 도전하겠는가? 아마 대부분의 사람들은 100번만 거절당해도 포기하고 말 것이다. 1000번 넘게 거절당하고도 자신이 실패했다고 생각하지 않았기 때문에, 오늘날 세계 곳곳에서 KFC의 맛있는 치킨과 하얀 옷을 입은 뚱뚱한 할아버지를 볼 수 있는 것이다.

실패 후에 좌절하느냐, 다시 일어서느냐가 성공한 사람과 패배한 사람을 결정한다. "나는 실패한 적이 없다. 어떤 어려움을 만났을 때 거기서 멈추면 실패가 되지만 끝까지 밀고 나가 성공을 하면 실패가 아니기 때문이다." 일본이 자랑하는 경영의 신, 고 마쓰시타 고노스케松下幸之助의 말이다. 패배한다고 생각하면 당신은 패배한다. 하지만 할 수 있다고 믿고 노력하고 포기하지 않으면 상황이 아무리 나빠도 해낼 수 있다. 영국 작가 존 버니언John Bunyan이 『천로역정』을 쓴 것은 감옥에 갇혀 있을 때였고, 베토벤은 귀가 들리지 않았으며, 『실락원』을 쓴 존 밀턴은 눈이 보이지 않았다. 헬렌 켈러는 보지도 듣지도 못하는 장애인으로서 미국 최고의 대학인 하버드 대학교 래드클리프 대학에 입학했고, 장애인들을 위해 일하고 책을 펴내고 강연을 해서 많은 발자취를 남겼다.

새들은 바람이 가장 강하게 부는 날 집을 짓는다.
강한 바람에도 견딜 수 있는 튼튼한 집을 짓기 위해서다.
태풍이 불어와도 나뭇가지가 꺾였으면 꺾였지,
새들의 집이 부서지지 않는 것은 바로 그런 까닭이다.
그런데 바람이 강하게 부는 날 집을 지으려면 새들이 얼마나 힘들겠는가.
바람이 고요히 그치기를 기다려 집을 지으면 집짓기가 훨씬 더 수월할 것이다.
나뭇가지를 물어오는 일도, 부리로 흙을 이기는 일도 훨씬 쉬울 것이다.
그러나 그 결과는 좋지 않을 것이다.
바람이 강하게 부는 날 지은 집은 강한 바람에도 무너지지 않겠지만,
바람이 불지 않은 날 지은 집은 약한 바람에도 허물어져 버릴 것이다.

정호승 시인, 동아일보 칼럼에서

실패하고 나면 오히려 성공하기가 쉬워진다. 실패했다는 것은 무엇이 문제인지가 드러난 것이기 때문이다. 문제 상황이 확실히 드러나면, 원인을 분석해보고 분석한 결과를 과감하게 실천해라. 예를 들어 수학시험을 망쳤는데 중학교 과정에 문제가 있으면 중학교 교과서부터 공부해라. 배탈이 나서 수능시험을 망쳤을 경우에는 수능이 다가오면 각별히 몸 관리를 해서 배탈이 나지 않게 해야 한다. 실패한 이유와 원인을 제대로 분석해서 해결해라. 해결할 수 없는 문제는 없다.

어떤 환경에서든 이 공간에서 무엇을 배워야 하는가를 생각해보라. 단순하게 입시 성과만을 말하는 것이 아니다. 재수나 삼수를 했을 경우, 1년이나 2년을 잃은 것은 부인할 수 없는 사실이다. 남들보다 더 많은 시간을 투자했다면, 그 기간에 더 얻는 무언가가 있어야 한다. 그래야 실패 경험이 자산이 된다. 실패한 데서 배울 줄 알아야 결국 성공한다.

위기에 빠지더라도 누군가는 그 위기를 겪으면서 더 강해지고 현명해지는 반면, 어떤 사람들은 절망하고 무너진다. 같은 상황에 빠지더라도 절망하며 주저앉는 사람은 실패하지만, 그 상황을 현명하게 이겨낸 사람들은 더욱 강해진다. 부러진 뼈가 회복되면 골절 부위가 더 단단해지는 것처럼, 어려움을 겪고 이겨낸 사람은 더욱 강해진다. "난세가 영웅을 만든다", "젊을 때 고생은 사서도 한다"라는 말이 왜 나왔겠는가?

이 글을 읽는 여러분 중에서도 무언가 실패했다는 생각에 고통스러워하는 사람이 있을 것이다. 그것이 다이어트든, 대학입시든, 실연

이든, 시험이든, 수행평가든, 학교폭력사건에 휘말려 있든, 부모님한
테 얻어맞았든 간에, 여러분에게는 사실 아주 좋은 기회가 주어진 셈
이다. 지금 실패했다고 생각되는 것에 다시 도전해 극복해낸다면 여
러분은 '하니까 되더라' 라는, 세상 그 무엇과도 바꿀 수 없는 귀한 교
훈을 얻을 것이기 때문이다. 넘어져 있다면 지금 당장, 일어나라! 그
리고 다시 시작하라.

포기하지 마,
지금의 성적이 미래를
결정하는 건 아니야

9

부모와의 갈등 땐, 중재인을 찾아보자

줄탁동시 啐啄同時

매미는 땅 속에서 7년을 기다려야 세상을 향해 날아오를 수 있다. 잠자리도 젖은 날개가 마르기를 기다려야 날아올라 가을하늘을 수놓을 수 있고, 개구리는 알과 올챙이 시절을 거쳐야 목청껏 울 수 있고, 장구벌레로 물속에서 세월을 보낸 후에야 모기도 우리를 괴롭힐 수 있다. 모든 동물이 완벽한 모습을 갖추기 위해서는 준비기간이 필요하다. 준비기간을 잘 보내야 완전한 개체가 되는 것이다.

청소년들은 사춘기가 되면 혼자서 날아오를 준비를 시작하지만, 완

줄탁동시(啐啄同時): 병아리가 태어날 때 어미닭과 병아리가 동시에 알을 쪼는 것을 말함. 줄(啐)은 병아리가 안에서 껍질을 쪼는 것, 탁(啄)은 어미닭이 밖에서 그 알을 쪼는 것을 말하며, 줄탁이 동시에 일어나야 병아리가 알을 깨고 나온다.

벽하게 독립하기 위해서는 몇 년의 세월이 더 필요하다. 따라서 부모님과의 갈등, 형제자매와의 갈등, 친구들과의 갈등, 자신과의 싸움 등 해결하기 어려운 문제가 여러분을 괴롭힐 때, 혼자 해결하려고 끙끙 거리기보다는 주변에 도움을 요청하는 것이 바람직하다. 혼자 해결할 수도 있고 상처를 덮어버릴 수도 있겠지만, 다른 사람들의 도움이나 중재가 있으면 더 원만하게 해결되는 일들도 많기 때문이다.

줄탁동시啐啄同時라는 말이 있다. 줄啐은 알 속의 병아리가 밖으로 나오려고 소리 내는 것을, 탁啄은 어미 닭이 밖에서 부리로 알을 쪼아 주는 것을 말한다. 줄과 탁이 동시에 이루어져야만 병아리는 알을 깨고 밖으로 나올 수 있다. 도움을 받는 상대와 도움을 주는 상대가 서로 호흡을 맞춰야 좋은 결과가 나온다. 도움을 필요로 하는 바로 그 순간에, 필요로 하는 것을 도와주어야 한다는 의미다.

만일 알 속의 병아리가 밖으로 나오려고 혼신의 힘을 다할 때 어미 닭이 밖에서 쪼아주지 않으면 어떻게 될까? 혼자서 알을 깨트릴 힘이 없는 병아리는 죽어버리게 마련이다. 어미 닭이 준비되지 않은 알을 너무 일찍 쪼아댄다 해도 병아리는 태어나지 못한다. 흔히 줄탁동시 는 어미닭과 병아리, 새와 새끼의 관계를 말하지만, 부모와 자식, 스승과 제자, 친구와 형제자매 등 모든 사람들 사이의 관계에 해당된다. 상대가 원하는 도움을 주어야 고마운 것이지, 원하지 않는 것을 들이 대는 것은 오히려 민폐다. '사자와 소의 사랑 이야기'와 마찬가지인 것이다.

소를 사랑한 나머지 사냥한 고기를 소에게 선물한 사자, 그리고 사자를 사랑해서 맛있는 풀을 사자에게 선물해준 소처럼, 사랑의 방식

사자와 소의 사랑이야기

어느 날 초원에서 사자와 소가 만나게 되었습니다.
사자의 그 멋진 모습에 소는 첫눈에 반했습니다.
소의 매력적인 모습에 사자도 첫눈에 반했습니다.
사자와 소는 서로 사랑하게 되었습니다.
함께 있지 않으면 더 이상 삶의 의미가 없다고 판단한 둘은 드디어 결혼을 하였지요.
둘은 너무나 행복했습니다.

소는 사자를 위하여 열심히 풀을 뜯어다 주었습니다.
사자는 소를 너무 사랑했기 때문에 사랑하는 소가 자기를 위하여 풀을 준비해주었다
는 것을 알기에 아무 말도 하지 않았습니다.
소도 사자를 너무나 사랑했기 때문에 사자가 자기를 사랑해서 사냥을 해온 것을 알
기에 아무 말도 하지 않고 맛있다고 먹어주었습니다.
서로를 위해 너무나 열심히 풀을 뜯고 사냥을 했습니다.

그러나 시간이 흘러가자 둘은 견딜 수가 없었습니다.
마침내 둘은 이혼을 하였습니다.
이혼을 하면서 둘은 말했습니다.
최선을 다했다고….

이 달라서 힘들었던 형준과 엄마의 이야기를 소개한다.

9월 어느 날 아침, 형준이 커다란 짐 보따리를 들고 학원 교무실로 들어왔다. 이불과 옷가지라고 했다. 깜짝 놀라는 담임에게 형준이 민망한 듯 씨익 웃었다.

"저 가출했어요, 선생님!"

"가출? 엄마가 또 애기 취급하면서 뭐라 하셨어? 가출했으면 엄마가 못 찾는 데로 가야지, 이불 보따리를 들고 왜 학원으로 와?"

"수능 두 달 남았는데 공부해야지 가긴 어딜 가요, 선생님. 엄마 보라고 시위하는 거예요. 엄마한테는 가출한 것으로 해주세요. 교무실에 이불보따리 좀 맡길게요. 엄마가 전화해서 물어보시면 학원에도 안 왔다고 해주세요. 부탁합니다!"

훤칠한 키에 잘생기고 예의 바른 엄친아, 형준의 '무늬만 가출사건' 이야기다. 형준은 자사고를 졸업한 전형적인 모범생으로서, 그의 유일한 고민거리는 다름 아닌 엄마였다. 처음 형준을 만났을 때부터 상담 내용의 90% 이상이 "엄마 때문에 힘들어서 못 살겠어요"였다. 아들에 대한 엄마의 과도한 관심과 집착이 문제였다. 일상생활이나 학교생활, 공부와 관련된 문제는 물론, 친구들과의 관계나 여자 친구에 이르기까지 자신의 모든 것을 엄마가 컨트롤하려고 한다는 것이었다.

형준의 엄마는 아들을 위해서라면 뭐든지 해주려고 했다. 집은 수원이고 학원은 분당이었는데, 아침에는 학원까지 태워다 주고 학원수업과 자습을 끝내고 건물 밖으로 나오면 엄마의 차가 기다리고 있었다.

자신이 벌써 스무 살이고, 스무 살이면 뭐든지 혼자 해결해야 할 나이라는 사실을 엄마는 인정하지 않았다. 저녁에 귀가하면 몸에 좋다는 몇 가지 영양소는 물론 손수 만든 간식까지 준비되어 있었고, 아침식사를 마치고 나면 몇 가지 채소와 과일을 갈아 만든 주스를 내밀었다. 엄마의 책상 위에는 항상 각종 배치표와 입시설명회, 학원설명회 자료들이 쌓여 있었다. 엄마의 24시간은 오로지 형준을 위해서만 존재하는 듯했다. 그런 엄마가 고맙기는 했지만, 자신의 모든 것이 엄마에 의해 조종된다고 생각하면 답답하고 숨이 턱 막혔다.

"엄마, 나오지 마세요. 전철 타고 다니면 돼요."

"공부할 시간도 부족한데 왜 길에 시간을 버려. 지난번 사설 모의고사, 점수만 오르고 백분율은 그대로던데. 이렇게 대충 공부하다가 내년에 또 삼수할래? 엄마가 태워다 주면 책 한 페이지라도 더 보고 피곤할 때 차에서 잘 수도 있고, 좋잖아."

"전철에서도 얼마든지 공부할 수 있어요. 저 혼자 갈 테니 저녁에 학원 끝날 때도 데리러 오지 마세요. 친구들도 다 전철 타고 다닌단 말예요."

"다른 애들은 오히려 엄마가 관심 없다고 짜증 낸다던데, 너는 왜 그러니? 학원까지 가는 게 싫으면 전철 타는 데까지라도 태워줄게."

이런 종류의 대화는 형준과 엄마 사이에서 으레 오갔다. 학원 앞에서 기다리는 엄마의 차를 피해 뒷문으로 빠져나가 버스를 타고 귀가한 적도 있었다. 수능이 다가오면서 엄마가 점점 더 옭죄어오자 '가출'이라는 극단적인 형태의 반항을 시도한 것이었다.

담임은 형준을 며칠 동안 친구 집에서 지내게 하고, 엄마에게 면담을 요청했다. 엄마의 끊임없는 집착과 관심으로 인한 스트레스가 학업성적에까지 영향을 미쳤기 때문에, 전에도 지나친 기대나 관심 또는 형준이 원치 않는 지원을 자제해달라고 요청한 적이 있었다. 그때 형준 엄마는 그런 담임의 요청을 이해하지 못했다. 사랑하는 아들이 힘들게 재수하는데 아들한테만 맡겨두었다가 또 실패하면 형준이 얼마나 낙담할 것이며, 그때는 누가 책임진단 말인가?

하지만 형준이 가출을 감행하자, '내가 애한테 너무 부담을 주나? 아무리 잘해줘도 본인이 싫다면 하지 말아야 하나?' 고민하게 되었다. 담임은 형준이 성인 못지않게 훌륭한 판단력과 능력을 갖추었으니 아들을 믿고 뒤로 한 발짝 물러서라고 부탁했다. 아이가 원하지 않는 것은 해주지 말고, "네가 원하는 것은 무엇이든 해주겠다. 필요하면 말해"라고 조언할 것만을 부탁했다. 그리고 형준이 좋아하는 음식 해줄 것, 생활에 사사건건 간섭하지 말 것, 문제가 있으면 직접 말하지 말고 담임을 통해 뜻을 전달하고 중재하도록 할 것을 부탁했다.

형준의 엄마가 원한 것은 '형준에게 최선의 도움을 주는 것'이었기 때문에, 엄마는 중재를 받아들이기 위해 많은 노력을 기울였다. 마음 아프기는 했지만, 조금 떨어져서 바라보는 것도 사랑이라는 사실을 받아들인 것이다. 엄마가 뒤로 한 발 물러서자 다가오는 엄마를 피해 뒷걸음질치던 형준도 제자리를 찾았다. 시험성적도 다시 상승곡선을 그리게 되어 마침내 원하는 대학에 합격했다.

부모님의 지나친 간섭이나 갈등 때문에 힘들 때는 혼자 해결하려고 하지 않는 것이 좋다. 형준과 엄마처럼 스트레스를 받는 자녀와 스트레스를 주는 부모가 직접 해결을 시도하면, 대화가 감정적으로 흘러 결국 또 하나의 싸움으로 끝나기 쉽다. 달걀끼리 서로 직접 부딪히면 깨지는 원리와 같다. 가장 바람직한 것은 학교나 학원의 선생님처럼, 부모님과 감정을 자제하면서 대화할 수 있는 사람에게 중재를 부탁하는 것이다.

부모와 자녀, 스승과 제자가 줄탁동시할 때 가장 바람직한 결과가 나온다. 중·고등학생이건 재수생이나 삼수생이건 대학생이건 간에, 여러분들은 세상으로 나오기 위해 노력하는 알 속의 병아리다. 아프고 힘이 들 때는 무조건 참거나 혼자 해결하려고 애쓰지 말고, 부모님이나 선생님 또는 친구에게라도 도움이 필요하다는 신호를 보내자.

형준은 스무 살이면 다 컸다고 생각했지만, 부모인 내 생각은 조금 다르다. 이렇게 생각해보자. 현재 한국인의 평균 수명이 81세이므로, 20살인 형준의 인생을 하루로 계산해보면 아직 잠에서 깨어나기 전인 새벽 6시다. 아직은 하루가 시작되기 전의 새벽, 일어나서 활동하기에는 조금 이른, 준비단계인 셈이다. 인생의 준비단계에 누군가의 도움을 받는 것은 부끄러운 일이 아니다.

10

◇
◇ ◇

성적보다 성性이
더 문제가 되는 사춘기

—

질풍노도疾風怒濤

성춘향과 이몽룡의 나이는 16살이었고, 셰익스피어William Shakespeare의 희곡 『로미오와 줄리엣』에 나오는 줄리엣의 나이는 14살이었다. 꽃다운 나이 방년芳年은 20세 전후의 여성을 말하지만 흔히 18살을 일컫는다. 이 말은 아주 옛날부터 중학생에서 고등학생, 즉 14~20세의 나이면 이성에 대한 관심이 생기고 부모 몰래 사고도 치는 것이 당연시되었던 나이라는 것이다. 사춘기로 대표되는 10대와 20대 초반, 즉 여러분들 나이가 성적 호기심이 가장 왕성할 때인 것은 확실하며, 따라서 성적인 모든 것에 관심이 생기는 것은 당연하다.

그래서 여학생이든 남학생이든, 모범생이든 문제아든 간에, 대부분의 학생들은 정도의 차이가 있을 뿐 성에 대해 기본적으로 호기심과 관심을 갖고 있다. 야동에 호기심도 생기고, 이상한 사진을 보면 성적인 충동을 느끼거나 신체에 반응이 오는 것은 지극히 당연한 일이다. 이몽룡은 춘향의 곁을 어슬렁거리고 로미오는 줄리엣의 발코니 밑에서 줄리엣을 유혹하고 있을 나이에 책상에 앉아서 공부만 강요당하는 상황에서 학생들 손에 쥐어진 스마트폰은 기철이 같은 친구들을 양산한다.

기철은 스마트폰의 라인과 카카오스토리, 밴드에 야동을 올린다. 선생님들이나 부모님이 무서워서 올렸다가는 서너 시간 뒤에 이내 삭제하곤 했다. 그동안 기철이 올린 야동을 보는 친구들은 20명 정도, 때로는 50명이 넘어가기도 했다. 그가 올린 야동을 다운받아 자신의 스마트폰에 올리는 친구들도 있으므로 아마도 기철이 찾아낸 동영상은 통틀어 100명 이상은 보게 될 것이다.

기철이 다니는 학교의 전체 학생이 1,500명 정도이고, 기철 외에도 비슷한 행동을 하는 선후배가 있기 때문에 야동을 접하는 친구는 훨씬 더 늘어나게 된다. 그가 야동을 올리는 이유는 간단하다. 성적이 같은 학년 500여 명 중에서 뒤에서 10등 내외지만 야동을 올리기 시작한 후로는 친구들이 무시하지 않기 때문이다. 오히려 그의 인기가 올라갔고, 따로 파일을 부탁하는 동급생이나 선후배까지 생겼다.

최근에는 부모 모두 직장에 다니는 친구 집에서 학교 일짱인 동혁 등 네 명의 친구들과 함께 담배를 피우면서 야동을 보다가 동혁에게 성추행을 당하기도 했다. 동혁은 기철보다 덩치는 작지만 선배들까지 함부로 하지 못하는 아이여서 시키는 대로 할 수밖에 없었다. 반항하는 것보다 동혁한테 찍히는 것이 더 무서웠다. 최근 기철이 제일 무서워하는 사람은 학생주임 선생님도 아니고 아버지도 아니다. 바로 동혁과 동혁 위에서 군림하는 일진 형들뿐이다.

그런데 같은 자리에 있던 친구 가운데 하나가 학교에서 담배를 피우다 선생님께 들켜 선도위원회에 불려갔고, 그날 밤 일이 알려져 학교폭력위원회까지 열렸다. 기철이 피해자이고 동혁이 가해자인 학교폭력위원회였지만, 기철이 일을 크게 벌이고 싶지 않았기 때문에 동혁은 반성문과 사회봉사 5일만 받는 선에서 학교폭력위원회가 마무리되었다.

기철은 학교폭력위원회에 불려온 아버지에게 집에 가서 죽지 않을 만큼 얻어맞았다. 하지만 그 사건 이후 동혁은 친구들 사이에서 '학교에서도 어쩌지 못하는 일진'으로 더 큰 파워를 과시하게 되었다. 기철도 어느 새 일진 대접을 받게 된 것이다. 문제는 그 다음에 일어났다. 수업시간에도 수시로 야동 장면이 떠오르고, 동혁에게 당했던 것을 직접 해보고 싶어지고, 선생님이든 누나든 반 친구들이든 간에 여자만 보면 시선이 가슴에 가서 꽂히는 것이다. 학교에서 심리상담 처분을 내려 심리상담도 받았지만 별다른 소용이 없었다.

성진은 선생님들과 친구들 모두 인정하는 모범생이다. 그런데 어느 날 우연히 핸드폰으로 친구들 카카오스토리를 돌아다니다가 기철이 올린 동영상을 보게 되었다. 얼굴이 화끈거리고 죄책감이 들었지만 끝까지 동영상을 보고 호기심이 발동한 성진은 가족들 없는 사이에 집에 있는 컴퓨터로 야동을 검색했다. '이러면 안 되는데' 하고 생각했지만 식구들 없을 때마다 자신도 모르는 사이에 컴퓨터를 켰고, 네 번쯤 봤을 때 부모님에게 들키고 말았다. 컴퓨터 사용 기록에 적나라하게 드러나 있는 것을 누나가 발견하여 누나는 엄마에게, 엄마는 아버지에게 의논했던 것이다.

　그 후 누나는 성진을 '이상한 애' 취급하기 시작했고, 한동안 누나와 으르렁거리며 지냈다. 다행인 것은 누나만 화를 냈을 뿐 부모님은 크게 화를 내지 않았다는 것이다. "어때, 재미있었어?" 이것이 아버지의 첫 질문이었다. 성진이 어떻게 대답해야 할지 몰라 당황하다가 "죄송해요"라고 말하자 아버지는 뜻밖에 껄껄 웃었다.

　"괜찮아. 너 나이 때면 궁금한 것이 당연하지. 대신 동영상에서 본 장면을 그대로 믿으면 안 돼. 호기심을 자극시키려고 이상하게 만들어진 것도 많거든. 어른 중에도 야동 보는 사람들 많고, 실제로 엄마와 아빠도 부부생활을 하니까 너희들을 낳아서 잘 기르고 있지. 성은 부끄럽고 나쁜 것이 아니야. 다만, 지금 너는 학생이기 때문에 너무 몰입하거나 빠지는 것이 시기적으로 좋지 않아. 성에는 책임이 따르는데, 만일 네가 충동을 누르지 못하고 책임지지 못할 행동을 하게 되면 큰일이잖아. 책임질 수 있을 때 사랑하는 사람과 함께 경험하는 것이 제일 좋아." 그렇게 요란 떨지 않고 넘어가준 부모님 덕분에 성진은 이후 야동을 보더라도 큰 호기심이 생기지는 않았다.

　여러분은 음란물에 대해 성진과 기철 중 어느 쪽에 해당하는가? 통계에 따르면 2013년 6월까지 단 6개월 동안 모바일 메신저를 통해 성범죄 피해를 당한 청소년이 117명이라고 한다. 2012년 통계에 따르면 청소년에 의한 강간범죄는 2010년 2,107건이었고, 다른 성범죄까지 포함하면 그 숫자는 큰 폭으로 늘어난다. 게다가 이 숫자는 경찰청 통계이기 때문에 통계 밖에 있는 사건까지 포함하면 그보다 몇 배나 더 올라갈 것 같다. 꼭 범죄까지는 아니더라도 여러분이 자칫 성에 대한 잘못된 인식을 갖게 되면 치명적인 피해로 돌아올 수도 있다.

민숙과 준하는 열심히 공부해야만 합격할 수 있는 명문고에 당당히 합격해서 함께 기숙사에서 생활하게 되었다. 둘은 열심히 공부했고 상위권 성적으로 고3이 되었다. 그러다 민숙과 준하는 서로 사귀게 되었고, 분리되어 있는 남학생과 여학생의 교실과 기숙사 때문에 점점 더 으슥한 곳을 찾게 되었다.

모두들 열심히 공부하는 고3 때 이성에게 지나친 관심을 갖게 된 두 사람의 성적은 당연히 떨어졌지만, 아랑곳없이 만나기 위한 모험을 감행하곤 했다. 그러다 둘 사이의 이상한 소문이 자꾸 나게 되고, 몰래 데이트를 일삼던 두 친구의 사진이 학교 친구들의 스마트폰에서 돌아다녔다. 그러던 어느 날, 둘이 화장실에서 서로를 만지며 껴안고 있는 장면을 몇몇 학생들에게 들키게 되었다. 학교는 발칵 뒤집혔고, 고3임에도 불구하고 학교 측에서는 두 사람을 각기 다른 학교로 전학하도록 했다.

한참 공부해야 할 때 자신을 제어하지 못한 까닭에, 부모님들의 자랑이던 민숙과 준하는 1년이라는 세월을 낭비하게 되었다. 두 사람 모두 수능시험을 망쳤고, 재수를 선택할 수밖에 없었던 것이다. 현재 두 사람은 각기 다른 학원에서 재수를 준비할 뿐 더 이상 서로 만나지 않는다. 지나고 보니 정말 아무것도 아니었던 것이다. 사춘기의 성에 대한 호기심은 결국 자기제어 능력의 문제다. 지극히 당연한 호기심으로 받아들이되, 지나치게 몰두하거나 관심사 전체에 두지 않아야 한다.

여러분도 분명 성인이 될 것이기 때문이다. 몸이 커지듯 생각도 커지게 마련이고, 그만큼 성숙한 어른으로서 만나야 하는 것이 성이라는 사실을 반드시 기억해야 할 것이다.

포기하지 마,
지금의 성적이 미래를
결정하는 건 아니야

〈플레이보이〉는 1962년 9월호에 『뿌리』의 저자 알렉스 헤일리(Alex Haley)가 재즈 음악가 마일스 데이비스와 행한 인터뷰를 시작으로 「솔직한 대화」라는 부제가 달린 인터뷰를 연재하기 시작했는데, 이들의 입을 빌려 정부와 체제에 대해 때로 매우 신랄하고 파격적인 기사를 게재해 큰 인기를 누렸다. 버트런드 러셀, 자와할랄 네루, 맬컴 엑스, 피델 카스트로, 장 폴 사르트르, 아널드 토인비, 존 케네스 갤브레이스, 스티븐 호킹, 베티 프리던, 빌 게이츠 등 유명 인사들이 등장했고, 심지어 1976년에는 이듬해 미국의 대통령에 올랐으며 평소 성인군자로 이름 높던 지미 카터가 "마음속으로 끊임없이 간음하고 있다"는 고백을 하도록 만들어 큰 화제를 모으기도 했다.

『누가 우리의 일상을 지배하는가』, 전성원, 민음사

2

행복은
어른이 되어야만
꿀 수 있는
꿈이 아니다

좋아지면 알고 싶고 연구하게 되고, 그러다 보면 지혜가 생기게 마련이다. 제주도의 산과 들과 길을 좋아하고, 그 길을 즐겨 걷던 서명숙 씨는 제주올레길을 만들었다. 인기와 명성을 얻은 어떤 요리사는 자신이 고등학교 때 꼴찌였다고 술회했다. 하지만 아무도 그 사람을 무식하다고 생각하지 않는다. 요리를 좋아했고, 요리사로 성공했기 때문이다. 좋아하는 것이 있으면 된다.

꿈은 구체적인 직업이 아니라 '내가 행복하게 사는 것'이어야 한다. 김연아나 박지성이 되지 않더라도 꿈을 향해 가는 길이 행복한 것을 목표로 삼아야 한다.

그리고 여러분은 자유롭게 살아야 한다. '자유롭게 산다'는 것은 다양한 경험과 다양한 생각과 다양한 것을 받아들이는 것을 말한다. 나는 여러분이 연극도 보고 영화도 보고 음악도 듣고 여행도 가고, 때로 풍경이 멋진 곳에서 사색에 잠기거나 하늘에 떠가는 구름도 보고, 다양한 책을 읽으면서 감성을 갖추고 살았으면 한다.

1

바로 거기에 내가 공부해야 하는 모든 이유가 있다

현재 고등학교 2학년인 내 딸이 중학교 3학년 막바지일 때 이야기다. 3학년 말이어도 수업을 하게 되어 있지만, 겨울방학과 졸업을 앞둔 3학년들은 딱히 수업을 진행하지 않는다. 그 대신 고등학생이 되기 전 바람직한 마인드나 기타 필요한 준비를 하며 보내곤 한다. 바로 그 시기에 나는 학부모 강사로 초청되어 강연을 하게 되었다.

학교에서는 교육업체 대표로서 학업이나 인생의 성공요인 또는 그 과정을 재미있게 얘기해줄 것을 부탁했다. 강연 당일 나는 고등학교 때 가졌던 생각, 대학교 때의 생활 등을 솔직하게 이야기했는데, 학생들의 질문은 예상 밖이었다.

"그러면 성공하기 위해서 꼭 공부해야 하는 건 아니네요?" 하는 것이었다. 나는 깜짝 놀랐다. 포인트가 잘못 전해진 것이다. 공부 안 해도 된다는 이야기가 아니라 '공부란 좋아하는 것을 찾는 것에서부터 시작되며, 그것이 국·영·수 과목이 아니라 할지라도 그 과정 모두가 공부와 관련되어 있다' 라는 뜻이었기 때문이다.

사실 나이와 상관없이 사람이든 사물이든 내가 좋아하고 사랑하면 알려고 한다. 누군가를 좋아하면 그 사람이 좋아하는 것, 싫어하는 것, 취미, 좋아하는 색, 그와 친한 친구까지 모든 것이 궁금해진다. 여러 사람들 사이에 섞여 있어도 그 사람 쪽을 바라보게 되고, 그 사람의 일거수일투족에 신경이 쓰이게 되는 것이다.

누군가를 좋아해본 경험이 있는 친구들이라면 이 말을 쉽게 이해할 것이다.

사람뿐만이 아니다. 어떤 분야든 마찬가지다. 컴퓨터 게임을 생각해보면 간단하다. 그것이 리그오브레전드든 스타크래프트든 데이플스토리든 간에, 일단 재미를 느끼게 되면 그 게임을 좋아하게 되고, 그 게임을 좋아하게 되면 부모님이 아무리 구박해도 자신도 모르게 푹 빠져 지내지 않던가! 그러다 보면 어느 순간 그 게임에 관한 한 도사가 된다.

어떤가? 뭐든지 재미있으면 빠지게 된다는 사실이 쉽게 이해됐으리라 생각된다.

먼저 무엇이든 자신의 관심사를 찾아봤으면 좋겠다. 관심에서 재미가 더해지고 그러다 보니 좋아하게 되고, 이제 그것을 계속하기 위해 무엇을 해야 하는지 감이 잡히기 때문이다. 꼭 국·영·수 과목이 포함된 공부가 아니어도 된다. 우선 좋아하는 것을 찾아보자. 어른들이 말하는 '꿈을 가져라', '꿈을 찾아라' 하는 이야기가 아니다. 대학생이 되고 어른이 되어도 꿈을 찾는 일은 그리 만만한 일이 아님을 부모님들도 잘 알고 있으니 겁먹지 않았으면 좋겠다. 어렵게 생각할 것 없다. 아래 질문에 답할 수 있는 문장 하나만 찾아보자는 것이다.

"지금부터 학교 수업은 전혀 받지 않아도 좋다고 가정해봐! 지금 너가 하고 싶은 건 뭐니?"

내가 딸아이 학교에서 했던 강연 때와 같이 위 질문을 오해하는 친구가 분명히 있을 것이다. "학교 공부를 하지 않는다는 가정을 해도 되나요? 그냥 내가 좋아하는 것만 해도 된다는 것인가요?" 등등일 것 같다. 그러나 이 질문엔 진짜 공부를 시작하고 싶도록 만드는 비밀이 숨겨져 있다.

가령, 음악을 만들거나 뮤지션이 되고 싶은 친구들이 있을 수 있다. 이제 한번 생각해보자. 음악을 만드는 사람이라면 능숙하게 다룰 수 있는 악기 하나쯤은 있어야 할 것이다. 악기를 다루기 위해서는 음표 전체를 한눈에 읽을 수 있는 공부가 우선이어야 한다. 음악적 영감을 받기 위해서는 다른 나라의 다양한 장르 음악을 듣는 것이 필수가 되기도 하는데, 그러려면 기본적으로 영어는 할 줄 알아야 할 것이다. 음악을 나 혼자만 듣고자 만드는 사람은 없다. 내가 만든 노래나 내가 만든 음악을 사람들이 함께 즐겨주길 바라며 만들지 않을까. 그렇다면 내가 아닌 다른 사람들의 마음을 다독일 줄 아는 따뜻한 배려도 필요한 소양이 된다.

이러한 소양은 어디에서 길러질까? 바로 책에서다. 세계사나 인문

교양, 때로는 TV 뉴스 속에도 그 길이 담겨 있다. 나는 여러분이 등급만을 높이기 위해 공부하며 괴로워하지 않았으면 좋겠다. 소설이든, 영화, 봉사, 가르치는 일이든, 분석하는 것이든, 우선 좋아하는 분야를 찾아보자. 바로 거기에 내가 공부해야 하는 것, 또 내가 공부해야 하는 이유 모두가 들어 있기 때문이다. 좋은 것은 알고 싶고 탐구하게 하고, 연구하게 하고, 보너스로 지혜까지 생기게 해준다는 사실을 기억하자.

제주도를 너무 좋아하고 제주도의 산과 들과 길을 좋아하고, 그 길을 즐겨 걷던 서명숙 씨는 제주올레길을 만들었다. 현재는 수많은 사람들이 제주 올레길을 걷기 위해 제주도로 찾아오고 있다. 덕분에 전국 각 지자체에서는 지역 특징을 살린 올레길과 둘레길을 만들었고, 이로써 전 국민이 꽤나 건강해지게 되었다. 모 방송의 요리 서바이벌 프로그램에서 심사위원을 맡아 인기와 명성을 얻은 한 요리사는 예능 프로그램에 출연해 자신이 고등학교 때 꼴찌를 도맡아놓고 했다그 털어놓았다. 하지만 아무도 그 사람을 무능력하다거나 무식하다고 생각하지 않는다. 요리를 좋아했고, 요리사로 성공했기 때문이다. 물론, 그 성공 뒤에는 요리를 더 잘하기 위해 다양한 정보를 습득하고 조사하고 공부하는 과정이 오롯이 들어 있었다. 전 세계 각 나라의 음식을 배우기 위해 음식의 배경이 되는 그 나라에 대한 조사와 이해가 필요했고, 해외 각국의 유능한 유리사에게 요리비법을 전수받기 위해서는 능숙한 외국어 실력이 필요했다. 결국 학창시절 꼴찌였던 그는, 자신이 원하던 요리사가 되기 위해 그 어느 때보다 더 강도 높은 공부를 하게 되었다. 그러니 좋아하는 것, 그것을 찾는 일부터 시작해보자. 그것이 행복한 공부를 시작하는 첫걸음이 되어줄 것이기 때문이다.

내가 진정으로 원하는 것이 무엇인지 찾아내서 그 일을 하라.
아니면 지금 하는 일을 좋아하라.
내가 미칠 수 있는 일, 내 가슴을 뛰게 하는 일,
그것을 찾아내서 열정을 쏟아 부어라.
열심히 하는 사람은 좋아서 하는 사람을 이길 수 없고,
좋아서 하는 사람은 즐기면서 하는 사람을 이길 수 없다.
열정을 가지고 좋아하고 즐기면서 일하거나 공부하면,
당신은 그 분야의 세계 최고가 될 것이다.

끝없이 이뤄지는 꿈
vs.
꿈으로 착각한 직업

아마 이 책을 읽고 있는 학생도 "네 꿈이 뭐니?"라는 질문을 많이 받아봤을 것이다. 30년 전만 해도 대다수 청소년들의 꿈은 대통령과 과학자였다. 20년 전에는 의사, 판사 등 전문직이 가장 인기를 끌었다. 1997년 우리나라가 외환위기를 겪게 되자 공무원, 교사 등 정년이 보장되는 직장이 자연스레 인기를 끌었다. 하지만 최근에는 아이돌이나 연기자 등 연예계를 꿈꾸는 친구들이 많아졌다.

예나 지금이나 어른들은 한결같이 말할 것이다. "어려서부터 꿈을 갖고 노력하면 마침내 모두 이룰 수 있을 것이다"라고 말이다. 물론 절대 틀린 말은 아니다. 하지만 내 생각은 조금 다르다. 예를 들어보자.

특정한 분야, 예컨대 발레나 피겨스케이팅, 축구, 피아니스트, 수영, 미술 등 자신의 꿈을 위해 노력하는 사람들이 많다. 그런데 김연아나 박지성, 류현진, 박태환, 박인비 등 유명한 스포츠 스타들처럼 천재성을 처음부터 발휘하는 친구들이 몇이나 나오겠는가? 연간 수십억 원을 몸값으로 받는 박지성이나 메이저리그에서 맹활약 중인 류현진 선수처럼 될 수 있는 친구들이 얼마나 되겠는가 하는 이야기다. 김연아 선수는 백 년에 하나 나올까 말까 하는 천재라는데, 김연아 따라서 피겨스케이팅을 하루에 몇 시간씩 시킨다고 제2의 김연아 선수가 될까? 꿈은 자칫 많은 학생들에게 엄청난 스트레스를 주기도 한다. 하루에 열 시간씩 축구를 하거나 스케이트를 탄다고 해서 모두 박지성이나 김연아가 되는 것은 아니라는 이야기다. 그래서 역으로 생각하면 "꿈은 이루어진다"라는 말이야말로 우리를 힘들게 하고 스트레스를 주는 존재일 수 있다.

그렇다면 꿈을 가지지 말라는 이야기인가? 결코 아니다. 다만, 직업이나 특정한 직장이 꿈이 되어서는 안 된다는 이야기다. 꿈을 묻는 질문에 대한 답으로, "내 꿈은 의사가 되는 것입니다" 또는 "변호사가 되는 것입니다"라고 직업을 꿈으로 착각해서는 안 된다. 오히려, "저는 아픈 사람들을 치료하거나 봉사하면서 아직은 치료방법이 없는 불치병들을 연구하여 생명을 지키는 일을 하고 싶기에 의사라는 직업을 갖기로 선택하였습니다"라고 정의할 수 있어야 한다.

대다수 학생들의 대학입시를 상담해보면 꿈을 직업이나 전공과로 착각하는 경우가 매우 많다. 상황이 이렇다 보니 몇몇 사람들이 이루어놓은 업적 또는 남들 보기에 그럴싸한 직장을 자신의 꿈으로 삼거나 착각하기 일쑤다.

꿈,
몇 안 되는 미래형 명사.
처음엔 '꾸다' 라는 동사와 붙어 지내지만
꾸다, 꾸다, 꾸다, 꾸다, 반복하여 주문을 외우면
어느새 '이루다' 라는 동사와 붙어 있다.

『머리를 9하라』, 정철, 리더스북

사람의 생명을 지키기 위해 연구하는 꿈을 꾸었고, 그 꿈을 이루는 수단이 '의사' 라는 직업을 선택한 이유가 되어야 한다. 단지 돈을 벌기 위해 부모가 안정된 직장이라고 권해서 꿈이라고 착각하지 않았으면 한다. 의사는 직업이다. 꿈을 묻는 질문에 "제 꿈은 '의사' 입니다"라고 답하지 않았으면 좋겠다.

실제로 많은 의사들은 어릴 적부터 의사가 되겠다는 의지로 엉덩이에 불이 나도록 공부한 사람들이다. 그 노력의 결실로 의대에 입학했고 목표하던 의사가 되었지만, 막상 의사가 되고 나면 꿈이 사라져 버린 것 같은 허탈함을 맛보곤 한다. 꿈을 의사라는 직업으로 오해했기에 의사가 된 후에는 더 이상 이룰 꿈이 없어진 것 같은 느낌이 들기 때문이다. 의사나 변호사라는 '직업' 과 그 직업으로 인해 얻을 수 있는 '사회적 지위' 와 '경제적 풍요' 가 꿈이었던 대부분의 사람들은 행복하지 않다. 그러나 아픈 사람을 고쳐주는 일, 곤경에 빠진 사람에게 법적인 도움을 주는 일이 꿈이었던 사람은 변호사나 의사로서 많은 돈을 벌지 않아도 행복하다. 바로 꿈이 실현된 공간에서 살고 있기 때문이다. 이제 여러분도 그런 꿈을 꿨으면 한다. 그것이 바로 진짜 꿈이기 때문이다.

김연아가 되지 않더라도, 박지성이 되지 않더라도 노력하는 과정 자체가 행복한 것, 그리고 꿈을 향해 가는 길이 행복한 것을 목표로 삼아야 한다. 꿈은 어떤 직업이 아니라 '나를 행복하게 살게 해줄 수 있는 것' 이어야 한다.

변호사가 꿈이면 변호사 과정에 맞춰 공부하면 되고, 의사가 꿈이면 공부 열심히 해서 의대 가서 인턴과 레지던트 과정을 밟으면 된다.

그건 오히려 어려운 것이 없다. 의술이 정말 좋아 공부하는 친구도 있고, 정말 남을 돕는 일이 좋아 변호사 되는 친구도 있고, 학생들 가르치는 것이 좋아서 선생님이 된 친구도 있을 것이다.

이제 남들 보기에 행복해 보이는 가면이 아닌, 여러분 개인이 원하는 그런 꿈을 가졌으면 좋겠다.

대학 캠퍼스—그 공간에 머물다

예전에는 문과와 이과 중 어느 쪽을 선택할 것인가를 고등학교 2학년 때 결정했다. 고등학교에 들어가서 공통교육과정을 배우면서 자신의 적성을 다시 한 번 확인하고 2학년 올라가면서 문과 또는 이과 쪽으로 진로를 선택했었다. 그런데 지금은 외국어고등학교와 과학고등학교 등의 특목고에 진학하기 위해 중학교 저학년, 빠르면 초등학교 고학년 때부터 준비를 해야 한다. 예를 들어 8차 교육과정 개편내용 중 수학만 보더라도 과거 고1 과정이 중3으로 1년 내려왔다. 고등학교 과정에 있던 진로교육도 중학교 과정으로 내려와서 교육과정상 많이 치중되어 있는 것이 중학교 과정이다. 그래서 예전보다 일찍 자신의 진로에 대한 고민을 해야 하는 친구들이 많을 것이다.

현재의 교육과정은 고등학교를 선택하면서 이미 인문계열로 진학할지, 자연계열로 진학할지를 결정짓는 것과 다름없다. 과거에 비해 진로에 대한 고민과 결정을 미리 해야 하고, 그것이 포함되어 있는 것이 중학교 과정이 된 것이다. 인문계열로 갔을 때와 자연계열을 선택할 때의 직업은 달라지게 마련이다. 따라서 고민도 그만큼 빨라졌을 것이다. 상황이 이렇다 보니 지금의 선택이 자신의 평생을 결정짓는 일인 듯, 커다란 두려움에 쌓인 친구들도 많이 생겨난 듯하다. 하지만 어른들을 포함한 그 누구라도 미래를 알 수 있는 사람은 아무도 없다. 이 길이 확실하다, 또는 이런 직업을 갖고 싶다고 생각해서 선택한 진로나 직업이라도 막상 '이 길은 내 길이 아니네', '내가 생각했던 것과 틀리군' 하고 깨닫는 경우가 다반사이기 때문이다. 그렇다고 매번 선택을 수정하고 보완할 수만은 없다. 기왕이면 실패를 줄여보는 것이 좋지 않을까?

그러므로 대학과 학과를 선택하기 전인 중학교 때나 고등학교 때, 미리 가고자 하는 학교에 찾아가보는 것을 권하고 싶다. 국문학을 전공하고 싶다면 가고 싶은 대학의 국문학과 사무실이나 강의실, 지도교수실도 좋고 동아리방도 찾아가는 것이다. 미리 원하는 학교에 가서 공부하는 선배나 조교들도 만나보고, 학과 사무실에 들러 졸업생들의 진로 등도 알아보자. 그들에게서 직접 이야기를 들어보라는 것이다.

실제로 나는 나와 인연이 닿은 학생들에게 직접 찾아가보라는 이야기를 많이 하는데, 그렇게 말하면 대부분 걱정부터 한다. "학교로 찾아갔는데 안 만나주면 어떻게 해요? 괜히 힘들여 찾아갔다가 헛고생만 하면 좀 그렇잖아요. 무작정 찾아갔다가 안 만나주면 창피하기도 할 거고…걱정 돼요"라고 하곤 한다.

하지만 입장을 바꿔놓고 생각해보라. 자신이 몸담거나 전공하는 과로 진학하고 싶다고 찾아온 학생을 귀찮아 하겠는가? 나 같으면 우리 과로 진학하고 싶다는 학생이 찾아오면 매우 뿌듯해 하면서 친절하게 질문에 대답해주고 이런저런 안내도 해줄 것 같다.

대학뿐이 아니다. 의사가 장래 희망 직업이라면 병원에 찾아가 의사들이 어떤 하루를 보내는지, 의과대학으로 찾아가 의사가 되려고 준비하는 의대생들은 어떤 커리큘럼으로 얼마나 열심히 공부해야 하는지도 좀 살펴보자. 다른 직종도 마찬가지다.

어느 직업이든 어떤 일이든 간에, 보이는 면과 보이지 않는 면이 있다. 대부분의 사람들이 눈에 쉽게 보이는 면만 보고 장점만 본 후에 해당 학과나 직업을 선택한다. 그랬다가 실제로 그 일원이 되고 나서 보이지 않던 면, 어려움이나 단점, 생각지 못하던 부분을 알게 되면 '잘못 선택했구나' 하는 후회 때문에 방황하게 된다. 그리고 그 단점이나 생각지도 못하던 면이 자신이 갖고 있던 고정관념과 너무 괴리가 크면 그 결정을 돌이키려고 애쓴다. 그러다 보니 몇 년 학교에 다니다가 적성이 맞지 않는다면서 다시 대입을 준비하는 경우도 생기는 것이다.

따라서 자신의 선택 전에 가능한 한 많은 것을 알아보면 잘못된 길을 가다가 돌아서는 큰 수고를 없앨 수 있다. 그러니 학업뿐 아니라 장래의 희망 직업에 관한 것도 최대한 직접 부딪쳐볼 필요가 있다. 법조계에서 일하고 싶다면 법정에 가서 재판도 보고 가능하면 법조계에 종사하는 사람들 인터뷰도 해보고, 도서관에 가서 판례도 찾아보자. 그러면 설사 그 직업을 갖지 않게 되더라도 좋은 경험으로 남을 수 있다.

즐기면서 일할 거리를 찾아야 한다.
우리나라의 직업 종류는 2만 가지가 넘는다고 한다.
공부를 잘해서 할 수 있는 직종은 200개도 안 된다.
1%밖에 되지 않는다.
나머지는 공부와 상관없다.
나는 외우는 것을 좋아하지 않았다.
수학과 영어과목을 좋아했는데, 제일 싫었던 과목은 국어였다.
말을 잘 못했고, 말을 잘하는 게 소원이었다.
지금은 한국에서 제일 말을 잘하는 사람이 되었다.
여러분 나이 때 나는 공부와 도둑질 빼고 다했다.
방황이 학습이다.
어려움을 통해서 문제 해결 능력이 생기는 것이다.

스티브 김(Steve Y. Kim, 김윤종), 꿈희망미래재단 설립자

예를 들어 기자를 희망한다면, 미리 기자 체험을 해봐라. 친구들과 모둠활동이나 동아리활동으로 웹 신문을 만들어보는 것도 유익하다. 정치·경제·사회·문화 분야를 망라하는 신문에는 모든 진로가 들어 있기 때문에, 장래희망이 각자 다른 친구들도 함께 모여서 활동을 할 수 있다. 정치에 관심이 있는 친구라면 정치부 기자 역할을, 경제에 관심이 있는 친구는 경제부 기자 역할을, 문화에 관심 있는 친구는 문화부 기자 역할을 각자 맡아서 신문을 만들어보는 것이다.

섭외가 가능한 사람들이 있다면 인터뷰도 해보자. 흥미롭게도 이렇게 작은 실천을 함께한 그룹의 대다수 학생들은 실제로도 해당 분야를 전공하는 데 있어 높은 성공률을 보여왔다.

4

◇
◇
◇

책 속에서
유추의 시야가 확보될 때

—

남아수독오거서男兒須讀五車書라는 말이 있다. 남자는 모름지기 수레 다섯에 실을 만큼 많은 책을 읽어야 한다는 말인데, 독서의 중요성은 예나 지금이나 다르지 않다.

하지만 서술형 시험, 대입 논술전형 등으로 인해 쓰는 능력이 중요해진 지금은 무조건 책을 많이 읽는 것만으로는 해답이 나오지 않는다. 책을 많이 읽으면 좋겠지만, 무조건 많이 읽는 것만이 능사는 아니게 되었다는 이야기다. 요즘은 인터넷으로 클릭만 하면 많은 지식들을 찾아낼 수 있고, 그 지식을 모두 좇다가는 오히려 정신이 혼미해질 수도 있다. 다문多聞, 다독多讀, 다상량多商量, 즉 많이 듣고, 많이 읽으며, 많이 생각하는 것이 중요해진 시대에 살고 있기 때문이다.

이제 대다수의 학생들에게는 많이 읽고 많이 듣고 다상량, 즉 많은 생각을 하였는가까지 요구되고 있다. 결과적으로 빠르게 많은 정보를 취하는 것도 중요하지만, 책을 읽으며 핵심을 파악하고 생각하고 이해한 후, 자신의 것으로 만들었는가를 따져 묻는 시험으로 변모했다는 이야기다. 만약, 지금 이렇게 하고 있는 학생이라면 따로 논술학원을 다녀야 할 일은 없을 것이다.

사실 같은 책을 읽어도 학생들마다 '유추'의 차이를 보이곤 한다. 유추라는 말은 '같은 종류의 것 또는 비슷한 것에 기초하여 미루어 추측하는 일'을 말하는데, 책을 읽으며 그 책에서 다루는 의미를 확장해 재해석하는 능력을 말한다.

학창시절에 좋은 책을 읽고 깊이 생각하고 유추해서 자신의 사고방식을 바꾼다면 교과 내용 전반을 이해하는 속도도 월등히 뛰어나게 된다. 예를 들어 화가의 그림이 중세 시대 때에는 인물화 중심이다가 근세로 와서 풍경화로 바뀌는데, 시험에 나올까 싶어 달달 외우기보다 유추를 통해 인식해보면 어떨까.

하우저라는 사람은 화가의 밥을 먹여주는 사람이 누구냐에 따라 바뀐 것이라고 말하기도 했는데, 중세 시대 때는 돈 많은 귀족과 교회가 자신들의 얼굴을 초상화로 남기길 좋아했기 때문에 미술 역사에서 가장 많은 인물화가 나오게 된다. 그러다가 르네상스 시절 인간에 대한 탐구가 시작되면서 그리스·로마 신화를 많이 그렸는데 귀족과 종교의 결탁에 있어 절대적 명분이 필요해졌기 때문이다. 하지만 세월이 흘러 시민계급과 자본가들이 빠르게 경제적으로 성장하면서 자신의 초상화보다는 집안을 아름답게 장식할 수 있는 그림이 필요해졌다. 결국 불특정 다수에게 많이 팔 수 있는 풍경화가 유통되기 시작한 것이다.

책 속에서 길을 찾아라. 성공한 사람들의 공통점은 긍정적으로 생각하고, 독서를 많이 했다는 것이다. 긍정적인 사고도 독서에서 나온다. 매일 독서하라. 책 읽을 시간을 미리 떼어놓아라. 독서를 통해 우리는 짧은 인생을 길게 살 수 있다. TV 보는 시간을 줄이고, 책을 들어라.

『29세까지 반드시 해야 할 일』, 김달국, 새로운 제안 미술에 관심이 없는 대다수의 학생들이라면 인물화 중심에서 풍경화 중심으로 미술의 역사가 바뀌었다는 사실조차 몰랐을 것이다. 하지만 미술의 역사는 창작하는 예술인의 자유의지에 따라 바뀐 것이 아니라 사회의 경제논리에 영향을 받아서 바뀌게 마련이다. 이런 사실을 미술세계사 수업을 통해 '유추'한 학생이라면 한번의 이해만으로 세계사의 큰 뼈대를 알게 된 셈이 될 것이다.

시, 소설, 자기계발서, 철학사, 고전, 사회과학 등 어떤 분야의 책을 읽더라도 유추하는 습관을 기르면 필요할 때 실전에서 바로 써먹을 수 있는 실용 가능한 데이터가 되어줄 것이다.

책뿐이 아니다. 영화를 보거나 TV를 시청하거나 사람들과 대화를 나눌 때에도 '유추'를 시도해보면 어떨까. 최근 봉준호 감독의 영화 〈설국열차〉를 본 친구들이 많을 것이다. 그중 영화를 본 어떤 친구들은 재미가 없다며 툴툴거리기도 하지만, 또 어떤 학생은 영화를 보고 '하나뿐인 지구'의 미래와 환경, 보이지 않지만 인생에도 계급이 존재한다는 사실에 대해 말하기도 했다. 이처럼 직접 겪을 수 없는 많은 일을 간접 경험한다는 점에서 책과 영화, 매스컴은 그 본질이 같다. 그렇기 때문에 여러분 중에 책만 펴면 잠이 쏟아지는 친구가 있다면 방법을 달리 해볼 것을 추천하고 싶다.

앞으로 단 한 권의 책을 읽을지라도 책의 내용 중 일부를 자신의 것으로 재해석해보거나, 깊이 있는 생각 재료로 활용해보기를 바란다.

무엇을 읽거나 보든 간에, 중요한 것은 그것을 통해 내가 무엇을 생각하고 그 생각이 나를 어떻게 바꿔놓는가다.

5

◇
◇
◇

동성친구보다 이성친구가
더 좋아지는 나이

사춘기의 핵심은 부모로부터 독립하고 싶어 하는 욕구에 그 본질이 있다. 이성에 대한 호기심도 사춘기의 당연한 통과의례다. 또 부모의 관심이 귀찮기만 하고 그로부터 벗어나고 싶어질 것이다. 자신의 생각으로는 이미 다 컸으니까 말이다.

그런데 여러분의 모든 부모 눈에는 여러분이 아직 어린아이로 보인다는 데 차이가 있다. 부모 눈에는 사춘기 자녀가 성인이 되려고 애를 쓰는, 성인 흉내를 내는 철부지로만 보인다. 자녀 마음대로 하라고 맡겨두었다가는 방황만 할 것 같은 불안감을 안고 있는 것이다.

예를 들어 이성 친구가 생겼고, 엄마한테 그 사실을 고백했거나 들켰다고 치자. 겉보기에는 세 가지 정도의 반응이 예상된다. "어머, 그러니? 축하해! 엄마한테도 소개해주라. 예뻐? 언제부터 사귀었니?" 이렇게 일단 찬성하고 반색하는 찬성파, "그래? 그래도 너무 빠지지는 마라"라고 조언하는 중도파, "뭐? 학생이 하라는 공부는 안 하고 연애질이나 해? 당장 헤어져!"라고 격렬한 반응을 보이는 반대파.

그런데 분명히 알아두어야 할 점이 있다. 엄마가 세 가지 중 어떤 반응을 보이는가는 내공의 차이일 뿐 속마음은 사실 같다. "사귀는 사람 있어요"라는 말을 듣는 순간 몇 가지 걱정이 번개처럼 머릿속을 스쳐지나가기 때문이다.

여기에서 여러분 부모님의 심리를 들여다보면 이렇다. 첫 번째는 '남들 공부할 때 내 아이만 이성 친구 사귀느라 성적 떨어지면 어떡하지?'라는 성적 걱정이다. 두 번째는 아파트 주차장이나 공원 후미진 곳, 사람들이 많은 곳에서 찰싹 붙어 있느라 사람들 입방아에 오르내리던 동네 누구누구네 아이들을 떠올리며 '내 아이도 그러면 어떡하지?' 하는 남들 시선 걱정이다. 세 번째는 혹여 손잡고 허리 끌어안고 뽀뽀하고 진도 나가서 대형사고 치면 어떡하지? 하는 성性적 걱정이다. 혹여 무작정 "안 돼!" 하고 반대했다 몰래 사귀느라 더 으슥한 장소만 찾지나 않을까 걱정에 걱정을 더하게 된다.

이런 부모님 걱정을 여러분도 이제 조금은 이해할 줄 알았으면 한다. 이미 부모들 대부분은 여러분을 키우면서 수많은 책과 정보를 통해 늘 여러분을 이해하고자 노력해왔기 때문이다. 사실, 한번 진지하게 따져보자. 중·고등학교 때의 연애가 이어져 성인이 되어 결혼에 성공한 커플은 거의 없다.

물론 간혹 예외가 있기는 하지만 이야기를 들어보면 학창시절

숲에서 가장 키가 큰 상수리나무가 그토록 성장할 수 있었던 이유는 가장 단단한 도토리에서 나왔기 때문만은 아니다. 다른 나무가 햇볕을 가로막지 않았고 토양이 깊고 풍요로우며 토끼가 이빨을 갈기 위해 밑동을 갉아먹지도 않았고 다 크기 전에 벌목꾼이 잘라내지 않은 덕분에 가장 큰 나무가 된 것이다. 우리는 성공한 사람은 모두 단단한 도토리에서 나왔다고 생각한다. 하지만 그들에게 빛을 준 태양, 뿌리를 내리게 해준 토양, 그리고 운 좋게 피할 수 있었던 토끼와 벌목꾼에 대해서도 충분히 알고 있을까?

『아웃라이어』, 말콤 글래드웰, 김영사

연애가 공부에 방해됐다는 사실을 대부분 인정한다. 때론 공부 잘하는 이성 친구를 만나 자존심이 상해, 열심히 따라잡기 위해 노력한 끝에 성적이 오른 친구들도 있다. 하지만 그런 경우는, 여러분이 알다시피 매우 드물다. 상황이 이렇다 보니 부모님 입장에서는 "공부 잘하는 친구니?" 하고 제일 먼저 묻는 것이다. 공부 잘하는 친구라면 혹시나 내 새끼도 열심히 공부할 지도 모른다는 기대로 말이다. 하지만 대부분은 자녀의 신경이 여자 친구나 남자 친구에게만 쏠릴 것을 부모님도 아는 것이다. 요즘 유행어처럼 '느낌 아니까' 말이다.

솔직히 고백하자면, 여러분과 이야기하는 나 역시 그런 부모님의 걱정을 잘 알고 있다. 그렇기 때문에 남학생에게는 "대학 가면 얼마나 늘씬하고 예쁜 여학생들이 많은지 알아?"라고 종용하고, 여학생에게는 "대학 가면 키 크고 집안 좋고 잘생긴 애들이 얼마나 많은데, 이렇게 좁은 우물에서 남자 친구를 고르냐?"라고 꼬드긴다.

요지인즉슨 사춘기는 부모라는 알껍떼기를 깨고 나와 세상으로 나아가기 위해 필수적으로 거쳐가는 길목이라는 것이다. 알껍데기를 깨고 새로운 세상으로 나오는 데는 고통과 인내, 노력이 필요하다. 부모와 사회가 원하는 '모범생' 이미지를 깨트릴 용기가 필요할 때도 있을 수 있다. 때론 반항적 모습을 보이며 학교 내에서 힘자랑만 해오던 모습을 과감히 버리고 '열공' 모드로 돌입하기 위한 용기도 필요할 수 있다.

세상을 바꾸는 힘은 과감하게 뒤집어서 생각할 줄 아는 사람들에게서 나온다. 사춘기라는 시기를 단순히 부모나 학교에 반항만 하는 시기라는 생각을 이제 버리는 것은 어떨까? 여러분이 말 속에 늘 욕 몇 개쯤은 넣어주거나 방문을 꽁꽁 잠그고 반항하는 것이 사춘기의 당연함이라고 생각하지 않았으면 좋겠다. 오히려 하고 싶은, 내가 정말 즐거울 것 같은 한 가지를 찾아내는 데 시간을 쓰고 생각이 같은 친구들을 새로이 만나는 시간을 사춘기로 대신 해보는 것. 이것이야말로 진정한 사춘기의 또 다른 모습이라는 점을 기억했으면 좋겠다.

6

진짜 멋진 사람이 되기 위해서
지금 너에게 필요한 것

오래 전 이야기다. 우리 학원인 청솔에서 주차원으로 일하던 분이 있었다. 건물 주차원으로 일하는 경우 대부분 평생직장으로 생각하는 분이 많지 않다. 그렇기 때문에 주차원으로서의 사명감 같은 마음은 기대하기 어렵다. 더 좋은 직장이 나타나면 고민 없이 그만두는 일터로 생각하기 때문이다. 그런데 새로 들어온 주차원께서는 뭔가 달라도 많이 달랐다. 전에 근무하던 주차원들은 매일 같이 이용하는 강사들의 얼굴도 알아보지 못하거나, 친절보다는 통명스런 표정과 말투가 대부분이었다.

그런데 이분은 차 주인을 알아보고 깍듯이 인사하는 것은 물론, 주차장을 이용하는 강사들의 차를 자발적으로 세차까지 해주는 것이었다. 주차원들이 해야 할 일은 아침에 주차하고 저녁에 차 빼주는 것뿐이기 때문에 남는 시간이면 으레 TV나 신문 보고 낮잠을 자는 것이 보통이다. 그런데 이 주차원은 그런 식으로 시간을 허비하지 않았다.

그는 남는 시간을 이용해 세차를 하고 학원 주변을 돌아다니며 아이들에게 아무 문제가 없는지 순찰 아닌 순찰을 하는 것이었다. 눈 오는 날이면 등원하는 학생들 걱정에 가장 먼저 출근해 눈을 쓸어놓기도 했다. 강사들은 그분에게 고마운 나머지 용돈이나 선물로 감사한 마음을 표현했다. 하지만 그는 처음부터 선물을 기대한 일이 아니었다. 하루는 휴식 시간에 짬을 내어가면서 왜 강사들 차량까지 세차를 해주시는지 물었다.

"선생님들이 세차된 차를 보고 기분이 좋아지면, 공부하러 온 학생들에게 더 잘 가르쳐주실 것이고, 그럼 저희 학원도 더 잘될 테니까요. 그래야 제 월급도 오를 것 아닙니까?"라고 대답했다.

이렇듯 남을 배려하는 마음은 자기 자신에게도 결코 손해 보는 일이 아니다. '배려하는 사람'의 마음은 배려 받는 사람이 먼저 알아채기 때문이다. 그 주차요원은 후에 수업 시간표 짜는 일을 돕는 교무계장이 되었고, 상담실장을 거쳐 최종적으로는 이투스교육의 원장이 되었다. 주차원 출신에 대학을 나오지 못한 학력의 핸디캡까지 가지고 있었는데도 불구하고 배려하는 마음과 소속감, 애사심으로 인해 비약적인 발전을 할 수 있었던 것이다. 사실 나는 여러분이 공부만큼 중요한 덕목으로서 인성을 갖추는 데 관심을 가졌으면 좋겠다. 공부 못하는 사람이 해를 끼치는 일은 없지만 인성 못된 사람은 못된 짓을 일삼는다. 공부 못하는 것은 다른 사람에게 피해를 주지 않지만, 성품 못된 사람은 다른 사람에게 피해를 준다.

누구보다 인정받아야 할 사람이 나라고 생각하듯, 상대 역시 존중해줄 수 있는 진짜 멋쟁이가 되었으면 좋겠다. 친구를 무시하고 괴롭히는 행동은 대단한 것이 아니라, "나는 이기적인 사람이다"라는 것을 만천하에 알리는 바보 짓이나 다름없다. 그렇게 행동하는 것을 대단한 것으로 착각하지 말자. 이기적인 것과 자존감이 있는 것은 무척 다르다. 다른 사람의 인격도 내가 받아야 할 대우만큼이나 똑같이 중요하다.

명확하게 이해하기 위해 친구들이 대화하는 모습과 대화내용을 한번 잘 들어보자. 대화에서 가장 중요한 것은 상대의 말을 먼저 듣는 것에 있다. 어떤가? 지금 여러분과 가장 친한 친구는 이야기를 듣고 있는가, 아니면 그 반대인가?

영어시험의 듣기능력 테스트, 국어시험의 듣기능력 테스트에는 귀를 쫑긋 세우면서 상대의 이야기는 도통 듣지 않는 친구들이 참 많은 것 같다.

하지만 이제부터라도 나는 여러분이 친구의 입을 가만히 바라보는 연습을 했으면 좋겠다. 핸드폰을 내려놓고 내 입은 살포시 다문 채 앞에 있는 친구나 선생님, 부모님의 입을 한번 쳐다보는 연습 말이다. 함께 이야기를 하면서는 휴대폰을 들여다보거나 검색 또는 게임도 하지 말자.

노력하면 바꾸지 못할 것이 없다. 지금 당장은 무엇이든 부족할 수 있다. 또 10대 여러분이 사춘기라는 힘든 과정에 서 있다는 것도 잘 알고 있다. 하지만 여러분이 세상을 깜짝 놀라게 만들 만큼 멋진 성공을 해낼 사람이라면 분명 노력하는 사람일 것이기 때문이다.

인간은 깨어 있는 시간의 70%를 의사소통에 사용하고 있다.
그중 48%가 듣기이며 35%가 말하기다.
1%가 읽기, 7%가 쓰기이며, 기타가 9%로,
듣기는 실로 의사소통의 절반을 차지하고 있다.

『경청으로 시작하라』, 박노환, 삶과 꿈

배우려는 마음만 있으면
거지에게서도 배운다

『논어』에 "세 사람이 같이 길을 가면 반드시 나의 스승이 있다"라는 말이 있다. 나는 여러분이 이 문장을 가슴에 담아주길 간절히 바란다. 학과 공부를 열심히 한다면 지식이 많은 사람, 시험을 잘 보는 사람이 될 수 있다. 하지만 앞에서도 이야기했듯, 여러분에게 중요한 것이 꼭 국·영·수 등급 숫자만은 아니다. 성적이 낮은 친구라 할지라도 분명 멋진 장점이 있다.

나보다 성적이 낮은 친구에게서든 나보다 성적이 좋은 친구에게서든 간에 배우려는 마음을 갖는 것, 이것이 '진짜 공부'의 비법이다. 다만, 여기에서 말하고자 하는 '진짜 공부'란 시험을 위한 공부보다는 자신을 키워나가기 위한 공부를 말한다. 내신시험이나 수능시험을 위한 학습만큼이나 더 좋은 사람이 되기 위한 다른 의미의 공부도 매우 중요하다. 새 학년이 되어 새롭게 만나게 된 친구들에게서 배울 점을 찾고 따라하는 것 역시 진짜 공부에 포함된다. "배우려는 마음이 있으면 거지에게서도 배운다"라는 말이 있다. 이 말 역시 잘난 사람뿐 아니라, 내가 하지 말아야 할 행동을 깨닫게 해준 친구 역시 스승이 된다는 이야기다. 단순한 성적등급만으로 평가할 수 없는 공부도 많다는 뜻이다.

새로운 친구와 친해지는 과정도 공부가 되고, 친구와 다투고 먼저 사과하는 것 또한 공부가 되는 셈이다. 이런 과정은 여러분에게 때로는 영어단어 몇 개 더 외워둔 것보다 유용할 때가 많을 것이다. 예를 들면 여러분이 더 쉽게 이해가 갈 듯하다.

내가 있는 건물에는 60세 가까이 된 청소부 아주머니가 계시다. 그런데 그 아주머니께서 얼마 전 사무실 난초 화분에 꽃이 피었으니 영양제를 보충해주면 화초가 더 잘 자랄 것 같다며 말을 걸어 오셨다. 하루하루 바쁘게 살다 보니 청소부는 그저 '청소하는 분'으로 여겨 한번도 말을 건네지 못했다는 사실에 새삼 깜짝 놀라기도 했다.

작은 꽃 하나에도 관심을 가지며 수줍게 말을 건네 오시는 아주머니의 미소 덕분에 난초 화분에 어여쁜 꽃이 피었다. 아주머니의 평온한 마음을 선물 받은 것 같기도 했고 그동안 학원 전체의 청결을 도맡아 일해오시던 아주머니께 감사하다는 인사 한번 드리지 못한 데 대한 후회가 들기도 했다.

혹시 아주머니는 경제적인 이유로 학업을 중단하셨을지 모르겠다. 하지만 지금의 여러분처럼 사회나 부모로부터 아낌없는 지원을 받는 시대에 태어나셨더라면 화가나 디자이너가 되지 않았을까? 어쩌면 아무것도 아닌 것 같은 식물 하나를 두고 말을 걸어오신 아주머니 덕분에 잊고 있던 감성과 인간성을 일깨우는 좋은 스승이 되어주신 것 같다.

선생님 가운데 한 분은 어느 학생 덕분에 따끔한 가르침을 받았다는 말을 전해주기도 했다. 선생님 반에는 몸이 많이 아픈 여학생이 있었는데 얼마나 통증이 심했는지 수업 중에도 "으으~" 하고 신음소리를 냈다고 한다. 처음에는 주변 친구들도 안타까워 도와주곤 했는데 시간이 지날수록 신음소리 때문에 수업이 방해를 받는 지경에 이르렀다.

주변 학생들의 스트레스가 커지자 선생님은 망설이고 고민한 끝에 아픈 학생에게 "집에서 혼자 공부해야 하는 상태인 것 같다"고 말하고는 학원을 그만두게 했다.

그러자 그 반 반장인 여학생이 교무실로 찾아와 "선생님이 아무리 학원 강사지만 선생님이지 않습니까. 어떻게 아픈 애를 내보낼 수가 있습니까. 그렇게 하시면서 어떻게 학생들 앞에 서 계십니까?"라고 따졌다고 한다. 아픈 여학생에게 학원을 그만두라고 설득할 때도 힘들었고, 반장 얼굴 보는 것도 힘들었던 선생님은 그 뒤로도 무척 괴로움 마음이 들었다고 했다. 그런데 이듬해 스승의 날 반장에게서 메일이 왔더란다. "선생님 건강하게 잘 지내시죠? 선생님 뵙고 싶어요" 하고 말이다. 그 메일 한 통으로 혹시나 선생님으로도 생각하고 있지 않을까 하던 걱정은 한순간에 날려버릴 수 있었단다. 공부하려는 아픈 학생을 내보내는 자책감, 선생님이 그럴 수 있느냐는 원망, 이러지도 저러지도 못하는 담임으로서의 책임감 등 복잡한 심경으로 마음고생

심하던 그 선생님은 '교사란 힘든 결정을 내려야 할 때도 있고, 그 결정으로 오해를 받더라도 받아들여야 하는 자리'라는 것을 배웠다고 한다.

여러분의 친구 중에는 분명, 조금만 공부해도 좋은 성적을 얻어 나를 속상하게 만드는 친구도 있을 것이고, 또 어떤 친구는 이유 없이 나를 괴롭히고, 어떤 친구는 약삭빠른 행동만 하면서도 사람들에게 칭찬을 받고, 어떤 친구는 엄친아·엄친딸로 부족함 하나 없는 것 같기도 할 것이다. 하지만 나랑 친하든 친하지 않든 사이가 나쁘든 간에, 눈을 크게 뜨고 마음의 문을 열고 배울 점을 찾아보자. 내가 그 사람에게서 무언가를 배운 순간, 그 사람은 나에게 고마운 사람이 된다. 나를 조금 더 업그레이드해주는 스승이 되는 것이다.

다른 사람에게서 무언가를 배우기 위해서는 나를 낮추고 겸손한 마음으로 상대를 바라보아야 한다. 그러나 그렇게 해서 타인들을 모두 나의 스승으로 삼다 보면 어느 새 가장 위대한 사람이 되어 있는 것은 바로 여러분 자신일 것이다.

사람들에게 비웃음을 사고,
무시당하고,
외면까지 당할 수 있는 세 가지 방법은
절대 상대방의 이야기를 끝까지 들으면 안 되고,
계속 자기의 말만 해야 하고,
상대방의 이야기를 듣다가
자신이 할 이야기가 있으면
바로 끊고 자신의 말을 하면 된다.

앤드류 카네기(Andrew Carnegie)

8

◇
◇
◇

여행과 만남에서
배우는 것들

여행을 간다는 의미는 낯선 풍경과 낯선 세상과의 만남이다. 일상을 벗어나 낯선 것과 만나고 부딪히면 '내가 생각하는 세계만이 다가 아니구나' 하는 것을 느낄 수 있다. 하지만 매일매일 학교다, 학원이다, 밀린 숙제로 잠이 부족한 지금의 여러분에게는 참 멀기만 한 이야기라는 것을 잘 알고 있다. 요즘은 방학도 쉬는 시간이 아니라 그동안 부족하던 공부를 채우거나 어학연수를 위해 갖는 보충시간으로 바뀌었다는 사실도 누구보다 잘 안다. 그럼에도 불구하고 내가 여러분에게 여행에 대한 이야기를 하는 이유는 세상을 보는 폭넓은 눈을 길러내는 방법으로 그 어느 것보다 탁월한 것이 바로 여행이기 때문이다.

내가 여러분에게 여행을 권하는 것은 부모님을 졸라 해외여행을 가거나 제주도 또는 설악산으로 떠나라는 이야기가 아니다. 대학생이 되어 아르바이트를 해서 모은 돈으로 배낭여행을 떠나거나, 가족들과 함께 관광여행을 떠나거나, 긴 방학을 이용해 무전여행을 떠나보는 것도 좋은 여행이다. 하지만 그보다 내가 더 권장하고 싶은 것은 생활 속의 작은 여행이다. 다행인 것은 여행이 꼭 낯선 풍경과 먼 곳에만 있는 것이 아니라는 점이다. 전철이나 기차, 버스를 타고 한번도 내려 본 적 없는 역에 내려 한나절 또는 하루 동안 그 도시를 살펴본다거 나, 가보지 않은 산에 올라보는 것도 좋다. 마치 〈건축학개론〉 영화에 서의 승민과 서연처럼 말이다. 이렇듯 마음만 먹으면 언제든지 가능 한 것이 여행이다. 단지 낯선 거리, 낯선 길에서 만나는 모든 것에 대 해 마음만 열어놓으면 된다.

여행은 어떤 힘든 일이 있어도 다시 도전할 수 있는 힘, 더 이상 아 무것도 하고 싶지 않을 때 다시 도전해보겠다는 용기를 누구에게나 선사한다. 또한 얼마의 시간이 지난 후에라도 여행을 하면서 행복했 던, 가슴 벅찼던 순간의 기억을 선물한다. 이런 경험에서 얻게 된 좋 은 에너지는 고스란히 여러분의 것이 된다.

3개월에 한 번씩 치러야 하는 중간고사, 기말고사, 또 정기적으로 보는 모의고사, 그 외에도 각종 시험과 내신관리…. 여러분 모두가 정 말 힘겹게 공부하고 있을 것이다. 그 힘겨움에는 반드시 보상이 따를 것이라는 사실 또한 장담해줄 수 있다. 하지만 기계도 플러그를 뽑고 쉬게 해줘야 할 때가 있듯, 여러분 역시 여행을 통해 작지만 큰 힘이 되는 충전의 시간을 꼭 가져야 한다.

혼자 떠나브라.
여럿이 떠나면 재미는 있겠지만, 자신의 내면을 돌아보기는 어렵다.
아무리 바빠도 자동차에 연료를 채워야 달릴 수 있는 것처럼,
자신의 몸과 마음을 위해 '여행' 이라는 선물을 주어라.

『29세까지 반드시 해야 할 일』, 김달국, 새로운 제안

고백하건대, 앞에서 언급한 나의 딸아이는 공부를 열심히 하지 않는다. 방학이 되면 공부 잘하는 친구들은 학원 보충수업 등으로 더 바쁜 생활을 보내는 데 반해, 우리 아이는 죽이 맞고 친한 친구들과 배낭 둘러메고 여행을 가곤 한다. 하지만 처음부터 여행을 좋아했던 것은 아니다.

어렸을 때 유럽 여행 간다고 속여서 딸아이와 몇몇 친구들을 데리고 알프스로 떠났었다. 아이는 오스트리아며 독일에 간다고 좋아서 미니스커트에 선글래스도 사고 화려하게 준비했는데, 내가 데리고 간 곳은 알프스 트레킹이었다. 알프스에 도착해서 하루만 도시에 있고, 그 다음날부터 산악지대 트레킹을 시작했다. 산속으로만 가다가 "여기가 오스트리아야", 이틀쯤 더 가서 "여기가 독일이야", 조금 더 가서 "여기는 이탈리아야", "여기가 스위스야" 하는 식이었다. 아이들은 능선을 타고 산장에서 자면서, 그리고 알프스 트레킹을 하는 내내 나에게 속았다면서 징징거렸다. 그런데 지금은 다시 가고 싶다고 한다. 정말 기억에 남는다는 것이다. 그 이후로 딸아이는 혼자서도 다양한 여행을 하고 있다. 책은 싫어하지만 여행 다니는 것은 좋아하다 보니 자연스럽게 그 지역에 대한 사전 조사를 하게 되고 문화나 지역 특성, 세계사 같은 정보도 자연스럽게 습득해나가게 된 듯하다. 여행을 떠나는 사람들마다 이유와 목적은 다르다.

하지만 분명 여행은 그 누구에게라도 많은 배움과 행복을 느끼게 해줄 것이다. 친한 친구들과 함께 위험하지 않은 산을 선택해 해 질녘의 일몰을 바라보는 경험을 해보는 것은 어떨까? 능선으로 지는 해를 보고 있으면 평범한 날에는 맛보지 못하던 뜨거운 무엇이 가슴에서 올라오는 것을 느끼게 될는지도 모른다. 그 뜨거운 느낌이 무엇이든 분명 여러분에게는 학생으로서 더 좋은 결과를 얻어내는 데 꼭 필요한 에너지가 되어줄 것이다. 피시방이 아니라, 놀이공원이 아니라, 내 생각을 움직여줄 수 있는 곳으로 가라. 새로운 것을 보고, 그래서 새로운 생각을 하고, 다양한 시선을 가질 수 있는 곳으로 떠나라.

9

진정한 친구는
같이 비를 맞아주는 사람이다

돕는다는 것은 우산을 들어주는 것이 아니라

함께 비를 맞는 것입니다.

함께 비를 맞지 않는 위로는

따뜻하지 않습니다.

위로는 위로를 받는 사람으로 하여금

자신이 위로의 대상이라는 사실을

다시 한 번 확인시켜주기 때문입니다.

'함께 맞는 비' 라는 위의 글은 신영복 선생의 서화 에세이 『처음처

행복은 어른이 되어야만
꿀 수 있는 꿈이
아니다

림』에 수록된 것으로, 서화집에는 "돕는다는 것은 우산을 들어주는 것이 아니라 함께 비를 맞는 것입니다"라는 설명이 붙어 있다. 이 글을 조금 더 확대해 이제 여러분과 친구에 대해 조금 고민해보고자 한다. 사전적 의미로 친구란 '가깝게 오래 사귄 사람'을 말한다. 그렇다면 친구에 대해 이야기하기 전에 먼저 아래에 제시되어 있는 네 개의 지문 중 친구라고 생각되는 것을 골라보자.

1. 현재 같은 반인 아이
2. 학원을 같이 다니는 아이
3. 집이 같은 방향이거나 하는 이유로 붙어 다니는 아이
4. 유치원, 초등학교 때부터 알고 있는 아이

네 개의 예시 중 친구는 누구일까? 눈치 챘을 수 있겠지만 위 4개의 예시 중 어느 아이도 사실 친구는 아니다. 진정한 의미의 친구는 자기를 알아주는 사람인데, 여러분이 친구라고 여겼던 많은 '친구'들 중에는 그저 함께 생활하는 공간에 있기 때문에 친구라고 여기는 경우가 많다. 여러분도 익히 들어 알다시피 몇 년 전부터 전국에서 많은 중·고교 학생들의 자살이 잇달았다. 그런데 그 이면을 들여다보면 자살을 선택하게 만들 만큼 자신을 괴롭히던 아이들 모두도 자신을 '친구'로 자처했음을 알게 된다. 도대체 여기에서 '친구'란 어떤 의미였을까?

친구라고 하면서 친구가 자살을 시도할 정도로 괴롭히는 친구, 친구라는 이유로 내가 담배 피우니까 너도 피우라고 강요하는 친구에게 정말 '친구'라는 표현을 써주어도 될까? 단호히 말하지만 이런 친구

는 친구가 아님은 물론 행여나 가깝게 지낼 필요도 없다. 잘못된 행동인 줄 뻔히 알기 때문에 부모님이나 선생님 모르게 함께하자고 종용하거나, 자신의 잘못된 행동을 숨겨주는 대상으로서 여러분을 가까이하는 그 누구도 여러분의 친구는 결코 아닌 것이다. 학창시절에는 부모보다 더 중요한 것이 때로는 친구라는 사실을 이미 많은 어른들도 알고 있다. 나를 포함해 여러분의 부모님 또한 사회에서 만난 그 어떤 사람들보다도 초 · 중 · 고등학교 시절 때부터 만나온 친구들을 가장 친한 친구로 여기고 있기 때문이다. 어릴 적부터 만난 친구는 어른이 되어서도 이득과 손실을 따져 묻지 않고 순수한 마음으로 옆에 있어주는 동무가 된다. 그렇다면 지금 여러분은 앞으로 20~30년, 아니 그보다 더 긴 시간 동안 옆에 있어줄 그런 동무를 찾아야 하는 시기에 놓여 있는 것이다. 지금 여러분에게는 그런 친구가 있는가? 한번 진지하게 고민해봤으면 좋겠다. 얼마 전 장동건과 김하늘이 주연으로 등장한 TV 드라마에서도 다루었듯, 마흔 살이 되어서도 늘 함께하는 네 명의 주인공을 보면 조금이나마 쉽게 이해할 수 있을 것 같다.

지금은 많은 아이들과 어울리고 함께하는 것이 친구를 많이 사귄 것처럼 이해할 수도 있겠지만, 앞으로 몇 년 뒤 대학이라는 관문을 통과하고 나서면 지금 대부분의 친구는 곁에 없게 된다. 불과 몇 년 뒤에도 그렇게 된다는 의미다. 그렇다면 지금 친구라는 평생의 동무를 만나야 할 이 귀한 학창시절이 정말 중요하지 않을까?

자기 자신을 포함해 진실한 우정을 나누는 친구를 얻기 위해서는 특별한 요령이 필요하지 않다. 다만, 그 과정은 자신을 잘 드러내는 것뿐이다. 자기 자신을 숨기지 않고 있는 그대로의 생각을 표현하는 것이 가장 중요한 이유이기 때문이다. 그렇게 만난 친구가 진짜 오래가는 친구가 되기 때문이다. 숨길 것이 많거나, 숨긴 것이 많거나, 거짓말로 자신을 포장해놓았다면 그런 친구와 오랫동안 지낼 스 있을까? 아마도 그럴 수 없을 것이다.

우리는 누구나 장점도 가지고 있고 단점도 가지고 있다. 상대가 가진 장단점을 있는 그대로 끌어안는 것이 사랑이라면, 친구라는 것도 그와 비슷한 것 아닐까? 어쩌면 친구라는 의미를 다시 곱씹은 뒤, 여러분에게 남은 친구라고 할 수 있는 숫자가 대폭 줄어들지도 모르겠다. 하지만 그렇게 남은 단 한 명의 친구가 앞으로 100명의 아는 사람보다 더 큰 힘이 될 것이라는 사실만은 틀림없다.

교육자로서 신영복 교수님은 친구에 관해 '진정한 친구는 비가 올 때 우산 들어주는 것이 아니라 비를 같이 맞아주는 것' 이라고 이야기하셨다. 우리는 흔히 좋은 친구라면 친구가 비를 맞고 있을 때 우산을 씌워줘야 한다고 생각한다. 그런데 신영복 교수님은 우산을 씌워주는 것이 좋은 친구가 아니라, 친구와 공감하는 것이 먼저라고 이야기하는 것이다. 비를 맞는 친구는 일부러 비를 맞을 수도 있고 비를 맞아야 하는 상황이 있을 수도 있는데, 내 잣대로 비를 맞으니까 당연히 우산을 높이 들어 친구가 비를 맞지 않게 해줘야지 하고 자의적으로 판단하지 말라는 것이다. 친구가 비를 맞는 이유부터 먼저 알아야 한다. 그런 다음에 우산을 씌워주든지 같이 맞아주든지 함께 울든지 해야 한다. 이렇게 친구 사이에 먼저 공감대가 형성된다면, 친구 사이라면서도 폭력의 대상으로 삼는 불행한 일은 없을 것이다

꿈,
그리고
진로와 진학

행복한 삶을 위해서는 자신이 좋아하는 일, 하고 싶은 일, 적성에 맞는 일을 하고 살아야 한다. 따라서 진학하고 싶은 대학과 전공을 선택할 때는 자신이 진정으로 원하는 일과 연결된 전공을 선택해야 한다. 일찍부터 진로를 결정한 소수의 학생들을 제외하면, 대다수는 대학 진학을 고민하면서 진로를 결정한다. 사실은 진로를 결정하지 않고 무조건 대학입학만을 위해 원서를 쓰는 친구들도 많다. 현실이 그렇다 보니 사회적으로 인기가 많은 직업과 명문대로 학생들이 몰려 커트라인이 올라가고, 자신이 원하는 대학에 진학하지 못하는 학생들이 많아진다.

그 결과 대학생 10명 중 8명이 자신의 학교에 만족하지 못하고, 전공과 직업 연관성이 낮고, 직장인들의 행복지수는 낙제점에 머물고 있다. 수능성적에 맞춰 대학을 선택하지 말고, 자신의 진로를 먼저 결정한 뒤 공부하고 싶은 전공을 선택해야 한다. 그렇게 선택해야 여러분은 전공에 대한 애착과 애정을 갖고 공부하게 되고, 깊이 빠지게 되고, 그리하여 그 분야의 전문가가 된다. 창의력으로 성공하는 부류는 좋아하는 분야에 빠지는 친구들, 빠질 수 있는 친구들이다. 자신이 좋아하는 일, 자신이 좋아하는 학문에 빠져드는 친구들이 20년, 30년 후에 세상을 깜짝 놀라게 한다.

1

진학, 진로, 직업을
한 바구니에 담아라

의사, 교사, 변호사, 회사원, 피디, 공무원, 아나운서, 연예인 등 우리가 익히 아는 직업 외에도 세상에는 인간공학전문가, 로봇공학기술자, 금융공학자, 애널리스트, 문화재보존가, 아이디어 중계업자, 컬러리스트, 웹머천다이저, 게임 음악가, 조향사, 놀이치료사, 사이처(사이버티처), 라이프 코치, 뷰티 테라피스트 등 우리에게 낯선 직업이 숱하다. 직업의 종류는 계속 다양해지는 추세다. 고용노동부 워크넷 자료에 등장하는 우리나라 직업은 2012년을 기준으로 무려 1만 1,655개에 달한다. 여러분이 고등학교든 대학교든 간에, 학업을 마치고 나면 이렇게 다양한 직업 가운데 하나나 둘 이상의 직업을 갖게 될 것이다. 여러분이 원하는 직업은 무엇인가? 어떤 일을 하고 싶은가?

삼성경제연구소에서 2013년 4월 발표한 '직장인의 행복에 관한 연구'에 따르면, 우리나라의 '직장인 행복지수'는 100점 만점에 55점에 불과했다. 수우미양가 척도로는 '가', ABC 척도로는 'F'에 해당하는 낙제점수다. 직장인 행복지수가 낙제점이라는 이야기는 자신의 직업을 좋아하지 않는 사람이 그만큼 많다는 이야기인데, 생각해보자. 자신의 직업을 싫어하는 사람의 인생이 과연 행복할 수 있을까?

요즘은 평생직장 개념이 많이 없어지기는 했다. 그러나 확실한 것은 어떤 직장에서 얼마 동안 일하건 행복하게 살기 위해서는 자신이 좋아하는 일, 하고 싶은 일을 직업으로 선택해야 한다는 것이다. 따라서 진학하고 싶은 대학과 학과를 선택할 때는 어떤 직업이 어떤 계열, 어떤 학과와 연결되는지 알아본 뒤 자신이 하고 싶은 일과 연결된 계열로 진학을 해야 한다. 이것은 누가 생각해도 분명한 일이다.

그렇다면 실제로 직업인으로 일하는 사람들은 자신의 전공과 얼마나 관련 있는 일을 하고 있을까? 워크넷에서 2010년 조사한 바에 따르면 직업인의 약 39.7%가 전공과 직업이 관계없는 편이라고 했고, 약 36.3%가 전공과 직업이 일치하는 편이라고 한다. 전공과 직업이 일치하는 사람이 40%에도 채 미치지 않는 통계를 감안하면 '직장인 행복지수'가 낮은 이유도 짐작이 간다. 원하는 대학이 아닌 데서 공부하고 원하는 직업이 아닌 곳에서 일하니 행복할 리가 없지 않은가.

그럼에도 불구하고 진학하고 싶은 학과나 계열을 정확히 설정해놓지 않은 학생들이 대부분이다. 문과학생은 무조건 경영이나 경제, 조금 더 섬세한 학생들은 어문계열, 선생님이 되고 싶은 학생들은 무조건 사범대나 교대, 이런 식이다. 게다가 수능시험이 끝나면 수능점수에 따라 자신의 결정을 번복하는 학생들이 부지기수다. 일찌감치 대학과 학과를 정해놓고 원하는 대학에 별다른 걱정 없이 진학할 수 있는 소수의 학생들 외에는, 자신의 점수로 합격할 수 있는 대학으로 진학하는 것이다.

의사가 되고 싶었지만 성적에 맞춰 신문방송학과에 진학했다가 기자가 된 친구가 있었다. 기자생활을 하다가 적성에 맞지 않자 늦깎이 수험생으로 다시 공부하고 의대로 진학한 그 친구는, 지금은 아주 행복하게 공부하고 있다. 대학교에 가서 몇 달 공부해보고 적성에 맞지 않아 반수를 선택하는 학생들은 또 얼마나 많은가? 진학할 대학과 학과를 결정할 때는 좀 더 긴 안목으로, 자신이 하고 싶은 일에 초점을 맞춰야 한다. 우리가 살아가야 할 인생에 매우 큰 영향을 미치는 일이기 때문이다.

명훈은 학원 담임이 보기에는 섬세한 성격에 그림 그리기를 좋아하는 학생이었음에도 불구하고 무조건 경영학과 진학을 원했다. 그런데 안타깝게도 경영학과를 갈 수 없는 성적이었다. 그동안 파악한 명훈의 성향으로는 경영학과를 고집할 이유가 없다고 판단한 담임이 상담을 시작했다.

"너는 그림 그리는 걸 좋아하지 않니?"

"그림 그리는 것 많이 좋아해요, 선생님."

"그런데 왜 경영학과만 가려고 해?"

"문과 쪽에서는 경영학과가 졸업한 후에 취직하기가 제일 쉬워서요."

"그래? 졸업 후 취직 때문이라면 건축학과나 산업공학과는 왜 생각 안 해? 너 좋아하는 그림도 그리고 취업도 잘할 수 있는데?"

“어, 그게 뭐예요? 건축학과가 저하고 무슨 상관이 있어요?”

“너는 설계 쪽 하면 좋을 것 같은데? 설계는 디자인처럼 생각하면 돼. 산업공학과 같은 것은 학생들이 공학만 생각하는데, 사실은 이과의 경영학과나 마찬가지거든.”

지금은 예전에 비해 폭이 좀 줄기는 했지만, 당시에는 문과에서 이과로 교차 지원할 수 있는 학과들이 지금보다 더 많았다. 그렇게 담임과의 몇 차례 상담을 통해 명훈은 결국 산업공학과로 진학했고, 이후 대학생활을 하면서 아주 만족해 했다.

명훈의 이야기를 사례로 드는 이유는, 의외로 학생들이 자신이 원하는 일을 할 수 있는 학과에 대한 조사를 게을리하기 때문이다. 일반적으로 알려진 정보 외에는 알아보지 않는다. 하지만 명훈의 경우를 보면 알 수 있듯이, 자신이 좋아하는 일을 할 수 있는 학과를 잘 찾아보면 진학 가능한 학과의 폭이 훨씬 넓어진다.

애정을 가지고 학생들을 오랜 시간 지켜보면 성향이나 성품이 눈에 보이게 마련이다. 그런데 산업공학과나 건축학과로 진학할 수 있는 성향인데도 단지 수학을 못한다는 이유로 문과를 선택한 학생들이 있다. 그런데 남학생이든 여학생이든 간에, 가르치다 보면 문과 학생 중에도 수학머리가 있는 학생들이 많다. 그런 학생들은 원하는 학과 진학이 어려우면 통계학과나 응용통계학과를 추천하기도 한다. 은행권에서 일하고 싶어 하는 친구들에게도 무조건 경영학과나 경제학과를 권하는 것이 아니라 통계학과를 권하기도 한다. 은행에서 실제로 수행하는 전산업무에는 통계업무가 많은데, 통계학과가 문과에도 있기 때문이다.

자신이 생각하는 진로를 선택하기 위해 특정한 학과를 원했지만 실제로 그 진로에 해당하는 것은 다른 과인 경우도 심심치 않게 발견된다. 예를 들어 방송 쪽에서 일하고 싶은 학생이 신문방송학과에 꼭 갈 필요는 없다. 방송 쪽에서 피디나 방송작가로 일하는 것이 목표라면 국어국문과를 택하는 편이 더 낫다. 입사시험을 볼 때 국어 성적이 좋아야 합격하기 때문이다. 꼭 의사가 되고 싶어 하지만 의대 진학이 어려운 친구는 심리학과를 추천하기도 한다. 정신과 의사가 되는 길이 열려 있기 때문이다.

이렇게 우리가 아는 학과에 대한 지식과 실제 진로는 다를 수 있다. 그런데 학생들이 직업과 진로와 진학에 대한 별다른 고민 없이 대학생이 되면, 분위기에 들떠 대학생활과 대학문화를 즐기며 시간을 보내다가 3, 4학년을 맞는다. 그제야 직업을 선택하려고 하면 그냥 취직시험 준비만 하게 된다. 점수에 맞춰 그냥 '대학' 에 온 것처럼 취업해야 한다는 다급함 때문에 아무 곳에든 그냥 '취직' 하게 되는 것이다. 그렇게 선택한 직업이라면 '직장인 행복지수' 가 낮을 수밖에 없다.

반면에 진학하는 학과에서 선택 가능한 진로와 직업을 미리 알고 '이 학과에 가서 나는 무엇을, 어떻게 준비해서 이렇게 하겠어' 라는 계획을 세운 학생이라면, 같은 학과를 졸업하고도 자아를 만족시키는 남다른 직업을 가질 수 있다. 그래서 수능이 끝나고 "네 점수로 원래 가고자 하는 데는 못 갔지만 그런 일을 하려면 이 학과로 진학해도 가능해. 그곳에서 이런 준비를 하면 원하는 진로를 선택할 수 있어" 라고 알려주기 위해 노력한다. 우리와 인연을 맺은 학생의 인생이 한층 더 풍요해질 수 있기 때문이다.

인생은 6C로 완결된다

이름 없이 태어나 살다가(Birth) 이름을 갖고 죽게 된다(Death).
태어나 이름을 남기고 죽을 때까지 인생은 C를 통해 만들어진다.
Choice(선택), Change(변화), Charge(충전), Chance(기회), Challenge(도전),
Champion(성공)의 6가지 C를 통해 인생은 다듬어지고 만들어진다.
즉, 인생은 B to D다. 사이에 있는 C를 어떻게 하느냐에 따라서 인생이 달라진다.

『서른 살 진짜 내 인생에 미쳐라』, 최종엽, 더난출판사

남의 시선보다는 자신의 진로에 맞춘 바람직한 진학의 좋은 예를 들어보자. 외국에 있다가 한국에 들어와서 국내대학으로 진학하면서, 해양대학교를 선택한 학생들이 있었다. 외국어에 능통할 뿐 아니라 수능에서 명문대로 진학할 수 있는 고득점을 받고도 해양대학교의 해양운송시스템학부나 국제해사수송과학부, 기관시스템공학부 등을 선택하는 것이다.

일반적으로 선호하는 명문대가 아닌 색다른 선택을 했기에 물었다.

"네 점수로는 더 좋은 대학에 갈 수 있는데 왜 그 학교를 선택했니?"

"저는 중국어를 잘하니까 해양관련 기술을 익혀 중국에서 취업을 할 거예요. 그래서 해양업계의 중국통이 될 겁니다."

이 친구의 대답을 듣고 나는 속으로 감탄했다. 진로설계가 그 정도 확실하게 되어 있으면 얼마나 멋진 인생을 살겠는가? 독자들도 마찬가지다. 분명히 하고 싶은 일이 있다면, 길은 얼마든지 있다. 해외에 나가서 일하거나 해외취업을 원하는 친구 또는 원양어선을 타고 바다를 누비고 싶은 친구가 있다면, 그 일을 하기에 가장 적합한 진학 루트를 찾아보라.

많은 사람들이 닦아놓고 많은 사람들이 다니는 고속도로로 가는 것도 좋지만, 자신이 가고 싶은 자신만의 길을 찾아내는 것은 더더욱 중요하다. 아직 자신의 미래에 대해 깊숙이 생각해보지 않은 독자라면, 이번 기회에 생각만 해도 가슴을 뛰게 하는 일, 그런 직업을 한번 찾아보는 것도 좋지 않을까?

대학을 택할 것인가,
전공을 택할 것인가

전공이 대학 이후의 인생과 직결되고, 가고자 하는 대학과 전공의 합격 여부가 단 한 번으로 결정된다는 점에서 수능시험은 우리 인생에서 가장 중요한 시험 가운데 하나다. 수시로 미리 합격해주지 않는한, 몇 시간 동안 치른 수능시험의 결과가 어떤 학생들에게는 인생을 송두리째 바꾸는 순간이 되기도 한다.

시험은 컨디션에 따라 아는 것도 틀리고 모르는 것도 맞힐 수 있다. 그런데 수능시험은 몇 문제 더 맞고 덜 맞고에 따라 등급이 달라지고, 등급이 달라지면 선택할 수 있는 학교가 달라진다. 어찌 보면냉혹하기 이를 데 없는 시험이다. 수능시험을 치른 결과, 평소보다 잘보거나 평소대로만 보면 다행인데, 예상보다 낮은 점수를 얻게 되면학생들 대부분이 혼란에 빠진다. 수시 최저 컷을 통과해야 하는 것도 문제겠지만, 정시 원서접수를 어떻게 할 것인가도 문제다.

학생들이 원하는 대학에 갈 수 없는 성적을 받았을 때 흔히 보이는 반응은 학교를 낮추느니 학과를 바꾸겠다는 것이다. 일단 합격해야겠다, 조금이라도 더 남들이 알아주는 대학에 가야겠다는 생각이 앞서서, 꿈이나 적성보다는 점수에 맞춰 '여기는 합격하겠지' 하는 학과를 선택하기 쉽다. 학교 그레이드로 마음이 흔들리는 것이다.

예상보다 수능점수가 나쁘게 나왔을 경우, 내가 가고자 하는 대학의 낮은 과를 선택할 것인가, 학교를 낮추더라도 자신의 적성에 맞는 전공과 학과를 선택해야 하는가? 여러분이라면 어느 쪽을 선택하겠는가? 여러분 모두 시험을 잘 보기를 바라지만, 혹시 발생할지도 모르는 경우를 대비해서 미리 한번쯤 생각해봐야 할 문제다.

이 문제에 대해 '이과는 전공을 선택하고 문과는 대학을 선택하라' 는 조언을 하는 사람도 있지만, 나는 자신의 적성에 맞는 전공을 선택해야 한다는 것이 소신이다. 적성에 맞지 않는 과를 선택한 학생들은 중간에 학교를 그만두고 반수를 택하거나, 원하는 대학교에 편입을 하거나, 졸업 후에 적성에 맞는 쪽으로 공부를 다시 시작하기도 한다. 앞에서 소개했던 편입이나 재입학을 한 23.1%의 학생들이 여기에 포함된다. 이 경우 1년에서 4~5년 정도의 귀중한 시간을 잘못된 길에서 헤매느라 낭비하게 된다. 적성에 맞지 않은 학과를 마치고 그쪽 계통의 직업을 선택했다가 결국 직업을 바꾸는 사람도 많이 보았다.

물론 좋은 대학을 가는 것도 중요하다. 따라서 가능하면 더 좋은 대학 쪽에서 자신의 적성을 찾아나갈 길이 있는 학과를 잘 찾아보는 것도 좋지만, 명백히 학교냐 전공학과냐를 골라야 할 때는 전공학과 쪽을 선택하는 편이 낫다. 좋은 대학에 갈 것인가, 적성에 맞는 학과에 갈 것인가를 떠올리면 생각나는 학생이 있다. 바로 준석이다. 준석은 지금으로부터 10년 전쯤, 이과반에서 수준이 가장 높은 반 학생이었다. 보통 7시 50분에 조회를 시작하는데 준석은 눈에 확 띄는 학생이었다. 우락부락한 외모에 키도 190센티미터로서 건장했기 때문이다. 그런데 당시 지각을 하면 지각비를 받았다. 지각은 1만 원이고 결석은 3만 원으로, 학생들이 부담하기에는 거액이었다. 물론 돈을 걷기 위한 목적이 아니라 지각이나 결석을 하지 말자는 의도였다.

학기 초에 준석이 지각을 했는데, 무척 불만스러운 표정으로 지각비를 냈다. 그런데도 몇 번 더 지각을 했고, 한번은 돈이 없다면서 왜 꼭 내야 하느냐고 반문했다. "지각을 안 하면 되잖니. 이건 약속이고, 이 돈은 너희들 전체를 위해 쓸 거고, 네가 지각을 함으로써 다른 애들한테 어떤 식으로든 피해를 주니까. 없으면 집에 가서 가져와." 지각을 하지 않게 하려고 강경하게 대했더니, 이후 선생님을 싫어하는 눈치가 역력했다. 시선이 마주치는 것을 피하고 복도에서 만나도 피하는가 하면, "공부 잘되니?" 하고 물으면 "모르겠어요" 하는 식이었다.

준석은 처음 들어올 때부터 건축학과를 가겠다고 했고, 아버지도 건축 일을 하실 뿐 아니라 적성에도 맞는 것 같다고 상담했다. 담임이 보기에도 준석은 건축관련 설계나 건축현장 감독으로 일하는 쪽이 적성이나 스타일에 맞는 것 같았다. 그런데 입시원서를 쓸 때 가고 싶은 학교의 건축학과에 응시할 만한 점수에 못 미쳐 건축학과에 맞춰 놓고 학교 수준을 좀 낮춰서 쓰자고 제안했다. 준석은 "H대 생활과학과 가면 안 돼요?" 하고 물었다.

"무슨 소리야. 거긴 가정학과 같은 데야. 네 적성과 다른 덴데 거길 왜 가? 몇 년을 생각한 건데 며칠 만에 바꾸면 되겠니?"

담임은 흔들리는 아이를 그렇게 다잡으면서 학교를 낮춰 K대 건축학과에 입학할 수 있게 도왔다. 그렇게 준석은 담임에게 있어 '키 크고 나를 싫어하던 학생' 정도의 기억으로만 남게 되었다. 시간은 흘렀고 10년쯤 지났을 때의 일이다. 어느 날 주말 학원 교무실로 커다란 덩치의 남자가 쑥 들어오는가 싶더니 담임을 향해 반갑게 인사를 건네왔다.

"어, 선생님 계셨네요?"

"준석이? 준석이 맞지? 네가 웬일이야?"

"기업연수 때문에 과학기술원에 왔다가 선생님 생각이 나서 혹시나 하고 찾아뵈었는데, 아직도 계시네요. 선생님, 제가 항상 감사하게 생각하고 있습니다."

준석은 K대 건축학과를 졸업한 뒤 건설회사에 취업했고, 베트남 현장에서 2년 근무하고 연수를 받기 위해 학원 근처에 왔다고 했다. 사회생활을 해보니 건축학과를 졸업해 건설회사에서 일하는 것이 좋고 직업만족도 역시 높다고 말했다. 보람을 느끼며 즐겁게 일하다가 문득문득 수능시험 보고 나서 생활과학과에 가겠다고 할 때 '헛소리하지 말고 건축학과 쓰라'고 해준 담임이 너무 고마웠단다. 그때 정말로 생활과학과에 갔다면 지금도 고민 중이거나 시행착오를 거쳤을 수도 있다는 것이었다. 적성에 맞는 과로 가야 미래가 행복하다는 것을 준석이 몸소 보여준 셈이다.

내 이름 석 자가 최고의 브랜드, 명품이 되는 인생이 돼라.
인생 자체가 귀하고 값어치 있는 명품과 같은 삶을 살아야 한다.
당당하고, 멋있고, 매력 있는 이 시대의 명품이 되어야 한다.
명품을 사기 위해서 목숨 거는 인생이 아니라,
옷으로, 가방으로, 신발로 치장하는 인생이 아니라,
자신의 삶을 명품으로 만드는 위대한 사람이 되어야 한다.
부모는 그런 자녀가 되도록 기도해야 한다.
명품을 부러워하는 인생이 되지 말고 내 삶이 명품이 되게 하라.

「명품 인생이 되라」, 원 베네딕트, 상상북스

준석처럼 적성에 맞는 학과를 미리 파악해두는 경우도 있지만, 자신의 적성을 재수하는 과정에서 찾아낸 호준도 생각난다. 과고 출신으로 우리 학원에서 재수를 한 호준은 수학적 사고능력이 탁월한 학생이었다. 고난도 문제를 15분, 20분 설명해서 풀어주고 나면 손을 들고 "선생님, 이렇게 풀면 더 간단히 풀 수 있겠는데요"라고 하는 경우가 참 많았다.

그런데 막상 시험을 보면 수학점수가 뛰어난 편은 아니었다. 그래서 수학과로 진학하려는 생각을 처음부터 전혀 갖고 있지 않았다. 호준의 수학시험 성적이 좋지 않은 이유는 머리가 돌아가는 속도를 손이 못 따라가다 보니 문제 풀이과정이 생략되고, 성급하게 푸는 과정에서 오류가 나오기 때문이었다. 그래서 수업시간에 문제를 설명하다가 학생들이 질문하면 호준에게 "이 문제 풀었니?" 물어보고, "풀었습니다" 하면 "네가 설명해봐" 하는 식으로 문제풀이를 자주 시켰다. 항상 필기를 하고 모범답안을 베껴오는 숙제도 자주 내주었다. 툴툴거리면서 아무렇게나 써오고 글씨가 엉망이면 다시 써오라고 지시하기도 했다.

처음 학생들 앞에서 문제를 설명하라고 할 때는 풀이를 말하기 전에 머릿속에서 문제풀이 과정이 점프되니 다른 사람이 알아듣게 차근차근 설명을 해내지 못했다. 그러나 학생들 앞에 자주 세우며 설명하게 하고, 설명하는 내용이 논리적으로 취약하거나 비약을 하는 경우에는 그 자리에서 지적을 해주곤 했다. 그렇게 몇 달 지나자 많은 부분에서 탁월한 성장을 보이는 것이 아닌가!

반에서 중간 정도의 성적임에도 불구하고 수업시간에 "이렇게도 풀 수 있는데…” 까분다고 싫어하던 아이들과의 관계도 점차 좋아졌다. 공부하는 것과 가르치는 것에 흥미를 느낀 호준은 그때부터 수학 강사를 하고 싶다며 수학과를 목표로 확정지었다. 수학선상님보다는 강사가 되겠다며 매우 흡족한 웃음까지 지었다. 호진은 그렇게 수학과에 진학했고 아르바이트도 학원의 당직 멘토 자리를 선택했다. 자신의 적성에 맞는 일이었기 때문에 누구보다 재미있고 열심히 하는 모습이었다. 학생들을 상대로 하는 멘토에 대한 설문조사에서도 호준이 매우 높은 평점을 받았다. 어쩌면 몇 년 후에는 수만 명의 학생들을 몰고 다니는 스타 강사가 되어 있을지도 모른다. 이렇게 뜻밖의 상황에서 자신의 적성과 꿈을 찾을 수도 있다.

명심할 것은 어떤 학과를 선택해서 전공하게 되면, 4년 동안 그 학과의 공부를 하게 되고, 많은 경우 그 전공과 연결된 직업을 갖게 된다는 점이다. 따라서 자신의 적성과 조건, 자신의 생각이 학과 특성과 맞는지, 자신이 하고 싶은 일이 뭔지, 원래 원하던 것이나 꿈이 뭔지, 자신이 즐겁게 잘할 수 있는 것이 뭔지 생각해보고 그에 맞는 경로를 따라가는 것이 맞다.

3

서울대 의대?
이렇게 하면 갈 수 있어!

우리는 누구나 쉽게 변하지 않는 생각, 즉 고정관념을 가지고 있다. 고정관념은 우리가 속한 사회의 일반적인 통념이나 문화에서 비롯된 것이다. 고정관념은 과거의 경험이나 신문 또는 TV에서 듣고 본 이야기가 저변에 깔려 있다. 특히 언론은 우리의 머리를 장악하는 것이어서 언론에서 쉽게 이야기하는 것도 보고 듣는 사람으로 하여금 고정화된 이미지를 갖게 한다.

예컨대 "수시는 내신이고 학생부야. 수시에 합격하려면 무조건 학교성적이 좋고 학교생활기록부 내용이 좋아야 해"라고 모두들 이야기한다. 그러나 수시를 깊이 분석해보면 내신성적과 학교생활기록부가 수시합격증이 아니라는 사실을 알 사람은 다 안다. 수시합격은 내신성적이 좌우한다는 것도 일종의 고정관념에 지나지 않는다.

사람들은 '공부를 잘하는 사람' 또는 '공부 잘한다'는 것에 대한 고정관념도 가지고 있다. 나 역시 '서울대나 의대, 특히 서울대 의대를 가는 학생들은 늘 전교 1등에 한눈에 보아도 공부벌레임을 알 수 있는 애들', '공부 잘한다는 것은 이렇게 하는 것'이라는 고정관념을 가지고 있었다. 이러한 나의 고정관념을 멋지게 깨뜨려준 승호를 소개하고자 한다.

승호를 만난 것은 학생들을 상대로 본격적인 강의를 시작한 지 5년쯤 되었을 때다. 학생들을 가르친다는 것에 대해 보람도 느끼고 강의 스킬도 늘고 강의 실력도 업그레이드되었을 뿐 아니라, 입시원서를 써주면서 남들보다 더 좋은 학교에 더 낮은 점수로 갈 수 있는 학과도 많이 찾아내던 때였다.

재학생반에 다니던 승호가 나를 찾아온 것은 고1 겨울방학 직전이었다. 상담을 하면서 하는 말이 "서울대 의대 가는 것이 목표입니다"였다. 서울대 의대는 사실 아무나 가는 데가 아니다. 공부를 잘한다고 해서 무조건 합격하는 것이 아니라 운도 따라야 한다. 그런데 승호가 공부를 못하는 친구는 아니었지만, 서울대 의대를 논하거나 갈 수 있는 수준의 친구는 아니었다. '서울대 의대는 아무나 갈 수 있는 데가 아니다' 하는 고정관념을, 그 당시 나는 가지고 있었던 것이다.

그래서 속으로는 '아무나 가는 데가 아닌데. 너는 좀 힘들어'라고 생각하면서 입으로는 습관적으로 "열심히 해, 열심히 하면 가겠지"하고 이야기했다. 그때 승호가 내 얼굴을 똑바로 바라보면서 직격탄을 날렸다.

"열심히 하는 것이 뭐예요?"

순간 나는 당황했다. '열심히 해'라고 습관적으로 말했을 뿐, 열심히 하는 게 뭐냐는 질문에 대답하려니 말문이 막혔다. 어떻게 하면 서울대 의대에 갈 수 있는지, 구체적인 방법을 제시해줄 수 없었던 것이다. 서울대 의대에 갈 만큼 열심히 하는 게 뭔지도 말해주지 못하면서 속으로 '너는 서울대 의대에 못가'라는 생각을 한 것 자체가 선생답지 않다는 생각에 스스로 부끄러웠다.

그래서 하루 동안 '서울대 의대에 가려면 어떻게 공부해야 할지'를 고민한 후 승호를 불러서 이야기를 해줬다. "열심히 하려면 이 정도는 해야 할 것 같은데? 내가 세 가지를 생각해봤으니까, 그걸 그대로 지켜봐."

그러면서 승호에게 말한 세 가지는 다음과 같았다. 첫 번째, 학원과 학교 다니는 시간을 제외하고 일주일에 개인공부를 35시간 이상은 해라. 두 번째, 질문해라. 학원에서든 학교에서든 간에, 모르는 것을 집으로 가져가지 마라. 세 번째, 하루에 잠을 5시간 이상 자지 마라.

첫 번째, 개인공부를 일주일에 35시간 이상 하라는 것은 평일은 물론, 주말시간을 잘 활용하라는 이야기였다. 질적 전환은 양적 축적을 기반으로 하지 않고는 이루어지지 않는다. 항상 양이 기반이 되어야 한다. 학교 다니고 학원 다니면서 개인공부를 35시간 하려면 주말시간을 대충 보내서는 안 된다. 평일에 개인학습을 3시간 한다고 가정할 때, 35시간을 채우기 위해서는 토, 일 이틀 동안 20시간의 공부를 해야 한다. 주말에 하루 열 시간씩 공부한다는 것은 아무나 할 수 없는 일이다. 학생들이라고 해도 주말에는 쉬는 데 익숙해져 있기 때문에 누구나 힘들다.

두 번째, 학원 또는 학교에서 모르는 것을 집으로 가져가지 말고 선생님께 질문하라는 것은 배운 것을 반드시 이해하고 자기 것으로 만들라는 이야기다. 세 번째, 하루 5시간 이상 자지 말라는 것은 생활 습관을 고3처럼 바꾸라는 것이지, 정말 5시간 이상을 자지 말라는 이 야기가 아니었다. 모든 생활의 출발은 잠이다. 잠자는 시간이 늘어나 면 생활의 밸런스가 무너진 것이고, 급격히 줄어도 밸런스가 무너진 것이다. 인간의 모든 생리를 조절하는 것은 잠이다. 잠자는 시간을 규 칙적으로 해야 생활 리듬이 규칙적으로 된다는 이야기였다.

이 세 가지를 지키라고 하자 승호가 물었다.

"선생님, 학교에서 질문하다가 학원 시간에 늦으면 어떻게 해요?"

내 대답은 단호했다.

"학원 늦을까 봐 질문을 못하겠으면 학원에 오지 마. 학원에 다니 는 이유는 공부를 더 해서 점수를 높이기 위해서인데, 다른 방법으로 점수를 높일 수 있다면 학원에는 올 필요가 없어."

"학원에서 질문하다가 학원 차 끊겨서 집에 못 가면 어떻게 해요?"

나는 이번에도 망설임 없이 단호하게 대답했다.

"질문하다가 차 끊기면 내가 태워다 줄게."

나는 사실 이 대답을 아주 쉽게 했다. 내가 말한 이 세 가지를 승호 가 한두 달 이상 지속할 것이라고는 생각하지 못했기 때문이다. 결과 는 어떻게 됐을까? 놀랍게도 나는 내 차로 승호를 700일 이상 태워 집까지 모셔다 주어야 했다. 내가 승호를 잘못 봐도 한참이나 잘못 봤 던 것이다. 정말 수능시험 전날까지도 승호를 집까지 태워다 줬어야 했으니 말이다. 지금 생각하면 그 당시 승호 때문에 내 사생활은 하나도 없었던 것 같다. 날마다 승호를 집까지 데려다 줘야 했으니 말이다. 내 입으로 한 말이 있고, 내가 나 스스로에게 부끄러워지지 않기 위해, 약속이 있어도 승호를 데려다 주기 위해 학원으로 다시 왔다. 그러니 2년 동안 이 친구를 태우고 다니면서 얼마나 많은 이야기를 하고 얼마나 친해졌겠는가?

2년 동안 세 가지를 완벽하게 지킨 승호는 서울대 의대에 입학했고, 졸업한 후 지금도 놀라울 만큼 고속 성장을 거듭하고 있다. 비록 2년 동안 사생활을 곤란하게 했지만, 승호는 나에게 나이를 떠나 정말 매력적인 친구였고 좋은 제자였다. 미처 생각지 못하던 것을 생각해보게 해주었고, 세 가지 약속을 끝까지 지켜냄으로써 '이렇게 하면 정말로 되는구나' 하는 것을 실현시켜주었기 때문이다.

그리고 승호를 겪은 이후로 나는 학생들, 나아가 사람들에 대해 함부로 판단하지 않게 되었다. 고정관념이라는 안경을 쓰고 사람을 보지 않으려고 노력하게 된 것이다. 여러분도 스스로가 흔히 사용하는 말이나 판단의 기준으로 삼는 잣대를 한번 돌이켜 생각해보라. 혹여 '저건 나 같은 사람이 하는 거 아니야' 라는 고정관념 때문에 도전하면 성공할 수 있는 것을 놓치고 있지는 않은가?

인간을 성공으로 이끄는 가장 강력한 무기는
풍부한 지식이나 피나는 노력이 아니라 바로 습관이다.
왜냐하면 인간은 습관의 노예이기 때문이다.
아무도 이 강력한 폭군의 명령을 거스르지 못한다.
그러므로 다른 무엇보다도 내가 지켜야 할 첫 번째 법칙은
좋은 습관을 만들고 스스로 그 습관의 노예가 되는 것이다.

『위대한 상인의 비밀』 오그 만디노, 문진출판사

4

대학은 자신의 대학을
빛내줄 학생을 원한다

대학입시는 크게 정시모집과 수시모집으로 나뉜다. 정시는 대학들이 종합적으로 뽑는 것으로 수능시험 점수에 따라 당락이 갈리는 반면, 특정 능력으로 뽑는 수시모집에는 다양한 전형이 있다. 따라서 수시 지원을 할 학생들은 자신에게 알맞은 수시전형을 선택해 자기소개서나 추천서 등 필요한 서류를 미리 준비해야 한다. 수시모집은 전형에 따라 내신 반영비율이 다르기 때문에, 자신의 내신등급이나 가고자 하는 대학의 전형요강에 맞추어 논술시험이나 적성검사에 대한 준비도 병행해야 한다.

수능시험 결과가 전혀 반영되지 않는 수시전형도 있지만 많은 수시전형에서 수능최저학력기준을 적용하므로, 수시전형으로 대학을 가려는 수험생들도 수능시험 준비를 소홀히 해서는 안 된다. 2014년

대입전형의 경우 수시원서를 6회까지 접수할 수 있지만, 수시모집에서 합격한 수험생들은 수능성적에 상관없이 정시지원에는 참여할 수 없다. 수시모집으로 합격한 대학이 마음에 안 들어도 가야 하기 때문에, 수시 지원은 신중하게 해야 한다.

각 대학의 수시모집, 특히 입학사정관제는 내신이나 수능 반영비율이 다르고 서류도 각기 다르기 때문에, 입학사정관제로 수시모집을 준비하려면 원하는 대학에서 요구하는 내용을 정확히 파악해 미리 준비해야 한다. 입학사정관제 전형 중에서도 수능 최저학력기준을 적용하는 학교도 있기 때문에, 수시로만 대학을 가겠다그 생각하는 수험생일지라도 수능시험은 최선을 다해 준비하는 것이 바람직하다.

대학입시에는 입시를 둘러싼 대학의 입장과 관점, 정부나 평가원, 교육과학부의 입장, 나와 내 부모를 포함한 시장의 관점 등 여러 기관의 입장과 이해관계가 복잡하게 얽혀 있다. 수능과 입시환경에 대한 이해가 전제 되어 있다면 얼마든지 자신이 노력한 만큼의 성과를 올릴 수 있다.

수시모집 중에 서울대 특기자 전형에는 과학고나 과학영재학교 출신 학생들이 주로 합격하는데, 일반고 출신의 학생이 합격한 적이 있다. 수학을 무척 잘하는 학생이었지만 올림피아드 수상실적이 있는 것은 아니었고, 다만 3년 내내 수학 내신성적이 1등급이었다. 학교 내신 성적이 탁월한 것도 특기로 인정된다는 이야기다.

이렇게 수시모집에서는 해당 학과의 공부를 잘할 수 있음을 입증하는 것이 큰 도움이 된다. 수시전형은 대학교수들이 해당 학과 공부를 잘하는 학생을 뽑고자 하기 때문에, 영문학과의 경우 영어를 정말 잘한다면 다른 과목은 조금 못해도 되는 것이다.

사실 인생에서는 하나라도 잘하면 성공할 수 있고, 공부에서도 한 과목에서 최고가 된다는 것은 다른 과목의 최고가 될 가능성이 존재한다는 이야기다. 그래서 나는 영어를 아주 잘하는 학생이 국어를 못하면 국어공부를 영어공부처럼 해보라고 한다. 학습에는 공통적으로 극복해나가는 메커니즘이 존재하는데, 그 메커니즘을 이용하면 다른 과목의 성적도 끌어올릴 수 있다.

수능에 집중하는 재수생들에게는 수시가 다소 불리하다는 인식이 있었지만, 최근 재수생들의 수시합격률이 굉장히 높아지고 있다. 학생들은 수시는 학생부, 정시는 수능이라는 등식을 신봉하는데, 수시와 정시는 모집 시기에 관한 구분일 뿐이다. 대학입시는 기본적으로 대학이 자기 대학을 빛내고, 자기 대학이 원하는 요소를 갖춘 '우수한' 학생을 선발하는 것이다.

찬규는 중학생 때 과고 진학이 꿈이었고 수학과 과학 성적이 탁월했다. 다른 과목은 상위권이긴 했어도 크게 잘하는 것은 아니었다. 그런데 의대 진학을 원하는 부모님 의견에 따라 내신점수를 위해 일반고로 진학했다. 그러나 수학, 과학을 제외한 다른 과목 성적에 대한 부담감과 사춘기가 겹쳐 흡연까지 하는 문제아가 되었다. 학원 담임 선생님은 학교 공부에 소홀하더라도 수학만큼은 놓지 말라고 권했고, 그 충고를 받아들인 찬규는 고3 때 올림피아드 수상실적을 일구어냈다. 그 결과 학생부 등급은 낮았지만 수리논술에서 높은 점수를 받아 Y대 자연과학부에 수시로 합격하였다.

몇 년 전, 학원에서 단체로 펜션에 놀러갔을 때 이야기다. 펜션 주인이 자신의 고민 상담을 의뢰해왔는데, 자신의 딸이 일본에서 고등학교 때까지 다녔는데 한국에서 대학을 가야 할 상황이라고 했다. 한국에서 정상적으로 고등학교를 다녔어도 대학 가기가 힘든데, 일본에서 왔으니 어떻게 해야 할지 모르겠다는 것이었다. 그래서 그런 해외유학 경험을 가지고 수시 원서를 쓰면 수능점수로 대학에 가는 것보다 훨씬 좋은 대학에 갈 수 있다고 조언했다. 결국 그 친구는 중위권 대학인 K대학교에 수시로 합격했다.

수능, 학생부 교과 성적, 대학별 고사 실력이 현재 우리나라 대학입시에 결정적인 것은 틀림없지만, 다양한 수시전형이나 입학사정관제도 등을 통해 선발지표는 더욱 다양해질 것이다. 할리우드 영화 〈금발이 너무해〉를 보면 화장하는 방법과 몸매 가꾸는 데에만 관심 많던 공주클럽 회장인 주인공이 독특한 자기소개 비디오를 통해 하버드 법대에 합격하는 장면이 나오는데, 이런 유사한 광경이 우리나라에서도 머지않아 이루어질 것이다.

대학은 기본적으로 자신의 대학을 빛내줄 학생을 원한다. 따라서 법조인이나 경영인, 의사, 학자 등 공부를 잘하는 학생들드 뽑지만, 다양한 방법으로 성공할 수 있는 시대이므로 창의적 인재를 뽑는 전형이 더 많아질 것이다. 나의 특기 적성이 내가 가고 싶은 대학을 빛내줄 것으로 확신하고 이를 입증한다면, 그 특기 적성만으로도 대학에서 여러분을 선발하게 될 것이다. 입학사정관제도도 원래 취지만 보면, 공부 아니어도 다른 장점이 있다면 우리 학교에 입학시켜주겠다는 것 아닌가.

입학사정관제 전형을 선택하면 자기소개서 등 여러 서류를 작성하게 되는데, 이 경우 왕따경험이 있는 학생도 자기소개서에 이를 잘 극복했다는 사실을 충분히 어필하면 오히려 좋은 평가를 받는 요인이 된다. 성적은 높지 않았지만 어필할 만한 특이성을 가진 학생의 경우, 성적순으로 뽑는 것보다는 입학사정관제에서 학생부의 낮은 등급 등을 오히려 극복할 수 있다. 예를 들어 학생부 성적이 뛰어나지는 않지만 1학년 때보다 2학년 때, 2학년 때보다 3학년 때 성적이 더 상승했다면, 상승곡선을 그리는 성적의 추이를 보고 가능성을 높게 인정받아 합격할 수 있는 것이다.

수시전형의 일종인 입학사정관제는 입학사정관을 활용해 학생을 선발하는 방법으로, 미국에서 도입된 제도다. 미국 대학에서는 입학사정관들이 학생의 대학입학 여부를 좌지우지한다. 우리나라의 입학사정관제는 2008학년도 입시에서 서울대가 시범 도입했고, 2009학년도 입시에서는 고려대와 한양대, 성균관대, 경희대 등으로 확대되었다. 입학사정관 전형에서는 수능등급이나 내신등급 같은 객관적인 점수를 최소한 반영하고, 입학사정관이 자기소개서와 추천서, 면접 등으로 학생의 가능성을 판단하여 합격 여부를 결정짓는다.

학생들의 다양성이 창의적 가치를 이끌어낸다고 생각하고 다양성과 우수성을 학생들의 자기소개서와 면접 등으로 판단하므로, 입학사정관入學査定官의 핵심글자는 '관官'이다. 입학사정관제는 사람이 뽑기 때문에 주관적일 수밖에 없다. 여전히 스펙이 중요하지만, 총점이 똑같이 2.0이라면 1학년 때 3, 2, 1로 하향곡선을 그린 학생과 1, 2, 3으로 상향곡선을 그린 학생에 대한 판단이 다르다. 성적이 올라가는 추세의 학생이 대학에 와서도 같은 상승곡선을 이어갈 가능성이 높다고 판단하고 뽑는 것이다. 같은 점수라도 추이를 반영해서 뽑는 것이 입학사정관제인 것이다.

특기자 전형도 총점이나 수능, 내신으로는 우수하지 않아도 뛰어난 특정 분야가 있다면, 대학에서 다른 조직원에게 긍정적인 영향을 미칠 수 있다고 인정받는다. 20년 전과 현재 선호하는 인재상은 다르다. 어느 대학이나 자기 대학 출신이 사회에서 성공하기를 바란다. 따라서 대학은 사회적 기준에 수렴하는 학생을 선호한다. 사회가 창의적인 인재를 원하면 대학도 창의성이 뛰어난 학생을 원한다.

대학 입시는 이런 관점에서 바라봐야 한다. 말하자면 총점으로 잘하는 학생은 별로 없지만 각 과목을 잘하는 학생은 많다. 영화만 잘 알거나 음악, 미술을 잘 알거나, 봉사를 잘하거나 연설을 잘하는 학생들은 많은 것이다. 하지만 한 분야에서 뛰어나려면 탁월하게 뛰어나야 한다. 한 분야만 보고 학생을 선발하는 것은 대학 입장에서는 일정한 리스크를 안는 것이므로 탁월하게 잘하지 않으면 차라리 총점이 높은 학생을 선호한다는 것이다.

현재 추세로는 입학사정관제로 뽑는 학생의 모집정원은 줄어들 것으로 보이지만 없어지지는 않을 것이다. 모집단위가 크지 않을 경우 대학에 합격한다는 보장이 없기 때문에 대입준비를 할 때는 모집단위가 큰 쪽을 준비하는 것이 리스크가 적다. 하지만 총점으로 줄을 세우면 가능성이 없지만 어느 한 분야에서는 탁월한 성적을 보일 경우 해당분야의 입학사정관제를 준비하는 것도 나쁘지 않다.

내신성적이나 수능시험 총점으로는 가능성이 없다는 판단을 조금 빨리 내릴 수 있을 경우, 논술을 준비하거나 자기소개서를 컨설턴트에게 맡기는 등의 비용으로 미리 입학사정관제 전형을 준비해보는 것은 어떨까. 예를 들어 과학고 학생들이 교수들과의 프로젝트 참여 과정과 결과물을 성과에 넣어 탁월성의 근거로 인정받아 특기자전형에 합격하는 것처럼, 일정 분야의 연구원으로 미리 일하거나 프로젝트에 참여해 결과물을 성과에 넣는 것이다.

예를 들어 수학을 굉장히 잘하는 문과학생의 경우, 수시로 경영학과나 경제학과 원서를 넣을 때 문과지만 수학을 이렇게 잘하고 이런 부분을 잘 활용해서 경제학에 이바지하고 싶다, 하는 부분을 자기소개서에 쓰라는 것이다. 대학교수들이 학생들을 뽑을 때는 우리 과를 빛낼 아이일 것인가가 핵심인데, 경영학과나 경제학과에 자기소개서를 쓰면서 나는 수학을 잘하니까 경제학 하고 싶다고 쓰는 학생들이 얼마나 있겠는가? 교수 입장에서 특이하고 기특하면 뽑게 되는 것이다. 수시원서, 특히 입학사정관제를 생각할 때는 반드시 이 사실을 명심하자. 대학은 자신의 대학을 빛내줄 학생을 원한다.

행동 없이는 행복도 없다. 성공의 비결은 그 목표가 뚜렷하고 변하지 않는 데 있다. 성공하지 못하는 것은 처음부터 끝까지 한 길을 가지 않기 때문이지 그 길이 험하기 때문이 아니다. 오직 한곳에 집중하여 정진하면 쇠를 뚫고 만물을 굴복시킬 수 있다.

벤저민 디즈레일리(Benjamin Disraeli), 영국 정치가

5

열심히 찾아라,
열리지 않는 대학문이란 없다

인성은 고등학교 2학년 때 사사건건 자신의 잘못을 지적하고 친구의 잘못까지도 자신의 잘못으로 받아들이는 담임선생님을 견디지 못하고 자퇴했다. 이후 선생님들을 불신하게 되었고 학업에도 흥미를 완전히 잃었다. 고등학교를 자퇴하고 검정고시를 치른 상태에서 우리 학원에 와서 2년 동안 다녔다. 학원에 처음 왔을 때는 공부에 대한 틀을 잡는 것이 우선이었기 때문에, 딱히 공부를 잘하지도 않았고 기대도 크지 않았다.

하지만 1년 더 공부해보기로 한 2년차에는 공부머리가 뛰어나다는 장점이 드러나기 시작했다. 첫해와 달리 체계적인 학습계획을 수립하는 것으로 두 번째 해를 시작한 인성은 매달 한 번씩 학습계획의 실천 여부를 선생님과 함께 점검하면서 학습계획 이행 정도와 보완점을 계속 수정해나갔다. 그러자 6월 평가원에서는 괄목할 만한 성적을 냈다. 9월 평가원까지는 문제풀이를 통한 약점 파악에 중점을 두었고, 오답 노트를 만들도록 하면서 수시로 오답 노트를 점검하고 인성의 상태를 체크했다.

9월 모의평가 결과 사회문화를 소홀하게 공부했음이 밝혀지자 사회문화의 학습시간을 매주 체크했고, 나머지 과목은 그동안 만들어오던 오답 노트를 적극 활용하면서 약점이 되는 부분을 집중적으로 훈련했다. 그 결과 인성은 수리에서 한 문제, 그리고 사회문화에서 2문제를 제외한 나머지 문제를 전부 맞혔다. 그러나 사회문화에서 드 개를 틀린 것이 원서를 작성하는 데 불리하게 작용하여 결국 K대에 합격했다.

중3까지 일본에 5년 넘게 있다가 외고에 특별전형으로 입학한 기준은 국어와 수학과목의 기본이 부족한데다가 학습의욕도 없어 학생부 내신이 7등급 후반이었다. 그런데 친한 친구들이 명문대에 입학하자 열심히 공부하지 않던 것을 후회하고 재수를 결심했다. 재수 초기에만 해도 국어·수학·영어 중 한 과목의 기초도 제대로 잡혀 있지 않았다. 하지만 학습의지가 워낙 강해 철저한 예습은 물론, 수업의 내용을 바로바로 정리하여 완벽히 이해하고 암기하는 일을 게을리하지 않았다. 뿐만 아니라 각 과목 선생님들을 일일이 찾아다니며 능동적으로 자신의 학습방법에 대해 점검해나갔다.

그러한 노력의 결과 6월 모의평가 이후부터는 국어와 수학에 자신감을 얻었고, 오답 노트를 작성해도 될 만큼 오답 수도 적어졌다. 그래서 국어와 수학은 오답 쪽지를 넣어두는 오답 봉투를 만들게 했고, 주말에는 오답들을 점검했다.

9월 모의평가에서 수학은 1등급이 나왔으나 국어가 4등급이 나왔고, 덕분에 그동안 해오던 국어 공부 방법을 재점검하게 되었다. 독해 연습에만 치우쳐 문제풀이가 너무 미숙하다는 문제점이 밝혀져 9월 이후에는 수능과 평가원 기출문제로 독해연습을 하면서 EBS문제를 풀고 주1회 실전모의고사를 보았다.

문제는 영어였다. 영어를 열심히 한다고 했는데도 점수가 요지부동이었다. 그래서 수학의 학습비중을 줄이고 영어공부를 더 많이 하면서 주1회 이상 영어 모의고사를 풀어 문제에 대한 적응력을 높여나갔다. 그 결과 기준은 J대학교 경영학과에 합격했다.

재학생반의 준영은 수학을 못했다. 부모님이 수학점수를 올리기 위해 수백만 원짜리 과외까지 시켰지만, 수학점수는 딱히 좋아지지 않았다. 수학공부를 정말 열심히 해서 모의고사 점수는 조금 올랐는데, 수능 때는 완전히 망쳐버렸다. 다른 과목들도 특별히 잘하는 것이 아니었기 때문에 수도권에는 갈 수 있는 대학이 없었고, 재수 외에는 방법이 없어보였다.

대신 준영은 학생기록부가 좋았다. 엄마가 학교 운영위원장도 맡는 등 자녀교육에 관심이 많아서 이런저런 상을 많이 받았고, 내신 성적은 3등급 정도에 그쳤지만 반장을 많이 했다. 학원 담임이 수시에 관심을 갖고 찾아보자 K대학교 자기추천전형이 눈에 들어왔다. 대부분의 사람들에게는 들어보지도 못한 전형이었는데, 전형분석을 해보니 준영 정도면 써볼 만했다.

그래서 준영과 엄마에게 자기추천전형 의견을 물었다. 당시에는 학교 선생님들에게 원서동의를 받아야 원서를 썼고, 자기추천자 전

맹인으로 태어난 것보다 더 불행한 것은 시력은 있으나 비전이 없는 것이다.
(The only thing worse than being blind is having sight but no vision.)

헬렌 켈러(Helen Keller)

형이었기 때문에 학교장 추천서도 필요했다. 학교에서는 말도 안 되는 짓을 한다고 비웃었다. 자기추천자 전형이라니, 특별한 애들이 쓰는 것 아니냐는 것이었다. 하지만 자기소개서 등 원서를 열심히 썼고, 결과는 합격이었다. 붙고 나니까 학교에서 놀라운 결과가 나왔다고 난리가 났다.

인성과 기준, 준영은 실패할 것이라는 주변의 편견을 깨고 대학에 성공적으로 입학한 학생들이다. 각자 자신만의 약점과 단점을 가지고 있었고, 그것 때문에 남들은 기대조차 하지 않았다. 하지만 해야겠다고 목표를 세우고 나서는 최선을 다했고, 결국은 완전히 달라진 모습으로 결과를 일구어냈다. 단점 없는 사람은 없다. 단점이라는 것은 극복해내기만 하면 '나는 무엇이든 이겨낼 수 있다'는 자신감과 장점으로 변모한다.

자신에게 약점이 있다고 해서 그 약점을 숨기는 것이 아니라, 드러내놓고 이겨내기 위해 노력하면 다른 사람들도 돕는다. 스스로 노력하면 옆의 사람들은 그 사람의 태도에 감동해서라도 최선을 다해 도와준다. 두드려라, 그러면 열릴 것이다.

6

한번도 생각해보지 못한
전공과 선택 노하우

화살을 쏠 때, 우리는 화살이 과녁을 향해 직선을 그리며 날아갔다고 생각하기 쉽다. 그러나 화살은 기본적으로 포물선, 즉 공기저항을 받기 때문에 실제로는 꼬불꼬불한 궤적을 그리면서 날아간다. 내비게이션에 어떤 목표점을 설정하고 길을 갈 때도 직선으로 가는 것이 아니라 방향성만을 유지한 채 길을 따라서 이리저리 돌아서 가게 마련이다. 거리낄 것 없이 하늘을 날아가는 비행기나 망망대해 위를 항해하는 배도 마찬가지로, 목표점을 향해 직선으로 달려가지는 않는다. 목표지점을 향한 방향성만 유지한 채 포물선을 그리거나 일정 지역을 돌아서 간다.

마찬가지로 원하는 목표가 있을 때에도 직선거리로 빠르게 질주하겠다는 생각만 해서는 안 된다. 그런 기대를 지나치게 갖게 되면 예상치 못한 장애물을 만나거나 속도가 미치지 못했을 때 포기해버리기 쉽다. 진로나 진학, 갖고 싶은 직업이나 대학도 마찬가지다. 우리가 원하는 목표가 있을 때 반드시 그 목표를 향해 직진할 필요는 없다. 남들이 하기 싫어하는 것을 목표로 한다면 모를까, 나도 좋아하고 남들도 좋아하는 일을 향해 직진하는 길이 넓고 뻥 뚫린 고속도로일 리는 없기 때문이다.

목표를 향해 직진하는 길이 경쟁률도 높고 어려워서 들어서지 못했다면, 그 목표를 포기해버리기보다는 조금 돌아서 가는 것도 괜찮다. 목표를 향한 방향성만 간직한다면 조금 돌아가거나 쉬었다 가는 편이 오히려 더 행복하게 목적지에 도달할 수 있다.

예를 들어 학생들은 워낙 방송언론계를 좋아하기 때문에 신문방송학과는 항상 커트라인이 높다. 기자나 PD, 아나운서 등 언론계 쪽 직업을 갖고 싶어 하는 학생들의 경우 대부분 신문방송학과를 가장 우선으로 고려하기 때문이다. 그럴 경우 신문방송학과에 합격하지 못한 학생들은 방송언론계로 진출하고 싶은 꿈을 접어야 할까? 절대 아니다. 아마도 방송언론계에 종사하는 사람들을 조사해보면 신문방송학과를 졸업한 사람 수가 더 적을 수도 있을 것이다.

그렇다면 신문방송학과를 대신하는 우회로에는 어떤 것이 있을까? 내가 학생들에게 신문방송학과 대신 추천하는 대표적인 우회로는 영상학과나 국문학과다. MBC의 인기 PD였던 주철환은 OBS 경인TV 사장을 거쳐 지금은 중앙미디어네트워크 상무, 희망제작소 이사, JTBC 대PD로 일하고 있지만, 신문방송학과가 아니라 고려대학교 국어국문학과 출신이다.

포기가 항상 비겁한 것만은 아니다. 너무나도 유명한 인터넷 만화가 강풀 씨는 처음에 만화잡지의 문을 숱하게 두드렸다가 번번이 거절당했다고 한다. 연이은 실패 끝에 그는 인터넷 홈페이지를 통해 처음 만화를 발표했다고 한다. 그 이후 그가 얼마나 탁월한 성취를 보여줬는지는 그대가 더 잘 알 것이다. 그가 만화잡지의 줄만을 끝까지 붙잡았더라면 결코 이룰 수 없었을 성공이다.

『아프니까 청춘이다』, 김난도, 쌤앤파커스

　　문과 학생들의 진로희망을 보면 10에 5명 이상이 연예계나 방송언론계로 진출하고 싶어 한다. 그런 학생들은 꼭 신방과를 가려고 하는데, 수요와 공급의 법칙 때문에 신방과는 들어가기가 하늘의 별 따기다. Y대나 K대의 경우 신문방송학과와 국어국문학과 사이의 커트라인은 10점 차이가 나기 때문에, 신방과를 고집하려면 대학 레벨을 바꿔야 한다. 국문학과나 영상학과로 우회해도 방송언론계로 진출할 수 있다. 이런 사실을 알고 학생들과 원서 상담을 하면 대학 레벨을 낮추지 않고도 원하는 목표를 향해 갈 수 있는 길이 열린다. 대학 레벨을 낮추는 것은 인생에서 상당히 중요한 문제일 수 있기 때문이다.

　　이과 계열 학생들도 마찬가지다. 황우석 교수 돌풍이 불면서 유전공학이나 생명공학이 한참 인기를 끌 때, 학생들에게 "황우석 교수가 무슨 과 나왔을 것 같니?"라고 물으면 대부분 "생명공학과 아니에요?" "유전공학이요!" 하고 대답했다. 예전에는 수의학과 커트라인이 더 높았는데, 황우석 교수 돌풍이 불던 당시에는 생명공학이나 화학이나 생화학처럼 '생명' 들어가는 학과들의 커트라인이 무척 높아 수의학과 가는 것이 훨씬 쉬웠다.

　　이 경우에도 신문방송학과와 마찬가지 논리로 설득한다. "너희들이 원하는 유전공학이나 생명공학은 수의학과에서도 충분히 가능한 학문이야. 너희들이 존경해 마지않는 황우석 박사도 서울대 수의학과 출신인데, 왜 수의학은 관심에 두지 않는 거야?" 이렇게 물으면 대부분 학생들이 "수의학과가 그런 학과였어요?" 하고 깜짝 놀란다. 그래서 생명공학 커트라인에 미치지 못하는 학생들은 수의학과에도 많이 보냈다.

물론 학생들에게 원서상담을 해주는 입장이기 때문에 대학의 특정 학과가 직업으로 어떻게 연결되는가를 많이 고민하고 연구했기 때문에 잘 안다고 생각할지도 모른다. 하지만 이것은 대단히 어려운 난수표를 해독하는 것이 아니라 학생이나 부모들도 조금만 더 주변을 돌아보고 관심을 가지면 누구나 알 수 있다. 하다못해 황우석 박사의 이름을 검색만 해봐도 어떤 학과 출신인지 알 수 있다. 이런 식의 조사를 거친다면 낮은 점수로도 스트레스 덜 받고 커트라인 낮은 학과에 진학해서 자기가 원하는 길을 갈 수 있는 거다.

물론 가장 바람직한 것은 열심히 공부해서 정말로 원하는 생명과학과나 신문방송학과로 진학하는 것이다. 하지만 여건이 그렇게 되지 못할 때, 직진도로에 들어서지 못했을 때, 우회로를 찾아보라는 것이다. 때에 따라서는 오히려 다른 전공이 그 아이의 꿈을 이루는 데 도움이 되는 경우도 있고, 거기에 플러스알파로 커트라인까지 낮은 경우가 있기 때문에 하는 이야기다. 자녀에게 이래라 저래라, 이런 직업을 가져라, 등등의 이야기만 하고 있을 것이 아니라, 그 직업을 갖는 과정이나 경로로서의 대학 등을 선생님도 부모도 학생도 많이 고민하고 찾아보면 더 나은 대안이 나올 수 있다.

요즘 학생들을 보면 꿈을 이루기 위한 진로 고민이 부족하다. 전공에서도 자신의 적성보다는 자기 점수로 갈 수 있는 가장 높은 대학과 학과를 희망하는 식이다. 자신은 의대 진학을 희망하는데, 의사가 되려는 자신의 모습이 너무 속물처럼 보여 싫다며 고민하는 학생도 있었다. 어려서부터 많은 책을 읽고 생각이 깊었던 학생인데, 자신은 정말 멋지게 살고 싶었고 멋지게 사는 삶은 의사가 아니라 다른 모습인 것 같은데, 의대를 희망하는 자신의 모습이 마음에 들지 않는다는 것이었다.

그래서 이렇게 말해주었다. "의대 간다고 다 성형외과 개업하고 돈 많이 버는 것 아니다. 의대 안에도 임상실험하면서 인류건강을 위해 열심히 연구하는 연구진이 있다. 네가 진짜 의사로서 사회에 공헌하고 싶은 생각을 갖고 있다면 나 같으면 의대 진학한 후에 성형외과나 피부과가 아니라 흉부외과나 병리학 같은 분야를 선택하겠다. 의대 안에도 멋지고 인류에 공헌하는 길이 많다. 남들이 '너도 별 수 없구나, 돈 잘 버니까 의대 가려고 하는 거지?' 라고 함부로 말한다고 해서 그 말에 신경 쓸 필요는 없다. 너의 문제는 스스로 결정해라. 일단 의대 가서 열심히 공부하고, 나중에 어느 길로 갈지는 네가 판단하는 거야."

고민하던 그 학생은 결국 한의대를 갔고, 잘 지내고 있다. 어떤 식으로 설득하든 자신의 미래이므로 결국은 자신이 선택해야 한다. 보통은 시험 점수대와 학생이 원하는 과를 맞춰 원서상담을 한다. 그런데 학생의 성적과 원하는 학과 사이에 괴리가 있거나, 데이터 또는 학생 성향과 앞으로의 진로, 그리고 점수 등을 고려할 때 이런 것이 맞겠다, 싶은 경우에만 새로운 대안을 제시해보는 것이다.

예를 들어 교사라는 직업을 굉장히 싫어한다며 펄쩍 뛰는 두 학생을 자신들이 가고자 하는 학과가 아니라 사범대로 보낸 적이 있다. 유달리 교사라는 직업을 싫어해 속내를 알아보니 한 학생은 선생님에 대해 신뢰가 컸는데 그게 무너진 경험이 있었고, 또 한 학생은 자기가 갖고 있는 선생님 상이 있는데 그 모습대로 행동하지 않는 모습을 보고 불신을 하게 된 것이었다.

두 학생들의 공통점은 선생님에 대해 신뢰를 하거나 선생님들은 이러이러해야 한다는 관념이 강한 것이었다. 그 관념이 오히려 교사를 하는 데 더 적합하다고 느껴져 교직으로 갈 수 있는 학과를 선택하도록 조언했고, 지금은 만족스러운 교직생활을 하고 있다.

우리가 살아가는 공간은 현재인데, 진로나 진학은 미래의 모습에 맞춰 설계해야 한다. 그래서 때로 우왕좌왕하거나 어떻게 해야 할지 모를 경우가 잦다. 그럴 때는 등산을 생각해보자. 여러분이 목표물인 산 정상에 오르고자 한다면 길은 여러 가지다. 남들도 많이 다니는 등산로를 택해 올라갈 수도 있지만, 제2, 제3의 등산로, 때로는 아무도 가지 않은 길을 선택해서 올라갈 수도 있다. 남들이 가지 않은 길을 따라 올라가려면 힘은 더 들겠지만, 정상에 도달하는 것이 불가능하지는 않다.

내가 걸어간 발자취를 따라 누군가가 걸으면 그것이 타로 길이 된다. 잘못 접어든 길이 지도를 만드는 법이다. 우회하든 직진하든 간에, 목표를 향한 방향성만 유지한다면 미래에 보다 만족할 선택을 할 수 있을 것이다.

대입원서 쓰기 전에
꼭 알아야 할 것들

'수시납치'라는 말이 있다. 국어사전에 나오는 말은 아니고, 대학입시를 앞둔 수험생들과 학부모·선생님 등 원서에 신경을 곤두세우는 사람들 사이에서 널리 쓰이는 말이다. 말 그대로 수시에 합격되는 바람에 정시합격의 기회를 잃는 것으로, 정시에 떨어질까 두려워 보험처럼 '꼭 합격할 만한 대학'에 수시원서를 넣은 것이 합격해버리는 경우를 말한다. 하마터면 '수시납치' 될 뻔한 세영의 이야기를 소개한다.

세영은 고등학교 때까지 거의 전교권에 머물던 친구였는데, 고3 수능을 망치고 재수 끝에 K교대에 합격했다. 교대에 합격하고 다시 대학교에 도전하는 친구는 많지 않은데, 세영은 3수를 하겠다며 우리 학원을 찾아왔다. 고등학교 때 성적을 생각하면 서울대나 연대, 고대 정도를 가야 할 학생이었던 까닭에 K교대가 마음에 차지 않았던 것이다.

키도 크고 잘생기고 체구도 좋은 세영은 첫 모의고사부터 6월까지 계속 우리 학원의 문과 1등이었다. 그런데 7월 모의고사 성적부터 1등을 놓치더니 8월에도 성적이 계속 떨어졌다. 알고 보니 재수할 때 다니던 학원에서도 성적이 톱이었는데 수능을 망친 케이스였다. 평상시에는 잘하다가 수능이 다가오면 번번이 성적이 떨어지는 이유가 궁금하지 않을 수 없었다.

알고 보니 이유가 없는 것은 아니었다. 아버지가 재혼을 해서 어린 동생과 새어머니가 있었던 것이다. 하지만 새어머니도 자율학습 노트를 주의 깊게 살피고 담임의 코멘트에 답장을 쓸 정도로 신경을 쓰고 있었다. 문제는 세영의 심리상태였다. 수능시험에 대한 불안감을 혼자 해소하지 못했다. 9월 평가원 시험이 끝나자 매일 담임을 찾아가서 상담을 하고, 인정받고 싶어 했다. 매일 상담하는 세영 때문에 다른 친구들의 상담이 어려울 정도였다. 담임 처지에서는 반갑지 않은 상황이었지만, 누군가 이야기를 들어줄 필요가 있겠다는 판단 아래 인내심을 갖고 이야기를 들어주었다.

그렇게 위기를 잘 넘기고 수능시험을 치렀다. 정시 원서를 고대 경영학과나 연대 경영학과를 쓰고 싶어 했는데, 그의 점수로는 배치표상 합격이 어려웠다. 담임은 둘 중 한 군데를 쓰고 하나는 서울대를 쓰자고 제안했다. 연고대 경영학과도 힘든 상황에서 서울대를 쓰라니 세영은 말이 되느냐며 펄쩍 뛰었다.

세영은 이미 서울의 낮은 학과를 수시로 1차 합격해놓고 면접을 보러 가지 않기로 한 상태였다. 적성에 맞지 않았지만 3수를 하다 보니 부모님이 걱정 되어 보험처럼 접수해둔 것이었다. 그에게 면접을 보지 말라고 했을 때도 담임과 의견충돌이 있었다. "그래도 수시에 합격하면 가야 하는 것 아닙니까. 선생님이 제 인생 책임질 겁니까?" 하며 흥분했고, "생각해봐라. 너 적성에도 맞지 않는 그 학문 하려고 지금까지 고생했니? 내가 볼 때는 너를 그렇게 보내는 것이 아까워서 그래."

그때는 담임의 말에 불만이 있어도 따랐는데, 연고대 경영학과 다음으로 배치표상 불합격이 확실한 서울대 사회과학을 쓰라고 하니 이해가 되지 않아 심하게 반발한 것이었다. 하지만 학생들 원서 쓰는 데는 경력과 노하우에서 탁월한 것이 바로 우리 학원 선생님들이다.

"세영야, 너 고대경영이나 연대경영은 1차에서 합격 안 된다. 그런 데 추가로 합격될 테니까 선생님 믿고 한번 써보자."

"선생님 믿어도 됩니까?"

"믿어도 된다."

"그러면 서울대 사회과학은 왜 씁니까? 서울대 쓰려면 어차피 합격할 수 있게 낮은 데 써야 할 것 아닙니까?"

"서울대 낮은 데 쓰려면 수시합격한 데 갔지. 선생님 말대로 서울대 사회과학대 써."

서울대 사회과학대는 당시 문과 쪽에서 가장 높은 데였다. 하지만 담임은 자신만만했다. 세영이 서울대 사회과학대를 쓸 수 있는지 알아보기 위해서 그해 국사 선택한 학생들의 비율, 그 아이들 중에서 서울대 사회과학대에 합격할 수 있는 학생들의 비율, 우리 학원의 세영

점수대 학생들 중에서 국사를 선택한 학생들의 비율 등을 모두 조사해둔 상태였기 때문이었다.

원서를 작성할 때는 이렇게 모든 경우의 수를 따져보고, 최대한 뒷조사를 해본 다음에 써야 한다. 그러면 합격 가능성이 그만큼 높아진다. 쉬운 작업은 절대 아니다. 학생들도 자신의 적성이 어딘지 모르는데 성적 맞추고 적성까지 맞춰서 원서를 써주는 선생님, 그것은 학생들을 오랫동안 지켜봐야 가능하다.

고대 경영학과는 1차에서 떨어졌다.

"선생님, 떨어졌어요."

"그래, 1차에서는 떨어질 거라고 했잖아."

그리고 서울대 사회과학대에서 1차 합격, 2차 합격까지 마친 상태에서 고대 경영학과 추가합격 발표가 나왔다. 그 친구한테 말했던 그대로 된 것이다. 이어서 서울대 사회과학대도 합격했다. 서울대 사회과학대가 고대 경영학과보다 합격 가능성이 더 높다 했는데 그대로 된 것이다. 세영은 두 학교 중에서 서울대 사회과학대를 선택했다. 서울대 가서도 단대 수석을 하는 등 승승장구하다가 지금은 외국대학교에서 장학금을 받고 학문을 계속하는 중이다.

그렇다면 서울대 가서도 공부를 잘하고 외국 대학교 가서도 장학금을 받을 수 있는 세영이 왜 수능시험에서는 능력발휘를 못했을까? 그것은 앞에서 말한 세영의 성격적 특성에도 원인이 있지만 더 큰 이유는 불안감이다.

세영은 스스로 머리가 좋다는 것을 알았다. 하지만 머리 좋은 걸로 대학 가는 것이 아니라는 것도 잘 알았다. 문과에서 서울대 사회과학

백의종군한 이순신 장군이 흩어진 군사들과 장군들을 모아 12척의 배로 일본 수군과 싸우려 할 때, 선조 임금은 "수군의 전력이 너무 약하니 권율의 육군과 합류해 전쟁에 임하라"는 명령을 내린다. 수군을 포기하겠다는 것이었다. 그때 이순신 장군은 "지금 신에게는 아직도 12척의 전선이 있습니다. 죽을 힘을 다하여 싸우면 적의 진격을 저지할 수 있을 것입니다"라는 내용의 장계를 올렸다. 그리고 12척의 배로 큰 승리를 거둔 것이 바로 명량대첩이다.

대나 연고대 경영학과를 가는 것은 공부를 아주 잘해야 할 뿐 아니라 운도 따라야 한다. 그는 스스로가 성공하지 못할 거라는 불안감을 가지고 있었다. 실패에 대한 두려움이 컸기 때문에 성적에 집착하기도 하고, 성적이 나와도 실패할 거라는 두려움이 그를 3수까지 하게 만든 것이다.

세영을 통해 꼭 말하고 싶은 것은 원서를 쓸 때의 자세다. 본인이건 학부모건, 학원 또는 학교 담임선생님이건 간에, 열심히 공부하고 힘들게 시험 봐서 받은 점수로 갈 수 있는 최대치를 찾아주려는 노력을 아끼지 말아야 한다. 세영의 경우에도 이것저것 따져보지 않고 나온 점수만을 토대로 진학을 결정했더라면, 서울대 사회과학이 아니라 처음에 수시로 합격해두었던, 세영의 적성과는 동떨어진 낮은 학과에 진학했을 가능성이 크다. 그러면 K교대에 합격했다가 재수했던 것처럼, 조금 다녀보다가 이 길은 아니라며 4수를 선택했을지도 모르는 일 아닌가.

8

배치표의 행간과 원서접수의 경제원리

보통 재수학원은 학생들의 성적을 올리는 데 가장 중점을 둔다. 대학 합격자 발표부터 시작해서 열심히 가르친 다음, 수능 당일 날부터 강사들이 종강여행으로 해외여행을 떠나거나 휴가를 간다. 11월 둘째 주까지 수능시험 치르고 나면 11월 셋째 주와 넷째 주, 12월 첫째 주까지가 휴가인 것이다. 그런데 우리 학원 선생님들은 오히려 그 시기가 가장 바쁘다. 수능시험 분석하고 배치표 만들고 학생들 원서를 써주기 때문이다.

그 시작은 15년 전쯤으로 거슬러 올라간다. 학원 강사들이 수능시험 끝나면 해방되던 시절에 나와 현재의 이투스교육 H 본부장 등 몇몇이 학생들을 좋은 대학에 보내는 데까지가 우리의 임무라는 생각으로 원서상담을 시작했다. 그 과정에서 당시 나돌던 몇몇 유명학원 배치표의 허와 실을 절실히 깨달았다.

그래서 '학생들에게 도움이 되는 실질적인 배치표를 만들자'는 생각으로 며칠 밤을 새워서 배치표를 만들었다. 당시 우리가 참조하던 배치표에 실제 커트라인보다 부풀려진 학교들이 있어서, 배치표의 높은 커트라인 때문에 입학해야 할 학생들이 무서워서 쓰지 못하고, 그렇게 빈 공간에 낮은 점수대의 학생들이 합격하면서 대학 배치표에 대한 신뢰도가 떨어졌기 때문이다.

지금은 우리 학원에도 배치표를 위한 연구진이 있지만, 당시에는 대학들이 발표한 합격자 평균점수와 경쟁률, 우리가 원서지도를 해서 써봤던 대학들의 흐름을 참조해서 만들었다. 배치표는 대학의 서열, 학과의 인기도 등을 감안해 전체적인 서열을 표로 만들어보는 것으로서, 판을 잘 앉히고 거기에 커트라인 점수를 실어놓은 것이다.

그런데 이 배치표가 잘못되어 있으면 학생들이 어렵고 힘들게 받은 점수를 20~30점씩 손해 보면서 대학에 들어가게 된다. 배치표 때문에 아이들이 갈 수 있는 학교 레벨이 달라지는 것이다. 그래서 학생들이 어렵고 힘들게 얻은 점수를 1점이라도 소중히 여기고 잘 활용해서 가능한 한 좋은 대학을 보내려는 마음으로 대학입시를 연구하기 시작했다. 비록 사회적으로 지탄받는 사교육이지만, 점수를 잘 받게 하는 것뿐 아니라 최선의 대학에 보내는 것, 인생에서 성공하도록 도움을 주는 것까지가 우리 책임이라는 신념에 따른 것이다.

원서를 쓸 때 배치표에 보이지 않는 상관관계를 잘 따져보면 생각지도 못하던 대학과 학과에 입학시킬 수 있다. 예를 들어 사범대 졸업하고도 임용이 안 되기 시작하면서 사범대 인기가 막 시들해질 무렵,

모 여자대학에 국어교육학과가 신설되었다. 그런데 배치표에 신설된 국어교육학과 커트라인이 우리 예상보다 높게 잡혀 있었다. 그러면 그 커트라인 언저리의 성적을 받은 여학생이 높게 설정된 커트라인을 보고 불안에 떨면서 그 학과에 가겠는가? 당연히 실제 커트라인은 더 낮아도 마음 놓고 갈 수 있는 남녀공학을 선택할 것이다.

그렇다면 그 배치표는 잘못된 것이고 시장수요를 잘못 읽은 것이다. 우리는 분명 미달일 것이라는 판단을 내리고, 배치표상으로는 절대 갈 수 없는 점수지만 그 학교에 너무 가고 싶어 하던 여학생의 원서접수를 했다. 해당 학교 최하위 학과의 통과도 자신할 수 없는 학생이었다. 결과는 당연히 합격이었다. 신설 국어교육학과에 미달이 날 수밖에 없는 상황이었기 때문이다.

이렇게 배치표와 상황을 분석해 도저히 불가능한 성적대의 학생을 합격시킨 예는 많다. 예를 더 들어보자. 가군에 있는 H대 공대 기계공학과 인기가 좋은데, 같은 점수대의 학생들이 가는 K대학의 생명공학과가 원래 나군에서 뽑다가 가군 분할모집을 하게 되었다. 그런데 배치표상 커트라인이 더 낮아질 가능성이 높은 H대 기계공학과가 그대로 높게 책정되어 있었다. 그렇다면 배치표가 잘못된 것이다. 그 점수대 학생들은 H대 기계공학과가 불안한 나머지 다른 학과로 빠져나가고, 그보다 낮은 점수대의 학생들은 무서워서 원서를 못 쓰게 된다. 그러면 H대 공대 하위권은 펑크가 날 것이라는 판단 아래 수리가 4등급인 학생을 H대 공대에 원서를 쓰도록 해서 합격을 시켰다. 평소라면 수리 4등급 가지고는 어림도 없었을 학과였다.

물론 이런 이야기만 듣고 혼자 분석해서 모험적으로 원서를 쓰는 것은 위험하다. 하지만 전년도 자료를 비교해봤을 때 갑자기 없던 모집단위가 생겼다든가 하는 새로운 상황을 배치표에 반영해 해석해보면, 조금이라도 더 좋은 대학에 보낼 수 있다. 학과가 새로 생겼다든가 가군에서 뽑던 것을 나군으로 옮겼다든가 하는 입시지형의 변화를 아는 것은 쉽지만, 어떤 결과를 일으킬지는 명확하게 알 수 없다. 그럼에도 불구하고 이러한 변화와 트렌드를 읽으면 학생들의 원서를 타이트하면서도 안정감 있게 쓸 수 있다.

H대 공대나 모 여대 신설 국어교육과처럼 지원이 꺼려지는 상황으로 인해 학생들이 빠져나가면, 빠져나가는 학생들만큼만 지원자가 줄어드는 것이 아니라 생각보다 훨씬 큰 결원이 생긴다. 배치표의 커트라인 점수대 학생들은 빠져나가고 그 아래 점수대 학생들은 떨어질까 두려워 원서를 넣지 못하기 때문이다. 그 틈새를 노리면 원래 점수보다 20~30점 아래의 학생들도 합격하게 되는 것이다.

원서접수를 할 때 이런 분석을 도출하는 것은 사실 어려운 작업이 아니다. 이것은 수요와 공급의 법칙에 근거하는 단순한 경제논리다. 내가 가고 싶은 곳이면 내 친구도 가고 싶고, 그러면 그 학과는 커트라인이 오른다. 내가 가기 싫으면 내 친구도 가기 싫고, 그러면 커트라인은 내려간다. 이런 것이라도 따져보고 원서를 쓰면 그 결과는 훨씬 나아진다.

같이 수능을 치른 수험생들이 이번 해는 어디를 좋아하고 어느 대학, 어느 과를 선호하는가는 인터넷 커뮤니티를 뒤져보면 대충 알 수 있다. 관심만 있으면 정보는 여기저기 널려 있다. 예를 들어 대교협 자료실이나 각 교육청, 각 진학협의회, 사교육 사이트에 들어가보거나, 학생들이 모이는 디시인사이드갤러리, 판, 대입수험생 커뮤니티인 수만휘 등 학생들이 모여 노는 데를 뒤져보면 된다.

그런 커뮤니티에서 친구들이 어떤 대학의 어떤 학과를 선택하는지 살펴보고 그 대학을 피하면 배치표보다 더 낮은 점수로 입학할 수 있는 학과를 찾아낼 수 있다. 더 많은 사람이 원하면 커트라인이 올라가고 더 많은 사람이 싫어하면 커트라인이 내려간다. 배치표에 나온 것은 과거까지의 역사다. 현재 시점에서 그 대학에 대한 수요가 달라지면 그 해의 입시는 다른 커트라인이 반영되는 것이 바로 입시다.

나의 니즈를 일반화하고 내 친구의 니즈를 일반화하면 그것이 바로 트렌드가 된다. 그런데 나의 니즈를 일반화할 때는 조심해야 할 점이 있다. 니즈라는 것은 처한 상황에 따라 다를 수도 있다는 사실이다. 예를 들어 우리 집이 가난하면 등록금이 저렴한 시립대나 국립대가 너무 좋은 대학이지만, 우리 집이 부유하다면 등록금이 싸다는 것은 큰 메리트가 되지 못한다. 이 대학을 좋아할 만한 학생들은 어떤 유형인가, 이 학과를 좋아할 만한 친구들은 어떤 유형인가, 나와 다른 니즈가 있는 친구들은 없는가, 등도 고려해보면 좋다.

그런데 정상적으로는 불합격할 곳에 모험 원서를 쓸 때는 거의 100% 합격할 것으로 예상되는 안정권 대학을 정해놓고 시도하는 것이 좋다. 트렌드와 현황을 반영해서 상향 지원하는 것은 어디까지나 확률이 20~30% 정도 되는, 하이리스크 하이리턴의 복권이기 때문이다. 반드시 돌려받는 유가증권이 아니므로 예측이 어긋나면 잃을 수밖에 없다.

이런 메커니즘들을 알고 원서를 쓰는 것이 부모나 선생님들의 최

가격은 수요와 공급의 원칙에 의해 정해진다. 공급은 정해져 있는데 수요가 많으면 가격은 오르고, 수요가 없으면 가격은 떨어진다. '튤립' 하면 보통 네덜란드를 떠올리지만 튤립의 원산지는 터키다. 네덜란드 상인들이 터키를 오가면서 튤립을 상품화하자, 튤립을 처음 본 유럽 사람들은 그 화려함에 반해 가격이 천정부지로 치솟았다. 중세 때 튤립은 부의 상징으로 귀족이나 돈 많은 사람들만이 즐길 수 있었다. 튤립 한 단의 가격이 금 한 냥과 같은데도 서로 사려고 했고, 1630년대 중반 네덜란드에서 거래되던 튤립 뿌리 1개의 가격은 마차 1대와 말 2필의 가격이었다.

소한의 성의다. 특히 재수학원에서는 10달 동안이나 공부해서 고3 때보다 20점씩 점수를 올리고도, 학생들이 또 떨어져 삼수하게 될까 두려워 쩔쩔 맨다. 실패 경험이 발목을 잡는 재수심리 때문이다. 그래서 성적을 올리고도 고3때 떨어진 대학에 합격하는 것을 성공으로 생각하는 학생들이 부지기수다.

그러다 보니 원서를 쓸 때 학생들의 부모와 많이 다투게 된다. 커트라인이 더 높은 대학에 원서를 넣자고 해도, 서너 개의 배치표를 가지고 와서 배치표에 커트라인이 이렇게 나와 있는데 원서를 이렇게 쓰면 어떻게 하느냐, 배치표보다 더 높은 데 넣었다가 떨어지면 책임질 거냐면서 항의를 한다. 때로는 아빠와 협의하면서, 아빠가 넣고 싶은 데 하나 쓰고 우리가 추천하는 데 하나 쓰자, 이렇게 할 때도 있다.

이렇게 학생들의 점수를 소중히 여기고, 적어도 손해 보지 않는 원서를 쓰려고 노력하고 끝까지 포기하지 않으면 학생들의 신뢰가 생긴다. 이듬해에 만난 학생들까지 '저 선생님은 나를 끝까지 포기하지 않을 거야. 마지막 순간에는 원서로라도 나를 구원해줄 거야' 라는 믿음을 갖게 된다. 그리고 그런 믿음이야말로 학생들이 끝까지 포기하지 않고 공부하게 만드는 원동력이 되기도 한다. 그것이, 우리가 더 많이 고민하고 더 많이 연구해서 아이들에게 도움이 되는 원서를 써주는 이유다.

9

대학입시의 핵심은
졸업 후의 인생

대학생의 76.2%가 현재 다니는 대학에 만족하지 못하고, 다른 대학에 편입하거나 재입학을 하는 대학생은 23.1%다. 취업포털 '사람인'이 2012년에 '재학 중인 대학진학 후회 여부'를 조사한 결과 나온 통계다. 대학생 10명 중 8명 정도가 자신의 자리에 불만족스러워하면서 대학에 다니는 것이 현실이다. 무엇을 공부하기 위해 어떤 과로 진학할 것인가가 우선되는 것이 아니라, 수능성적에 맞춰 학교와 학과를 선택하기 때문에 나온 결과다.

일단 대학에 합격하고 보자, 그것도 가능하면 명문대에 합격하고 나서 생각해보자는 목표로 진학한다는 것이다. 자신의 전공에 애정과 애착이 생길 리 없다. 전공이 좋고 재미있어야 전공과 관련된 공부를 깊이 있게 할 텐데, 전공에 애착이 없으면 그 분야의 전문가가 되려는 마음도 사라질 것이다. 무려 4년을 전공공부에 투자하면서 수박 겉핥기식 공부만 하는 것이다. 투자한 시간과 노력이 얼마나 아까운가? 그 시간에 자신이 좋아하는 공부를 하면 얼마나 행복하며 얼마나 성취도가 높겠는가! 대학뿐 아니라 대학입시를 위한 공부도 마찬가지다. 자신이 원하는 진로를 선택할 수 있는 대학과 학과를 목표로 공부할 때 집중력이 가장 높아지고 학업성취도도 높아진다.

재학생 종합반에 다녔던 성진은 수학·과학을 좋아했으나 과고진학에 실패했다. 일반고에 진학했어도 수학과 과학을 좋아하는 성향이 변할 리는 없는데도 불구하고, 엄마는 서울대 경영이나 경제학과를 목표로 잡고 문과를 강요했다. 부모에게 반항하는 데 익숙지 않던 성진은 엄마의 말을 거역하지 못하고 문과를 선택했다.

항상 최상위권 성적을 자랑하던 그는 2학년이 되자 사회문화 등 사탐과목 점수가 떨어지면서 성적이 급격한 하향곡선을 그리게 되었다. 성진의 학원 담임선생님은 그가 사회문화 과목의 성적이 낮은 까닭을 '공부를 열심히 해도 내가 잘할 수 있는 학과로 진학할 수도 없고, 사회문화를 잘하는 학생들이 많은 경영학과에 가면 나중에는 더 차이가 나고 뒤처질 텐데…' 하는 마음자세에 있다고 판단했다. 적성에 맞지 않는 공부를 하기 때문에 목표의식이 없어지고, 잘해도 다음에 이어질 결과가 좋을 리 없다는 생각 때문에 집중력과 자신감을 잃었다고 생각한 것이다.

하고 싶다는 마음과 목표의식이 무엇보다도 중요하다고 판단한 담임은 성진에게 책을 한 권 선물했다. 노벨 경제학상 수상자가 누구며,

"우수한 성적으로 하버드대에 가는 한국학생의 낙제비율이 가장 높다는 것을 아십니까? 왜 이런 결과가 나왔는가를 조사한 학교 측은 한국학생들에게는 '장기적 목표'(longterm goal)가 없기 때문이라는 결론을 내렸습니다. 학생과 학부모 모두 대학에 들어가는 것 자체를 목표로 하다 보니 대학에 입학하고 나서는 목표가 사라져버린 것입니다. 링컨의 어머니는 어려운 시기에 더 좋은 세상을 만드는 꿈을 지켜나가는 방법을 아들에게 심어줬고, 레이건의 모친 역시 오늘의 실패가 내일의 성공이 될 수 있다는 희망의 가치관을 심어줬습니다. 그것이 바로 성공의 가장 큰 조건입니다."

강영우 박사
(전 미국 백악관 국가장애위원회 정책차관보)

무엇을 통해 노벨상을 받았는지를 짧은 전기 비슷하게 모아놓은 책이었다. 그 책을 선택한 이유는 최근 10여 년간 노벨경제학상을 받은 사람들이 모두 수학과 출신이었기 때문이다. 경제학은 인문계 학문이지만 수학적인 능력과 지식이 중요한 학문이다. 수학을 좋아하는 성진에게 문과와 수학의 접점을 찾아준 것이다.

"경제학과로 진학해 경제학이랑 네가 좋아하는 수학을 접목시켜 봐. 제반 사회현상을 숫자로 표현하는 것을 연구하고 고민하면, 문과에서도 네 적성에 맞는 길을 충분히 찾을 수 있을 거야" 하며 그 책을 권해준 것이다. 그리고 경제학을 공부하는 데 수학적인 능력이 중요하다는 대화를 자주 나눈 결과, 성진에게 목표가 생겼다. 서울대 사회과학과나 경제학과에 진학해 사회현상을 수학적으로 풀어내는 사람이 되겠다는 목표가 선 것이다. 목표가 생기자 성진은 그때부터 열심히 공부하기 시작했다. 사탐과목 성적도 향상됐음은 물론이다.

학생들을 가르치면서 담임들은 이런 종류의 경험을 많이 한다. 사실 우리나라 진로교육이 아직까지는 썩 잘되어 있는 편이 아니다. 학교든 학원이든 간에, 어떤 전공을 하면 나아갈 길이 무엇인지를 학생들에게 폭넓게 이야기해줄 수 있는 선생님들이 별로 없다. 그렇다 보니 학생들은 자신이 생각하던 끈 하나를 놓치면 당황하고 방황하게 되는 것이다.

성진의 학원 담임선생님은 K대 국문학과를 나왔는데, 고등학교 때의 꿈이 대통령이었다고 한다. 당시 고향에서 저항시인으로 유명하던 분이 국회의원이 되자, 문학소년이었던 그는 대통령이 되는 루트를 남들과 달리 설계했다. '내가 문학을 좀 하니까 문학으로 유명해져서 그 유명세를 기반으로 국회의원이 되고, 다선 국회의원이 되어 신당창당을 하고, 당대표로 대선에 출마해서 대통령이 되어야겠다'는 생각이었다.

일반적으로는 국문학과를 전공하면 작가나 학교 선생님이 된다고 생각한다. 그런데 문학을 좋아해서 동인지를 만들어 배포하는 등 활발한 활동을 했으니 문학을 통해 대통령이 되겠다는 설계를 한 것이었다. 원하는 목표를 위해서라면 남들이 흔히 가는 길을 걷지 않아도 된다. 이렇게 꿈에 대한 접근방법이 남다르던 그분은 문학가나 정치가가 되지는 않았지만, 차별화된 진로설계를 잘해줌으로써 학생들로부터 고맙다는 인사를 많이 받고는 한다.

경훈은 영화를 좋아하고 영화감독이 목표인 학생으로, 공부를 곧잘 했다. 하지만 영화감독이 되기 위해서 학과 공부를 열심히 할 필요는 없다고 생각했다. 부모가 시키니 어쩔 수 없이 공부를 하지만, 내심 빨리 충무로에 진출해 조감독이 되고 싶어 했다. 그는 열심히 공부하면 명문대에 충분히 갈 수 있는데도 중위권 대학 수준의 성적만 내고 있었다.

담임은 그런 경훈에게 대한민국에서 영화감독이 되는 세 가지 방법에 대해서 이야기를 해주었다. 첫째, 명문대에 진학해 서울대 얄라성, 고대 돌빛, 연대 프로메테우스 등 영화동아리에서 활동하면서 시나리오 수상 경력 등을 쌓은 후 학교 네트워크를 통해서 감독이 되는 길, 둘째 연극영화과를 전공하는 길, 셋째 뉴욕대나 모스크바에서 유학하고 단편영화제나 독립영화제에서 수상한 뒤 그 이름을 토대로 영화감독이 되는 길이었다. 사실 연극영화과 출신으로 감독이 되는 사례도, 조감독으로 시작하기보다는 시나리오에 당선돼 감독이 되는 경우가 더 많다.

"그런데 경훈아, 조감독을 오래 해서 경험을 쌓아 감독으로 데뷔하는 것도 분명히 의미 있고 좋아. 현장실무를 익힐 수 있고, 배우나 스태프 등 인맥도 많아질 테니까 말이야. 하지만 대학교에 가서 영화제작이나 시나리오에 대해 체계적인 공부를 하거나 영화제 수상실적을 얻게 되면 여러 모로 도움이 돼. 조감독 생각하기보다는 조금이라도 더 좋은 대학에 가서 시나리오를 열심히 쓴다든가 유학준비를 하는 것이 더 바람직한 길이야."

이런 이야기를 들은 경훈은 "그러네요" 하더니 그 뒤부터 눈에 띄게 공부에 집중하는 모습을 보였다. 하지만 안타깝게도 서울대나 연고대에 갈 수 있는 수능점수가 나오지 않았다. 담임은 경훈의 원서를 놓고 굉장한 고민을 거듭했다. 그러다가 찾아낸 것이 S대 예술학부에 개설된 영상학과였다. 비실기로 예체능계에 영상학과가 있었던 것이다. 커트라인은 타 학과에 비해 낮지만 커리큘럼은 굉장히 좋았다. 아이들이 원하는 방송계나 영화계에 진출하는 데 신문방송과보다 더 도움이 되는 커리큘럼이 예술학부에 숨어 있었던 것이다.

J학원이나 D학원 등에서 공개하는 배치표에는 인문학부까지만 나와 있기 때문에, 예술학부에 있는 영상학과는 아예 없었다. 경훈네 집에서는 S대 이상을 보내고 싶지만 사회학부에 진학할 만한 점수는 아니어서 거듭 고민 중이었다. 그러던 차에 담임이 S대 영상학부를 찾아주자 굉장히 고마워했다. 경훈도 무척 만족하면서 대학생활을 했고, 유학 설계할 때까지 담임과 연락을 하고 지냈다고 한다.

내가 말하고자 하는 핵심은 대학을 진학하는 것이 목표가 아니라 대학 이후의 인생에 대한 설계까지가 대학입시의 요체라는 것이다. 대학을 인생의 과정으로서 세팅해줘야 하는데 그렇지 않은 경우가 너무 많다. 자신의 진로가 분명히 섰는데 부모와의 접점을 찾지 못한 경우에는 부모님을 설득해야 하지만, 자기 스스로 진로를 놓고 고민이 되거든 대학에 직접 가보라. 앞에서도 이야기했지만, 이것은 너무 중요한 일이다. 직접 대학을 탐방해 졸업생들의 진로와 직업선택, 전망, 현황 등을 살펴보고 커리큘럼도 확인해보면 분명 어렴풋하던 것이 확실해지는 효과를 얻을 것이다.

세상은 넓고 대학은 많다

해외대학으로 진학하는 학생은 크게 두 부류다. 처음부터 해외진학을 목표로 공부해온 상위권 학생과, 현재 성적으로는 원하는 국내대학에 진학할 가능성이 적어 해외대학으로 눈을 돌리는 학생이다.

전자의 학생들은 대부분 부모님의 전폭적인 지원과 정보력, 해외대학에 맞게 준비해주는 학교 시스템 등 유학에 좋은 조건을 갖춘 경우가 많다. 그런데 최근에는 전자에 해당하는 유학생 숫자보다 하위권 대학이나 마음에 들지 않는 대학 대신 해외대학으로 눈을 돌리는 학생들 숫자가 더 많다고 한다. 점점 심해지는 취업경쟁에서 승산이 없는 대학에 가느니, 차라리 외국으로 진학해 다른 길을 모색해보려는 것이다.

그런데 이런 학생들은 미국의 4년제 대학에 가기 위해 미리 준비하는 SAT(미국대학입학자격시험) 성적이 없는 경우가 많다. 그래서 커뮤니티 칼리지(2년제)를 거쳐 4년제 대학에 편입하거나, 필리핀·말레이시아 등 동남아권 대학을 거쳐 미국 등의 대학으로 편입하기도 한다. 최근에는 우리나라에서 의대에 가지 못한 학생들이 중국, 동유럽, 중앙아시아 등으로 유학을 가기도 한다. 해외에서 의사자격증을 얻기 위해서다.

태서는 의대진학을 위해 삼수를 선택한 학생이다. 학교에서나 학원에서나 반장 역할을 하고 생활태도도 좋고 성실하고 성적도 좋아 의대를 고집하지 않는다면 서울의 어지간한 대학에는 고민 없이 합격할 학생이었다. 그런데 태서는 무슨 일이 있어도 의대·치대·한의대, 특히 의대로 진학하고 싶어 했다. 사연을 보면 이해가 되는 것이, 부모님들을 비롯해 큰아버지와 작은아버지까지 모두 의사 집안이었다. 태서가 삼수하던 당시 형도 고대 의대에서 레지던트를 끝낸 시점이었다.

이렇게 온 집안 식구들이 의사니 의사가 아니면 미래가 없다고 생각하는데, 삼수를 했는데도 수능이 다가올 때까지 재수할 때의 점수밖에 안 나왔다. 수능이 다가오자 너무 힘들었는지 몸이 새처럼 말랐다. 게다가 기흉이라는 병 때문에 많이 아파 수능에서 좋은 점수를 기대할 수 없는 상황이었다. 재수 시절 이상의 점수가 안 나온다는 것을 알게 된 부모들이 학원의 부원장에게 상담을 요청해왔다.

그러자 학원에서는 태서에게 일본의 가나가와 치대를 추천했다. 성적도 좋고 의사에 대한 꿈을 가진 지도 오래 되었을 뿐 아니라 목적의식이 뚜렷한 학생이기 때문에, 일본에 가서 공부해도 잘할 수 있을 거라는 판단에서였다. 그래서 일본의 대학에 다니기 위해 필수불가결한 일본어 공부를 시작했는데, 얼마나 열심히 했는지 3개월 만에 남들 7, 8개월 열심히 공부한 정도의 실력을 갖추게 되었다.

일본의 가나가와 치대에 합격하자 태서는 가나가와 치대를 추천해준 선생님에게 식사대접을 했다. 그리고 노래하고 싶다며 노래방에 가서 목청껏 노래를 부르더니, 나중에는 울면서 선생님한테 큰절을 했다.

"저를 죽음에서 구해준 거나 마찬가지입니다. 선생님, 이번에도 길이 없었다면 어떻게 되었을지 몰라요. 극단적인 생각까지 했거든요."

"힘든 길을 네가 뚫고 온 만큼 일본 가서 잘해야 한다. 일본에서 대학을 다니는 것이 그렇게 녹록한 것이 아니다. 지금 이 마음 변치 말고 열심히 해라."

그런데 그 선생님이 1년 후 가나가와 치대에 가서 강의를 하게 되었고, 그곳에서 태서를 만났다. 선생님은 자신이 합격시켜서 보낸 학생이지만 막상 잘 적응하고 있는지, 그 학교에 대해 실망하지나 않았는지 걱정을 했다. 그런데 직접 태서를 만나 보니 옷도 멋스럽게 입고 얼굴에 희색이 만연한 게 너무 행복해 보였다. 가나가와 치대에 와보니 음식이나 생활도 잘 맞아서 리프레시도 많이 되었고, 그동안 찌들었던 몸과 마음이 많이 회복되었을 뿐 아니라 거기에서 희망을 봤고, 외국에 가서 자원봉사도 해보고 싶다는 것이었다. 성적 또한 20등 밖으로 떨어져본 적이 없다고 했다.

어학연수도 안 받고 우리 학원에서 3개월간 일본어를 공부한 것만으로도 대학수업을 따라가면서 성적까지 좋기가 어디 쉬운가? 그만큼 태서가 간절했기 때문에 일굴 수 있던 결과다. 태서처럼 간절히 원하는 분야가 있는데 국내에서는 어려울 경우, 해외대학으로의 진학이 답이 될 수 있는 것이다.

다원은 고등학교에 들어오면서 이른바 일진 그룹에 들어갔다. 친구들과 어울려 멋 내고 아르바이트 하고 노래방에 가서 놀기도 하는 것이 너무 재미있어서 놀다 보니, 어느 새 문제아가 되어 있었다. 교사인 엄마와 회사 중역인 아버지는 다원을 이해하지 못했다. 특히 아버지는 다원을 보기만 해도 표정부터 달라졌다. 그렇게 고3이 되었고, 부모님은 어찌 됐든 대학에는 꼭 진학해야 한다고 압력을 가해오기 시작했다. 그런데 공부하려고 보니 수학이라는 벽을 도저히 넘을 수 없었다. 그때부터 다원은 미국행을 꿈꾸었다. 막상 수능시험을 치고 나자 어차피 국내 대학에는 다원의 성적으로는 갈 만한 곳이 없었다. 아버지를 졸라서 미국으로 보내달라고 떼를 썼고, 마침내 미시간주에 있는 주립대학 부속 어학원에 가는 것을 허락받았다.

반전은 여기에서부터다. 우리나라에서는 그저 문제아라고 늘 지적만 받았는데 미국에서 열심히 생활했더니 여기저기에서 칭찬을 듣게 되었고, 특유의 친화성 덕분에 친구들이나 교수들과의 관계도 더할 나위 없이 원활해졌다. 내친 김에 다원은 열심히 공부해서 미시간 주립대학에 정식으로 입학했고, 졸업 후 미국에서 취업해 두 나라를 드나들며 행복하게 지내고 있다.

잘 아는 분의 자녀가 북경중학교에 다니고 있다. 어느 날 만났더니 북경대를 가야 할지 서울대를 가야 할지 선뜻 판단을 못해 상담을 해왔다. 이럴 경우 본인들은 어떻게 선택해야 할지 많은 고민이 되겠지만, 답은 사실 간단하다. 나중에 중국에서 계속 생활을 할 것이 아니라면 서울대를 가야 하고, 중국에서 계속 생활할 거라면 북경대로 진학해야 한다. 미리 아이의 진로와 진학에 관한 설계를 해봐야 한다. 나중에 어떻게 생활할 것인가에 따라 가야 할 대학이 달라지고, 어느 대학을 갈 것인가에 따라 진학해야 할 고등학교가 달라지기 때문이다.

장차 어디에서 살지 모르지만, 당분간은 중국에서 살아야 한다며 갈등하는 지인에게 이렇게 충고했다. "북경대 합격증이 서울대 합격증입니다. 북경대에서 합격증을 받았는데 나중에 국내에 들어와서 살게 된다면 그 합격증을 가지고 서울대 원서를 내십시오. 북경대에 내국인 TO로 합격할 정도의 재원이라면, 서울대 입시에서도 상당히 유리할 것입니다. 일단 서울대 고민하지 말고 북경대학교 진학하고, 그 후의 일은 나중에 고민해도 됩니다."

그래서 그 학생은 북경대학교로 진학했다. 입시의 흐름을 잘 이해하면 고민하지 않아도 될 것을 고민하는 경우도 많다. 외국대학의 입학기준과 우리나라 대학의 입학기준이 다르면 외국에서 더 좋은 대학으로 진학할 수 있는 경우도 생긴다.

실제로 어떤 친구는 한국에서 4수까지 해도 대학에 들어가지 못하자 미국으로 유학을 갔다. 다원과 비슷한 사례로, 역시 실력 부족으로 좋은 대학에 갈 수 없으니 메사추세츠 주립대학에 진학했다. 그 친구가 미국에서 대학을 졸업하고 국내에 들어와서 딱 두 가지 제대로 하고 왔다며 웃었다. 골프하고 영어였다.

그런데 한국에 돌아와서 제법 탄탄한 중소기업에 입사했고, 비즈

니스에 골프와 영어가 제일 중요했기 때문에 승승장구하고 있다. 회사 임원까지 지내면서 잘 나가다가 지금은 따로 회사를 차려 대표이사로 사업을 잘 운영해나가는 중이다.

국내대학 진학이 어려워 유학으로 눈을 돌린 학생들의 경우, 진학하려는 대학의 교육 시스템이 제대로 마련되어 있는지, 나중에 국내로 들어오거나 현지에 남게 되었을 때 취업은 할 수 있는지, 해당 대학이 재정상태가 좋고 인가받은 학교인지, 학생 비자 발급은 되는지 등을 꼼꼼히 따져봐야 한다. 특히 제대로 된 대학일수록 입학이 곧 졸업장은 아니므로, 수업을 따라갈 능력을 최대한 갖추고 가야 한다. 실제로 이런 유형의 유학생 중 절반 정도가 첫 학기 때 수업을 따라갈 영어실력이 부족해 학업을 포기한다고 한다.

이러한 몇 가지 유의점을 고려하고 충분히 준비한다면, 세상은 넓고 대학은 많다. 국내에서 정 안 되면 해외로 눈을 돌려보는 것도 때로 좋은 선택이 될 수 있다. 새로운 기회가 열릴 수 있는 것이다.

강영우 박사는 중학교 때 사고로 시력을 잃었으나 서울맹학교를 거쳐 연세대 교육학과를 졸업한 후 장애인으로서는 최초로 해외유학길에 올랐다. 한국 장애인 최초의 정규 유학생이며, 미국 피츠버그 대학에서 철학박사 학위를 받고 미국 백악관 국가장애위원회 정책차관보를 역임했다. 한국계 최초 백악관 차관보를 지낸 인물이자 국내 최초 시각장애인 박사로, 유엔 세계장애인위원회 부의장 등으로 활동했다. 장남을 미국에서 가장 유명한 안과의사 중 한 명으로, 차남을 백악관의 입법관계 특별보좌관으로 키워내는 등 성공적인 자녀교육으로도 유명하다.

4

네 공부에
날개를
달아주마!

최근 통계청이 발표한 '한국의 사회지표'에 따르면 2012년 현재 대학진학률은 71.3%다. 고등학교를 졸업한 학생 10명 중 7명이 대학에 진학한다는 것은 대한민국에 태어난 이상 대학입시를 어차피 치러야 하는, 성인이 되기 위한 일종의 통과의례임을 의미한다. 상황이 이렇다면, 어차피 초등학교 6년, 중·고등학교 6년, 대학교 4년 합해서 16년이나 공부해야 한다면, 기왕이면 효율적으로 한번 '잘' 해보는 것이 어떨까? 피아노 칠 줄 몰라도 잘살지만 피아노를 칠 줄 알면 삶이 더 풍요해지는 것처럼, 공부 안 해도 살 수 있지만 공부를 잘하면 더 잘살 수 있으니까 말이다.

공부를 잘한다는 것은 인생에서 선택할 수 있는 폭이 넓어진다는 이야기다. 김태희, 김정훈, 이상윤처럼 서울대를 나와 연예인을 하는 것은 가능하지만, 고등학교 졸업학력으로 의사나 변호사, 교사를 할 수는 없지 않은가? 서울대 의대나 로스쿨을 졸업하고도 음식점 종업원을 하는 것은 가능하지만, 대입에 실패하고 중국집 배달원으로 일하던 사람이 변호사가 될 수는 없다. 공부를 해놓지 않았을 경우, 나중에 자신이 하고 싶은 일을 하려고 해도 학력이나 자격이라는 벽에 부딪혀 좌절할 수밖에 없다.

그러니 기왕 하는 공부 제대로 잘하자. '열심히 해도 안 되던데' 하는 사람도 있겠지만, 공부방법을 제대로 알고 하면 공부가 조금쯤은 더 쉬워진다. 우리 뇌의 무게는 몸무게의 2% 정도밖에 안 되지만 전체 에너지의 20%를 소비한다. 뇌는 1분당 100만 개의 화학반응을 처리하고, 우리의 경험 전부를 기록해둔다. 우리가 읽고 보고 듣고 대화하는 모든 것을 뇌 속에 기록해두는 것이다. 이렇게 대단한 능력을 가진 우리의 뇌를 조금 더 효율적으로 사용하면, 우리는 생각보다 더 큰 성과를 이루어낼 수 있다. 한번 도전해볼 만하지 않은가?

1

'시험 운' 진짜일까?

"나는 시험 운이 진짜 없어!"라고 말하는 친구들이 있다. 평소 모의고사나 내신시험 성적보다 수능 점수가 잘 나오지 않는 학생은 '시험 운'이 없다고 말하고, 반대의 경우 운이 좋다고 말한다. 정말 '시험 운'이란 존재하는 것일까? 결코 그렇지 않다. 실제 수능시험에서 평소보다 시험을 잘 본, 이른바 실전에 강한 학생들을 살펴보면 몇 가지 공통점을 찾을 수 있다. 강한 의지, 출제의 흐름과 영역 전반을 이해하는 혜안, 할 수 있다는 의지와 출제원리를 꿰뚫어보는 눈을 가졌다는 것이다.

해결할 수 없는 문제는 없다. 가르친 학생들 중에 오전에는 졸고 밤이면 눈빛이 초롱거리는 올빼미형 학생이 있었다. 그 학생은 행여나 수능 당일에도 오전에 졸릴까 봐, 8월부터 새벽운동을 하고 학원에 와서 오전수업을 서서 들었다. 그러더니 10월에는 더 이상 오전에 졸지 않고 눈을 반짝이며 수업을 할 수 있게 되었다.

그런 노력을 해야 한다. 새벽 1시에 정신이 말똥말똥해지는 학생이라면 수능시험이 8시 40분에 시작되니까, 시험 두 달 전부터 신체 사이클 맞추기 훈련에 돌입해야 한다. 8시 40분부터 5시 사이에 집중력이 높아지도록 미리 훈련을 하면 좋다. 수능시험 당일날 우황청심환 같은 것을 먹는 학생도 많은데, 당일 약물을 먹을 예정이라면 평소 모의고사 때 실험을 해봐야 한다. 모의고사 때 가만히 있다가 수능시험 날짜에 생전 처음 우황청심환 먹고 탈이 나면 어떻게 할 것인가? 반드시 미리 훈련해봐야 한다. 수능 날짜에 벌어질 수 있는 모든 상황에 대해 미리 훈련해보고 대비책을 마련해두면 문제가 발생하지 않는다.

어떤 문제든 '나는 이 문제를 해결할 수 없을 거야'라고 접근하는 것과 '나는 이 문제를 해결할 수 있어'라고 접근하는 것은 그 결과가 달라진다. 긍정적인 마인드와 사고만이 아니라 긍정적 마인드를 가질 수 있는 근거를 자료로 확보해둘 필요가 있다. 그렇다면 '시험 운이 나빠서'라고 말할 일은 결코 일어나지 않으며, 설사 사소한 문제가 발생하더라도 해결 못할 문제는 없다.

공포영화에서 가장 무서울 때는 살인마나 귀신 또는 괴물이 등장한 이후가 아니라, 등장하기 전까지다. 언제, 어떤 모습으로 나타날지 알 수 없을 때다. 공포심은 살인마나 괴수가 등장할 때까지 커지다가, 등장해버리고 나면 오히려 공포감은 사그러진다. 수험생들이 느끼는 시험에 대한 두려움도 이런 상황과 유사하다. 간혹 모의고사에서 좋은 성적을 받던 학생이 실제 시험에서는 어이없는 점수를 받아오는 경우가 있다. 시험결과에 대한 두려움이나 긴장감 때문에 시험 직전에 집중력이 떨어지고 자신감을 상실할 뿐 아니라, 실제로 복통이나 두통 등 신체적인 이상증세까지 보이면서 시험을 망치는 것이다.

예전에 강남이투스교육에 다니던 한 여학생이 수능시험을 보기 두세 달 전부터 아침마다 국기원 네거리에 있는 트럭에서 파는 1000원짜리 김밥을 하나씩 들고 왔다. 그리고 알루미늄 포일에 포장된 그 김밥을 점심 때 먹었다. 하루, 이틀이 아니라 매일 김밥을 먹으니 이상해서 담임이 물었다.

"왜 매일 김밥을 먹니?"

"제가 긴장을 많이 해요, 선생님. 그래서 작년 수능시험 볼 때도 긴장해서 체했거든요? 그렇다고 수능시험 날 점심을 안 먹으면 배가 고파서 3, 4교시 시험 보기 힘들잖아요. 그런데 제가 김밥을 먹으면 안 체하는 것 같아요. 그래서 그날 점심을 김밥으로 먹으려는데, 갑자기 김밥 먹으면 체할까 미리 훈련하는 거예요."

만의 하나 일어날 수 있는 일까지도 대비하기 위해 두세 달 전부터 김밥을 점심으로 먹는 아이. 그 학생은 당연히 수능시험을 무사히 치렀고, 원하는 대학에 진학을 했다. 시험 당일에 있을지도 모를 사고를 막기 위해 몇 달 동안 김밥을 먹는 훈련이 실제로 시험에 얼마나 도움이 되었는지는 모르겠다. 하지만 그날 있을 모든 상황을 예측해보고, 어떤 불상사도 일어나지 않도록 최선을 다한 뒤 시험에 임하는 것이 바로 시험에 대한 집중력이다. 만반의 준비를 하고 시험에 임하는 것, 이것이 집중력이다. 그런 것까지 생각하고 대비할 정도라면 시험공부 등 기본적인 부분에 대한 준비는 얼마나 철저하게 했겠는가?

거의 매일 박카스 한 병을 들고 오는 친구도 있었다. 강의실 맨 앞자리에 앉아 박카스 병뚜껑에 박카스를 따라서 홀짝홀짝 마시곤 했는데, 그 이유를 물었더니 박카스를 먹으면 각성이 돼서 졸리지 않다고 했다. 그래서 담임이 "자주 먹어서 좋을 것 같지는 않다. 차라리 뒤에 나가서 서서 듣지 그래?" 했더니 "수능시험 볼 때 졸립다고 시험지 들고 뒤에 나가서 풀 수는 없잖아요"라고 하더라고 했다. 시험은 앉아서 보니 졸리더라도 참아야 하는데, 혹시 졸릴지 모르니 앉아서 깨어 있는 연습을 한다는 것이다.

이런 것이 모두 시험을 앞둔 학생들의 시험에 대한 집중력이다. 시험을 보기 전에 많은 학생들이 나갔다 들어오거나 친구들과 이야기를 하는가 하면 시작시간 종이 울리기 직전에 들어오기도 하는데, 어떤 학생들은 차분히 눈을 감고 명상을 한다. 무엇인가를 위해 최선을 다해 노력하고 벌어질 수 있는 모든 상황에 대한 대비를 하면 성공 확률이 높아진다.

어떤 일을 할 때는 항상 왜 그런지 생각하고 집중해라. 그러다 보면 성공확률이 높아진다. 나도 그런 경험이 있다. 난관에 부딪혔을 때 한 달 동안 계속 그 생각만 했더니 해결책이 생각났다. 그리고 예상보다 좋은 결과를 얻었다. 머리 속에 항상 그 생각을 담아두다 보면, 어느 순간 '반짝' 하는 해결책이나 아이디어가 떠오를 때가 있기 때문이다. 학생들도 그렇다. 무조건 열심히 하고 나중에 맞춰서 가는 게 아니라 미리 생각하고 집중하면 원하는 결과가 나온다.

내가 미래에 어떤 일을 하면서 살아갈지, 그 일을 위해서는 어떤 준비를 해야 하는지, 어느 학교의 어떤 학과로 진학해야 하는지 미리 생각해보자. 진로에 대한 계획을 세워놓으면 목표의식이 생겨 열심히 공부할 수 있게 힘을 줄뿐더러 그런 생각을 하면서 공부를 하는 것이 아이의 공부 집중력을 높여준다.

평상시 시험을 볼 때도 '이번 시험은 지금까지 안고 있던 나의 문제점에 대해 이런 부분을 해결해보자' 하는 의미를 부여하고 그런 마인드로 시험에 임해보자. 그렇게 하나씩 하나씩 문제점을 해결해가면서 가장 중요한 시험에 임한다면, "시험 운이 없어서 이번 시험은 망쳤어" 하는 말은 절대로 할 필요가 없어질 것이다.

열심히 준비하는 사람에게 '시험 운'이란 없다. "시험 운이 없다"라는 사람은 준비를 철저히 하지 않은 사람일 뿐이다.

2

◇
◇
◇

어려운 문제 먼저 풀어야 할까,
나중에 풀어야 할까?

시험을 볼 때 어려운 문제를 오래 붙들고 헤매다가 문제풀이 시간이 부족해 나머지 문제들을 대충 풀거나 찍어서 손해 본 경험은 누구나 있을 것이다. 다른 과목보다 수학시험을 볼 때 문제풀이 시간을 조정하는 것이 더 중요하다. 특히 수능시험처럼 아침부터 거의 하루 종일 시험을 치를 때는 시간 안배가 더욱 더 중요해진다. 1교시 시험에서 시간안배에 실패해 시험을 망쳤을 경우, 그 잘못된 시험이 신경 쓰여 2교시, 3교시, 4교시에 계속 시험을 망치는 일이 얼마든지 발생하기 때문이다.

시험지 앞부분에 어려운 문제가 있을 때, 앞에서부터 푼 학생과 뒤에서부터 푼 학생의 시험 결과는 상당히 다르다. 어려운 문제가 나오자 당황한 나머지 난독증에 걸려서 시험을 치르지 못하고 중간에 뛰쳐나온 친구의 사례는 앞에서도 소개했지만, 풀리지 않는 어려운 문제를 만났을 때는 일단 건너뛰고 다음 문제를 풀어야 한다. 문제를 건너뛰었더라도 집중력이 흐트러지거나 시험시간이 부족해질까 걱정되어 시험결과에 영향을 받는다. 따라서 어려운 문제가 앞에 있느냐 뒤에 있느냐에 따라서도 결과가 달라지는 것이 시험이다. 많은 문제가 훈련하거나 미리 대비함으로써 해결된다. 문제풀이 시간 안배 문제도 마찬가지다. 부모들은 자녀의 점수를 1, 2점이라도 더 높이기 위해 사교육 시키느라 수십만 원을 쓴다. 그런데 막상 시험 때 이런 문제가 생기면 1, 2점이 아니라 10~20점이 달라진다. 그럼에도 불구하고 이렇듯 중요한 문제에 대한 대비를 제대로 못해주는 것이 현실이다.

취업을 위한 시험이나 각종 고시, 공무원시험, 승진시험, 자격시험, 각종 공인능력시험 등등 생각보다 많은 사람들이 학교를 졸업하고도 시험을 치른다. 문제풀이 시간 안배 문제는 학생들뿐 아니라 시험을 보는 모든 사람들에게 해당한다. 정해진 시간 내에 그동안 준비해온 실력을 최대한 발휘하려면 효율적인 시험시간 운영이 중요하다. 따라서 좋은 결과를 얻으려면 이런 문제에 대한 대비를 해야 한다. 기출문제에서 앞부분 오답률이 높은 유형도 풀어보고 뒤쪽의 오답률이 높은 유형도 풀어보고, 스스로가 문항별로 걸린 시간도 체크해보면 실전에서 도움이 된다.

수학뿐 아니라 국어나 영어시험을 볼 때는 지문을 읽어나가는 시간에서 낭패를 보는 경우가 많다. 지문이 길어 읽어보고도 내용 파악이 되지 않아 두세 번 읽다 보면 시간이 훌쩍 지나가버린다. 그러다 보니 학생들은 시간이 부족해 아는 문제를 틀렸다거나, 실수로 틀렸다고 말하는 것이다.

하지만 그런 문제점도 훈련을 통해 나아질 수 있다. 따라서 상황별로 어떤 실수를 했는지 분석을 해봐야 한다. 첫째, 답안지를 밀려 쓰거나 잘못 표기한 경우 '다음에는 잘해야지' 이렇게 마음먹고 주의하면 될까? 그런데 그런 실수를 저지른 수험생은 대부분 또 같은 실수를 한다. 왜 그런 실수를 반복하는지 생각해봐야 한다. 시간이 부족해 서두르다가 답지 표기를 제대로 못했을 경우에는 평소에 시간을 5분 정도 남기고 풀게끔 시간조절을 다시 해야 한다. 시간이 5분 이상 남았는데도 실수를 했다면 너무 긴장하거나 떨려 마킹을 잘못했을 수 있다. 그런 경우는 정말 단순한 실수다. 따라서 심리적인 안정감을 갖도록 고민하고 분석하고 훈련하면 개선할 수 있다.

학생들의 경우 모의시험을 몇 차례 치르기는 하지만 시험문제풀이 시간 안배 훈련을 하는 것은 어렵기 때문에, 가끔 풀리지 않는 문제에 집착하다가 수능에서 완전히 실패하는 경우가 나온다. 어려운 문제가 앞부분에서 나올 때 시험을 망치는 경우가 많고, 지문이 긴 국어시험에서도 문제풀이 시간 운용을 잘못하는 경우가 많다. 이런 경우를 방지하기 위해 자신만의 안전장치를 확보해두는 것이 좋다. 문제를 풀다가 답이 안 나오면 그 문제를 다시 푸는 것이 아니라 일단 체크하고 넘어간 다음, 다른 문제들을 모두 풀고 다시 도전하는 식의 방법 등을 나름대로 익혀두어야 한다.●

● 학생들이 시간 안배에 대한 고민을 많이 함에도 불구하고, "이 문제는 4분 안에 풀어야 해" 하는 식으로 스톱워치를 가져다 놓고 훈련하는 것은 쉽지가 않다. 전체 시험시간을 잘 운용하는 훈련도 생각처럼 쉽지는 않다. 그래서 연구 끝에 이투스교육에서는 스마트OMR 서비스를 출시

우리는 흔히 자기자신의 실수에 대해서는 관대하다. 예를 들어 25 문항 100점 만점의 시험에서 하나는 정말로 몰라서 틀리고 두 개는 실수했을 경우, 내 실력은 88점이 아니라 96점이라고 생각하는 것이다. 하지만 명심하라. 시험 볼 때 못 풀었는데 나중에 답을 보고 나니 '맞아, 이거 내가 아는 문젠데 왜 틀렸지?' 싶었다면, 그것은 실수가 아니라 실력이다. 아는 문제가 아니라 모르는 문제인 것이다. 100% 알지 못하기 때문에 틀리는 것이고, 100% 알지 못했다면 다시 공부해야 한다.

수능시험은 어떤 문제를 알고 있는지를 평가하는 것이 아니라, 알고 있는 것을 유추 통합해서 다른 문제에까지 활용할 수 있는가를 평가하는 것이다. 알고 있어도 문제풀이에 적용을 못하면 모르는 것이다. 어떤 사람이 아는 것도 굉장히 많고 똑똑한데 말을 못한다면, 그 사람에게는 문제가 없을까? 아무리 많이 알고 있어도 말을 못한다면 문제가 있는 것이다. 말을 못하는 것이 문제라면 스피치 훈련을 통해 말을 잘하도록 훈련을 해야 한다. 문제를 푸는 것도 이와 마찬가지다. 개념은 이해했는데 문제에 적용해서 풀어내지 못한다면, 모르는 것이 맞다. 아는 것을 적용해 문제를 풀 수 있어야 점수가 올라간다. 마

했다. 말 그대로 스마트폰을 OMR 답안지 삼아 모의훈련을 하는 방법이다. PMP나 태블릿PC 등에서 해볼 수 있는 것으로, 문제를 풀면서 스마트폰에 답을 마킹해보는 것이다. 시험시작 버튼을 누르고 1번 답, 2번 답, 3번 답 식으로 풀어나가면 문항당 문제풀이에 걸린 시간을 체크할 수 있다. 나중에 시험문제 풀이가 모두 끝난 다음 걸린 시간을 체크해볼 수 있는 것이 장점이다. 예를 들어 3번 문제를 푸는 데 얼마나 시간을 투여했는지 정확히 파악할 수 있다. 이런 훈련을 반복하다 보면 어느 문제에 과도한 시간을 투자하고 있을 때, '이렇게 하면 안 되는데' 하고 풀이를 뒤로 미룬다든지 하는 대책을 세울 수 있다.

킹 착오 같은 단순실수도 노력해서 개선해야 하는 마당에, 아는 내용을 문제풀이에 적용하지 못해 틀린 것을 실수라고 생각해서는 안 된다. 구슬이 곧 목걸이는 아니다. 구슬이 아무리 많아도 꿰어야 목에 걸 수 있다. 못하는 것을 실수라고 생각하면 점수는 항상 그 자리를 맴돈다. 자신의 결점을 실수라는 말로 덮으려 하지 말고, 반드시 해결해야 성적이 올라간다.

효율적으로 시간을 안배해야 하는 것은 문제풀이에만 해당되는 것이 아니다. 평소 공부할 때의 시간 안배도 매우 중요하다. 예를 들어 세 시간의 자율학습 시간에 영어·국어·수학 세 과목 공부를 해야 하는데, 내가 영어를 제일 싫어한다면 무슨 과목부터 공부해야 할까? 대부분 싫어하는 과목을 나중에 하려고 계획하는데, 다음날 당장 시험을 봐야 한다면 모를까, 수능처럼 장기 레이스의 공부에서는 그렇게 하면 안 된다. 자신이 싫어하는 과목을 제일 뒤로 밀어놓으면 그 과목은 끝까지 해결하지 못할 가능성이 높다. 싫어하는 과목을 나중으로 미루고 좋아하는 과목을 먼저 한다면, 좋아하는 과목에만 많은 시간을 투자하고 싫어하는 과목은 끝내 안 할 가능성이 높다.

싫어하는 과목을 먼저 공부해야 한다. 대신 끝까지 해야 한다는 부담감 없이, 싫증나고 짜증나는 순간 그 과목을 덮고 다른 과목을 붙잡으면 된다. 그래도 일단 싫어하는 과목부터 시작해라. 그러면 그 과목은 하루에 단 30분이라도 공부하게 된다. 60분 계획에 60분간을 공부하지는 못해도 30분이라도 투자하게 되면, 실력이 점차 늘고, 그 과목 성적이 오르고, 성적이 잘 나오면 그 과목이 좋아지는 게 이치다. 그런데 만일 영어가 싫다고 해서 영어를 뒤로 밀어두고 좋아하는 수학을 1교시에 잡으면, 좋아하는 수학을 3교시까지 하고 있게 된다.

나의 공부습관과 시험결과 등을 꼼꼼하게 분석한 다음, 문제가 있다고 생각되는 부분을 하나씩 하나씩 분석해보라. 이런 부분들을 고쳐나가다 보면 실력과 성적이 조금씩 올라가는 것을 느낄 수 있을 것이다.

3

◇
◇
◇

시간관리, 10중 6은 고정하고
4에 변화를 줘라

선희는 대학생활을 하다가 학과가 적성에 맞지 않아 6월부터 반수를
시작했다. 그 후 5개월의 짧은 기간 반수 끝에 서울대 사회과학에 합
격했다. 선희의 반수 성공요인은 차분한 성격과 안정적인 학습방법
에 있었다. 7월과 8월 모의고사 성적이 기대만큼 나오지 않았음에도
불구하고 학원에 입학해 상담하면서 세운 '기본다지기 10주 계획'을
계획대로 했다.

반면 S대 인문학부에 다니다가 반수를 선택한 인범은 실패하고 원
래 대학으로 복귀했다. 검정고시 출신으로 고2 나이에 우리 학원에서
공부했는데, 사회탐구 영역 점수가 낮아서 S대학 인문학부로 진학했
다. 하지만 조금 더 공부하면 서울대에 갈 것으로 기대한 아버지가 한
해 더 공부하자며 데리고 왔다. 인범은 영역별로 균형 있게 학습 계획

을 세우라는 충고를 무시했다. 주간 학습량을 점검해보니 국어 · 수학 · 영어 학습시간 총량보다도 사회탐구 공부 시간이 더 많았다. 사탐과목에만 과외교사가 셋이 붙어 있을 정도였다.

담임은 사회탐구 공부에 집중을 하더라도 '국어＋영어＋수학 학습시간 : 사회탐구 학습시간' 의 비율이 어느 정도 유지되어야 한다고 지속적으로 조언했다. 그래도 다른 과목은 지난해처럼만 유지하고 사회탐구 점수를 높이면 원하는 대학에 합격할 수 있다는 판단을 내린 인범은 끄떡도 하지 않았다. 끝까지 사회탐구 중심으로 공부한 것이었다. 그 결과 실제 수능에서 사회탐구 과목은 지난해보다 높은 점수가 나왔지만, 이번에는 수학시험을 망쳤다. 결국 6개월이라는 시간만 낭비한 채 원래 대학에 복학한 것이다.

우리는 살아가면서 크고 작은 상처를 갖게 되고, 어떤 상처는 트라우마로 남는다. 트라우마는 정신적인 외상, 즉 어떤 사고로 인한 외상이나 정신적인 충격 때문에 사고 당시와 비슷한 상황이 되었을 때 불안해지는 것을 말한다. 인범은 사회탐구 영역에서 시험을 망친 경험이 마음 속 깊이 트라우마로 남아서 독이 된 경우다.

인범뿐 아니라 대부분의 수험생은 수능시험이 다가올수록 불안증과 조급증에 시달리게 마련이다. 수능이라는 상황을 한 번 경험한 재수생이나 반수생의 경우 경험이 오히려 도움이 되어야 하는데, 조급함의 문제나 경험을 현실에 바람직하게 적용하지 못하면 이런 결과를 가져오게 된다.

재학생은 경험이 없기 때문에 주변 선생님이나 선배의 조언에 쉽게 호응한다. 그런데 재수생, 특히 반수생은 자신이 실패한 경험과 그 원인을 알기 때문에, '올해는 이것만 고치면 잘할 것 같다'는 마음 자세를 대부분 갖고 있다. 문제를 지엽적으로 보게 되는 것이다. 인범이 사회탐구 공부에만 집중한 것처럼, 국어·영어·수학·사탐과 과탐 중 작년 수능에서 영어점수가 낮았으면 영어공부를 중점적으로 하고, 수학이 안 나왔으면 수학공부에 집중하는 식이다.

부모가 아이에게 실패하는 이유는 대부분 지나친 기대감과 그 기대감 때문에 가지는 조급함 때문이다. 느긋하게 여유를 두면서 기다려주지 않는 것이다. 조급함은 부모의 문제도 되지만 학생들도 마찬가지다. 시간이 얼마 남지 않았다는 생각에 마음이 조급해진 나머지, 수능 3개월 전부터는 기본개념 공부를 멀리한다. 기본개념이 덜 잡혀 있는 학생이라면 그때라도 개념공부를 해야 하는데, 그때는 문제풀이를 안 하면 마치 죽을 것 같다. 다른 친구들은 다 마무리 문제풀이를 하는데 자신만 하지 않으면 혼자 뒤질 것 같은 불안함 때문이다.

앞에서도 말했듯이 성적은 계단식으로 오르게 마련이다. 어느 정도까지 실력을 쌓아올리면 공부해도 제자리인 것처럼 여겨지던 성적이 한 계단 업그레이드된다. 공부가 임계치에 도달해야 성적이 변하는데, 가시적인 성과가 한동안 나타나지 않으면 '왜 성적이 안 오르지…. 수능 망치려나 봐' 하고 부정적인 메시지를 스스로에게 던지면 실제로 부정적인 영향을 미치게 된다.

내가 잘하는 과목을 강화하고 약한 부분에 대한 클리닉을 끊임없이 점검하면서 나아가야 하는데, 수험생들은 일반적으로 목표와 갭만 생각하고 간다. '350점은 맞아야 하는데 320점밖에 안 나오니 30점은 어떡하지…' 하며 속으로 발을 동동 구르느라 시간을 허비하는 것이다. 그 목표가 과장되거나 허황될수록 더 조급해진다. 반수생들은 대학교에 다니다가 수능을 다시 준비하기 때문에 재수생이나 재학생에 비해 수능대비 기간이 짧다. 그래서 9~10월에 진짜 조급해진다.

'급할수록 돌아가라' 는 말이 있다. 아무리 마음이 급해도 공부는 차분하게, 해야 할 것을 하는 편이 좋다. 조급해 할수록 집중력이 낮아지고 효율이 떨어진다. 그러려면 미리 오답 노트를 만들어 자신을 이완시키고 근거를 만들어가면서 여유를 가지려고 노력해야 한다. 마음 상태가 조급하고 불안하고 초조하면 아무리 여러 시간 책상 앞에 앉아 있어도 헛공부를 하고 있을 가능성이 높다. 심리적인 압박이든 체력적인 한계든 간에, 문제의 핵심 원인을 찾아 치유하고 떨쳐버리는 것이 공부의 방법이다. 국어 성적이 낮으면 국어과외, 사회탐구 성적이 저조하면 사회탐구 과외교사 구해주는 것은 절대 해결책이 아니다.

자신의 약한 부분을 채우는 것은 좋지만, 지나치면 오히려 손해다. 과유불급過猶不及인 것이다. 재수생이건 재학생이건 반수생이건, 취약과목이 있다면 그 과목에 집중투자를 해도 좋지만 그 비율이 일정한 선을 넘지 않는 것이 좋다.

수능시험을 준비할 때 학습시간을 10시간 할애할 수 있다면, 그 중 6시간은 항상 같은 패턴을 유지하면서 공부해라. 10중 6은 고정하고 4에 변화를 주라는 말은, 10시간 중 6시간은 균형 있게 공부를 하고, 더 필요하다고 생각되는 과목의 공부에 4시간을 투자하라는 이야기다.

학습시간이 10시간 있다면 수학 3시간, 국어·영어·사탐 각 1시간씩 6시간은 3월이든 6월이든 9월이든 끝까지 유지하도록 해라. 6시간은 늘 하던 대로 공부하고, 나머지 4시간을 취약과목에 분배해야 한다. 그렇게 하면 취약과목인 수학에 4시간을 추가해서 수학을 7시간까지 공부하더라도 균형을 잃지 않고 끝까지 갈 수 있다. 6월 모의고사를 봤더니 국어와 사탐 점수가 예상보다 낮았다면, 수학 3시간, 영어 1시간, 국어 3시간, 사탐 3시간 공부를 하는 식으로, 그때그때 상황에 따라 취약과목 시간을 플러스알파로 가져가면서 공부하면 균형 잡힌 공부를 하게 되어 좀 더 효율적인 학습 성과를 올릴 수 있다.

다시 강조하지만 수험생의 가장 큰 적은 조급함이다. 특히 짧은 기간을 통해 성과를 내야 하는 반수생뿐 아니라 성적이 오르지 않아 고민하는 학생들도 마찬가지다. 차분한 마음으로 기본개념 학습에 충실하고, 끝까지 균형감을 가지고, 계획성 있게 공부하는 것이 오히려 성공의 지름길임을 잊지 말자.

4
◇◇◇

특정 과목 올인,
좋은 전략 아니다

수능시험을 준비하는 학생들은 9월 평가원 모의수능이 끝나면 시험 결과에 따라 희비가 엇갈린다. 6월 모의고사와 7, 8월 사설모의고사 결과도 원서접수에 참고하지만, 대부분의 학생들이 9월 모의고사 결과를 보고 수시원서를 접수할 대학과 과목을 결정하기 때문이다. 9월 모의고사 결과는 마지막까지 학생들을 지배하고 발목을 잡는다. 수능시험을 불과 두 달 앞두고 치른 시험결과가 나쁘면 자신감을 잃을 수밖에 없다. 그리고 한번 자신감을 잃으면 그것을 회복하는 데 많은 시간이 필요하기 때문이다.

따라서 특정 과목 시험결과가 생각보다 낮게 나온 학생 중에는 그 과목을 포기하는 학생들이 생긴다. 예컨대 인문계 학생 중에는 수학을 포기하고, 자연계 학생들은 국어 또는 영어를 포기하는 것이다. 사탐이나 과탐 중에서도 두세 과목에만 집중하겠다는 학생들이 많아진다. 9월이면 수능시험까지는 두 달 정도 학습시간이 남은 시점이다. 따라서 동일한 시간 내에 공부하는 과목 수를 줄이면 남은 과목에 집중해 효율적으로 공부할 수는 있을 것이다. 하지만 이렇게 일부 과목을 포기하는 것이 반드시 좋은 결과를 가져오는 것은 아니다.

일부 과목을 버리고 특정 과목에 올인하는 것은 좋은 전략이 아니다. 수능 때까지 필요한 과목을 고루 공부하되, 약한 부분에 플러스알파를 투자해라. 수능을 앞둔 학생들에게 우리 학원에서는 과목별로 몇 시간 공부했는지 기록하라고 지시하고, 일주일마다 기록한 내용을 걷어서 꼼꼼하게 검토한다. 목표는 8025다. 평일에 80시간을, 주말에는 25시간을 공부해야 한다는 이야기다. 재학생은 다소 힘들겠지만 재수생이라면 가능한 시간이다. 정말 중요한 것은 이런 학습시간을 확보하려면 주말에도 놀지 않고 하루 열 시간 이상씩 공부해야 하는 것이다.

우리 학원 학생들의 학습 목표시간을 적은 이유는, 여러분이 수험생이라면 적어도 그 정도는 공부해야 한다는 것을 알려주기 위한 것이다. 다른 사람은 60시간을 공부하는데 여러분은 고작 30시간을 공부한다면, 그 간격을 메우는 것은 결코 쉽지가 않다. 수험생들은 모두 열심히 한다. 그런데 열심히 하는 학생들과의 경쟁에서 여러분이 점수를 더 올리려면, 열심히 하는 사람들보다 더 열심히 하는 수밖에 없다.

열심히 하는 사람들 사이에서 경쟁하는 것은 배를 타고 물살이 거센 강물을 거슬러 올라가는 것과 같다. 흐르는 물살보다 노를 젓는 속도가 더 빨라야 올라갈 수 있다. 만일 남들만큼 노력한다면 제자리고, 적당히 하거나 놀면 오히려 뒤로 밀리게 된다. 모두들 정말 열심히 하기 때문이다. 1년 또는 2년이 남은 인생 내내 자신의 스펙이 되는 대학을 결정하는데, 조금이라도 생각이 있는 사람이라면 누구나 열심히 하지 않겠는가? 여러분도 마찬가지다. 열심히 하라. 최선을 다해야 나중에 후회가 남지 않는다.

모든 과목에서 골고루 성적이 잘 나오는 학생의 경우 수시보다는 정시로 가는 쪽이 더 좋은 대학에 합격할 수 있다. 하지만 성적이 안 좋은 과목이 나와도 그 과목을 포기하지 않는 편이 바람직하다. 균형 있는 학습이 중요하다. 우리는 학생들에게 생활기록장을 기록하게 해서 과목별 공부시간을 보고 상담을 해준다. 학습기록장을 거짓 없이 성실하게 기록하면, 그것을 통해서 학습시간을 균형 있게 관리할 수 있다.

수험생들의 학습시간을 분석해보면 어느 학생이나 대체로 수학에 투자하는 시간이 상대적으로 많다. 한 문제를 풀어도 시간이 많이 걸리고 풀어보아야 할 문제의 양도 많기 때문에 자습하는 시간 중에서 수학 시간이 절반 이상인 학생들이 많다. 하지만 수학에 특별히 문제가 없으면 절반 이상의 시간을 투자하지 않아야 한다.

검정고시 출신의 성실한 수험생 상범은 6월 모의수능 결과 국어 · 영어 · 수학 점수는 다소 향상되었다. 그런데 탐구영역 점수가 제자리였다. 그래서 2~3주 동안 탐구에 집중적으로 투자해 탐구영역 점수를 대폭 끌어올리겠다는 계획을 세웠다. 주변에서 말렸음에도 불구하고 결국 탐구과목에 대해 집중학습을 했는데, 9월 모의수능에서 과탐 성적은 약간 상승했으나 수학과 영어에서 급락했다. 결과는 오히려 더 나빴던 셈이다.

그 결과 자신감을 잃은 상태에서 공부에 집중을 못하고 수능시험을 치르게 되었다. 결과는 평소에 잘 나오던 국어 · 영어 · 수학에서 펑크가 났고, 탐구영역에서도 6월 모의고사보다 더 낮은 점수를 받았다. 균형 있는 학습을 하지 못한 채 수능을 치른 결과는 대부분 이렇다. 기존의 과목 점수 그대로 유지한 채 집중투자한 과목의 성적은 더 오르리라는 기대는 버려야 한다. 다시 말하지만 잘했던 과목이라고 믿고 잠시 손을 놓은 사이에도 여러분의 라이벌들은 꾸준히 공부하고 있기 때문이다.

반면 자연계 학생인 정은은 6월 모의고사에서 고른 성적이 나왔지만 국어 성적이 향상되지 않아 고민을 했다. 이 같은 경우 다른 수험생들이라면 언어를 포기하기 쉽다. 더구나 정은이 원하던 Y대 의대가 수학 · 과탐 · 외국어로 뽑아서 국어 반영비율이 낮았다. 정은 역시 수학 · 과학 · 영어만 집중하고 국어를 포기하면 어떤지 상담을 하러 왔다. 담임은 "만일 국어를 포기하면 네 친구들은 국어를 반영하는 대학까지 원서를 쓰는데 너는 못 쓰게 되니 선택폭이 좁아져 오히려 스트레스가 되지 않을까? 더구나 국어를 포기하면 수학 · 과탐 영어에서 점수가 더 잘 나와야 한다는 압박감도 있고. 그러니까 기본적으로 수업에 충실하되, 자율학습 때는 국어를 하지 말자" 하고 조언하였다.

국어과목을 포기하고 국어수업 시간에 다른 과목을 공부하거나 자리를 이동하여 자습실에서 따로 학습하면 능률이 오르기보다는 오히려 불안감만 가중되어 다른 과목에도 집중하지 못하는 경우가 많았기 때문이다. 담임의 권유에 고개를 끄덕인 정은은 수능시험에서 국어는 4등급, 다른 영역에서는 우수한 성적이 나와서 Y대 의예과에 합격했다. 탐구집중 시간을 가진 상범보다 과목 포기 없이 꾸준히 공부한 정은의 결과가 더 좋았던 것이다.

　과목 포기는 현실적 대안으로 보이지만 학과 외적인 요소, 심리적인 요소를 생각하면 결코 좋은 방법이 아니다. 한 과목에 지나치게 시간을 투자하거나 하지 않는 것보다는 하던 대로 꾸준히 모든 과목을 두루 공부하면서 시간비율을 조절하는 것이 좋다. 공부할 시간이 조금밖에 없다며 수포자, 탐포자, 언포자가 되기보다는 낭비되는 자투리시간을 줄여서 시간효율을 높여야 한다. '수능시험이 임박한 시점에서 특정 과목 점수를 단기간에 올릴 가능성은 거의 없으므로 이 과목은 포기하고 간다'는 식의 판단을 스스로 하지 말라는 것이다.

　한 과목을 빼면 커트라인이 조금이 아니라 '확실히' 올라간다. 예를 들어 J대학교가 국어, 사탐, 외국어로 뽑은 대학 중 가장 높은 커트라인을 유지하는 대학인데, 수학 과목을 반영하지 않은 일부 학과 커트라인이 연·고대 수준까지 올라갔다. 어떤 학생이 수학을 못한다고 해서 '수학을 반영하지 않는 학교로 진학하면 되지 뭐'라는 생각으로 수학을 포기했을 경우, 수학을 뺀 점수로는 연·고대 갈 실력이 되어야 J대학교에 합격하는 것이다.

　게다가 특정 과목 하나를 포기했을 경우 학교든 학원이든 그 과목의 수업이 편성되어 있는데, 그 시간에는 어떻게 할 것인가? 국어를 포기했을 경우 국어 시간에 강의실이나 교실에 있는 것도 곤욕이고, 자습실이나 독서실에 가더라도 남들 국어 하는데 혼자 다른 과목 하고 있으려면 안 하는 것에 대한 불안감이 상당히 크다. 국어 수업을 하는 교실에 앉아 다른 과목 공부를 하면 더더욱 공부에 집중이 안 된다. 그 시간에 다른 과목 공부를 하더라도 능률이 높지 않다는 뜻이다.

한 과목을 포기하고 다른 과목 자율학습을 하더라도 심리적 압박감이 심하니 포기하지 않는 것이 답이다. 과목을 포기하지 않으면 방금 말한 것 같은 부정적인 심리가 사라진다. 게다가 실제로 시험을 보면 그 과목을 의외로 잘 볼 수도 있다. 한 과목을 포기하면 10시간을 더 효율적으로 쓸 수 있으니 그게 더 효율적이라고 생각하는데, 여기에 심리적인 불안감을 덧붙여서 계산하면 오히려 마이너스다. 그 사실을 잊지 말자.

5

공부는 엉덩이로,
성실과 끈기가 답이 될 때

성공적인 수험생활을 보내기 위해 가장 중요한 것은 공부하는 습관을 들이는 것이다. 친구를 굉장히 좋아하는 형우는 재수를 결심하고 휴대전화와 친구를 끊었다. 화장실에 가는 것 말고는 자리에서 일어나지를 않았고, 점심시간에도 혼자 밥을 먹었다. 삼수생 영훈은 삼수까지 하게 된 원인을 불규칙한 학습습관으로 파악하고, 귀가 후 30분 운동과 1시 이전 취침을 결심했다. 규칙적인 생활을 하기로 다짐한 것이다. 처음에는 1시가 되어도 잠이 들지 않았지만 3주 후에는 자연스럽게 잠이 들게 되었고, 규칙적인 생활 덕분에 슬럼프 없이 삼수생활을 마치고 서울대 법대에 합격했다.

이렇게 계획을 세우고 목표달성을 하기 위해서는 공부에 대한 집중력과 끈기가 필요하다. 집중력을 잃지 않고 계속 공부하기 위해서는 성취경험이 필요하다. 목표를 세워서 달성했을 때 느끼는 성취감과 보람이 다음 목표를 향해 달려가는 에너지가 된다. 그런데 처음부터 너무 높거나 힘든 목표를 세워놓았을 경우, 열심히 노력해도 안 된다고 생각되면 목표 자체를 포기해버리기 쉽다. 나름대로 노력해보다가 '나는 안 돼' 하는 자괴감에 빠지는 것이다.

따라서 목표를 달성할 때까지 꾸준히 노력하게 하려면, 조금만 집중해도 이룰 수 있는 중간목표를 만들어놓고, 일단 이 단계를 성취하게 하는 것이 바람직하다. 성취경험도 일종의 중독성이 있어서, 그 뿌듯함을 한번 느끼고 나면 다음 단계를 또 이루고 싶어진다. 목표를 달성했을 때의 보람과 뿌듯함을 알기 때문이다. 그러니 최종목표에 도달하고 싶다면 중간에 몇 개의 계단을 설정해라. 그 계단을 밟고 끝까지 올라갈 수 있도록 해주는 것이 필요하다.

예를 들어 500개의 영어단어를 한꺼번에 암기하는 것은 힘들지만, '일단 50개를 외워보자' 하는 식으로 목표를 만만하게 낮춰주면 쉽다. 50개는 금방 욀 수 있다. 성취감을 한번 맛보면 그 다음 목표도 이룰 수 있고, 그 다음 목표도 달성할 수 있다. 단계별로 해낼 수 있는 목표를 만들어라. 특히 공부에 집중력과 끈기가 없는 학생일수록 성취단위를 잘게 쪼개주는 편이 좋다.

단기적인 성과를 내도록 계획을 세워주는 것은 끈기를 기르는 방법으로도 효과가 있다. 끈기 있게 오래 앉아 있지 못하는 친구들은 조금만 앉아 있어도 일어나고 싶고 중도포기하고 싶다는 마음이 생기기 때문이다. 이런 친구들에게도 포기할 만하면 성과가 나오고, 포기할 만하면 성과가 나오게 목표를 나누어야 한다.

끈기를 기르는 또 하나의 방법은 몸으로 익숙해지게 하는 것이다. 억지로라도 앉아 있게 함으로써 몸으로 앉는 것이 습관이 되면 뇌가 판단하는 타이밍이 늦어진다. 자녀가 아직 공부하는 습관이 익숙지 않아 책상에서 한 시간도 채 버티지 못한다면, 책상 앞에서 놀면서 한 시간 동안 앉아 있게 해보자. 집중력이 약한 애들은 오락을 해도 좋으니 책상에서, 또는 그냥 책상에서 흥미 있는 잡지를 보라고 권하는 것이다. 두 시간 동안 책상 앞에 앉아 있는 습관을 들이면, 그때 잡지나 만화책에서 소설책이나 교과서 또는 문제집으로 바꿔도 앉아 있게 된다.

목표를 단계별로 성취할 수 있게 세분화해줄 때 명심할 것은 목표를 달성했을 경우 그 성취를 절대 과소평가하지 말라는 것이다. 예를 들어 50등 하던 애가 10명만 더 따라잡자 하고 목표를 끊어서 40등을 했을 경우, 엄마가 "40등도 등수냐?" 하고 찬물을 끼얹어버리면 안 된다. "겨우 10등 올랐다고 좋아하기는…그래가지고 어느 세월에…" 하고 찬물을 끼얹으면, 아이는 그 자리에 주저앉고 만다. "어? 10등이나 올랐네. 대단하다. 30등도 금방 올라가겠네?" 이렇게 응원해줘야 한다. 성취감을 느끼도록 목표를 잘게 끊어주는 것, 몸으로 습관을 들여 뭔가 포기하고 싶은 타이밍을 늦춰주는 것, 이런 노력으로 끈기는 조금씩 길러지게 된다.

지금 현재 A라는 위치에 있는 학생을 B의 위치로 옮겨가게 하고 싶을 때도 마찬가지로 중간단계를 설정해주는 것이 효과적이다. "너 왜 이렇게 해야 하는데 안 해. 그것 버리고 이리 와!"라고 하면 아이는 오히려 반대방향으로 튕겨져 나가버린다. 아이가 관심 있는 대상

과 부모가 원하는 방향, 선생이 원하는 방향을 잘 찾아보면 반드시 접
점이 있다.

세상의 모든 것은 다양한 요소를 가지고 있기 때문에, 아무리 흑과
백처럼 달라 보이는 것일지라도 중간지대가 있다. 얼음이 물을 거쳐
수증기가 되듯, A와 B 사이에는 접점이 존재하는 것이다. 윤리책을
보게 하고 싶은데 만화만 보고 있다면 윤리를 제재로 한 만화를 보도
록 권하는 것이다. 그리고 연예를 좋아한다면 텍스트는 연예로 해놓
고 가요평론을 읽게 한다든가, 논리적인 설득력을 갖춘 형식의 글을
읽게 하는 식이다. 제재는 아이가 좋아하는 것이지만 글의 형식은 공
부에 도움이 되는, 이런 접점을 찾아 아이한테 과도기를 만들어주는
방식이다.

현재 아이의 위치와 차이가 나는 목표를 요구하는 것보다 그 목표
로 가는 중간단계를 설정해 목표를 이루고 성취감을 느껴 다음 단계
로 오르도록 중간단계를 습관화하면서 훨씬 쉽게 가도록 도와주는
것이 수험생 자녀를 둔 부모의 역할이다. 아이한테는 "야, 두세 단계
를 한 번에 건너려고 하면 가랑이 찢어지지." 애한테는 그렇게 말해
놓고 부모는 두세 단계 위를 한 번에 성취하기를 바라는 것은 서로에
게 힘든 일이다.

6

아무리 강조해도
부족하지 않은 오답 노트 정리법

고3병이니 고3스트레스, 고3우울증이라는 말이 나오는 이유는 수능을 준비하는 기간이 최소한 10달에 달해 다른 시험보다 더 길기 때문이다. 중·고등학생 시절 전부를 계산하거나 재수 또는 삼수 기간까지 계산하면 수능 준비기간은 훨씬 더 길어진다. 게다가 그 긴 수능 준비기간에 공부한 것을 하루 만에 평가받아야 하니 걱정과 두려움, 압박감은 또 얼마나 크겠는가?

그래서 수능시험은 실력뿐 아니라 심리싸움이기도 하다. 수능날짜가 다가올수록 심리싸움에서 어떻게 버티어내는가가 시험결과에 매우 큰 영향을 미친다. 자신감을 끝까지 유지하고 불안감을 없애려면 자신이 공부한 내용을 눈에 보이는 확실한 자료로 남겨두는 것이 바람직하다. 공부한 내용을 자료로 남겨두면, 나중에 심리적으로 지치

고 자신감이 떨어질 때 '이만큼 공부했으니 성공할 것'이라며 자신감
을 되찾을 수 있다.

따라서 공부할 때는 눈에 보이는 자료를 남겨라. 그래야 마지막 상
황에서 자료를 보면서 '나는 이만큼 했으니 좋은 결과가 나올 수밖에
없다' 하는 자신감의 근거로 삼을 수 있다. 성적의 추이를 모아 정리
해놓는 그래프도 도움이 되고, 플래너나 노트 필기 자료 등도 모아두
면 매우 큰 도움이 된다.

플래너를 만들 때는 일주일 단위로 계획을 세우는 것이 좋다. 계획
을 수립하는 데서 끝나는 것이 아니라 확인이 중요하기 때문에, 일주
일 정도 계획을 세우고 그 계획이 제대로 실행되었는지 분석해보고,
어려울 것으로 판단이 되면 다음 주로 넘기는 식으로 하는 것이 적절
하다. 플래너가 나중에 심리적인 지지가 될 수 있도록 하려면 스스로
가 학습한 자료들을 숫자 등으로 근거를 만들어 정리하는 것이 좋다.

추상적인 평가보다는 '수학을 몇 시간 공부했고, 성적이 56점에서
89점으로 향상됐어'라는 통계와 데이터를 가지고 스스로를 고무시키
는 것이다. 계획을 세우고 평가하고 성적표를 정리하고 오답 노트를
기록하는 작업들은 결코 시간낭비가 아니다.

고3 수험생 또는 재수생이 되면 보통 3월에는 개념학습에 치중하
고 9~10월에는 문제풀이에 치중한다. 그런데 이것은 어디까지나 일
반론일 뿐 10월에도 개념이 잡혀 있지 않다면 개념학습을 해야 한다.
내가 무엇이 부족한지 생각해보고 그에 따른 학습계획을 세워야 한
다. 그리고 평소에 오답 노트를 기록해두자. 수능 직전에 지금까지 해
온 공부를 총정리할 때 그동안 다뤄온 모든 문제를 다시 풀어볼 수는

없다. 이때 가장 중요하고 필요한 것이 바로 오답 노트다. 오답 노트에는 틀린 문제와 평소 이해가 가지 않던 문제나 개념을 체크하고 정리해두는 것이 좋다.

오답 노트를 기록하는 방법도 질문하는 방법과 비슷하다. 틀린 문제의 풀이과정과 정답만을 기록하는 것이 아니라, 잘못된 답을 고른 이유와 어디까지 풀다가 막혔는지를 기록해놓는 것이 바람직하다. 그래야 오답 노트를 들여다보면 내가 무엇에 약한지를 파악할 수 있다. 약한 부분을 기본에서부터 공부하고 문제풀이를 다시 해보는 방식으로 틀린 문제를 극복한다면, 수능시험에서 비슷한 유형의 문제는 확실히 맞출 수 있다. 오답 노트의 두께만큼 실력이 쑥쑥 크는 것이다.

오답 노트는 학습 면에서 도움이 될 뿐 아니라 심리적으로 불안한 학생에게는 자신의 문제를 극복할 수 있는 자료로서의 가치도 매우 크다. 예전에 몰라서 틀리던 문제들을 풀 수 있다면, 오답 노트가 자신의 실력이 향상되었다는 근거가 되어 자신감을 갖게 되는 것이다.

A와 B 두 학생에게 오답 노트를 만들라고 권한 적이 있었다. A는 교과서와 기본서는 충분히 공부했다고 판단하고 문제풀이에 집중했고, B는 권하는 대로 오답 노트를 준비해나갔다. 오답 노트 만들 것을 권할 때만 해도 두 사람의 실력은 비슷했지만, 마지막에는 둘 사이에 작지 않은 실력 차이가 생겼다. 수능날 B는 한번도 맞아보지 못했던 점수를 기록했다. 100점을 맞은 것이다.

1년 동안 공부하면서 틀린 것을 오답 노트에 기록해둔다면, 마지막에는 오답 노트만 보면 된다. 확실히 맞힌 문제는 나중에도 틀리지 않기 때문이다. 오답 노트를 보다가 예전에 틀렸던 문제를 지금은 풀 줄 알게 된다면 자신감이 생긴다. 수능은 사고력 시험이기 때문에 아느냐 모르느냐보다 스스로의 사고에서 잘못된 부분이 무엇인지를 아는 것이 중요하기 때문이다.

오답 노트는 그때그때 바로 적는 것이 좋다. 쓰지 않고 미뤄둘 경우 하루 이틀 지나면 제대로 된 오답 노트를 못 만든다. 잊어버리기 때문이다. 오답 노트를 적으면 내가 무엇 때문에 틀렸는지를 알게 된다. 어디에서 막혔으며 왜 틀렸는지를 적어두어라. 확실한 근거 없이 감으로 찍어서 맞은 것도 적어두도록 하자. 오답 노트를 만들 때 주의할 점은 모르는 문제가 많아서 틀린 문제 역시 너무 많을 때는 차라리 적지 않는 편이 낫다는 것이다. 너무 많은 문제를 틀리면 오답 노트가 요약 노트의 역할을 하지 못할 뿐 아니라 오답 노트를 정리하는 데 너무 많은 시간을 투자하게 된다.

오답 노트를 적는 것은 기출문제를 공부하는 것이다. 기출문제를 공부하는 것은 실전시험에서 성적을 올리는 데 매우 큰 영향을 미친다. 기출문제는 대부분 실제문제의 출제 패턴과 일치한다. 따라서 교과서에서 배운 내용이 수능평가 목표에 맞춰 어떤 유형의 문제로 출제되는지를 기출문제로 확인할 수 있다.

특히 요즘은 교육 서비스가 좋아져 어떤 시험이 치러졌으면 그 문제의 정답과 풀이과정은 물론, 문항별 정답률까지 사설모의고사 사이트에서 제공한다. 시험을 보고 나서 꼭 해보라고 추천하고 싶은 것은 자신이 틀린 문제의 난이도 분석이다. 모의고사는 가채점 서비스를 대부분 제공하는데, 그 가채점 결과를 보여줄 때 분석표가 나온다.

내가 2등급인데 정답률 90% 문제를 틀렸다 치자. 공부를 잘하는 편인데도 불구하고 열에 아홉 명이 맞힌 문제를 틀렸다면, 그런 문제는 반드시 극복해야 한다. 왜 다른 애들이 맞는 문제를 내가 틀렸지? 이런 것을 우선순위로 놓아야 한다.

거꾸로 내가 5등급인데 정답률 20%인 문제를 틀렸다면, 그 문제는 극복하려고 붙들고 있지 않아도 된다. 그 문제를 포기하라는 것이 아니라 단계별로 정복하라는 것이다. 내가 공부를 잘 못한다면 어려운 문제를 마스터하려고 애쓰기보다는 쉬운 문제부터 마스터해야 한다는 이야기다. 즉 자신이 열 문제를 틀렸다면 90점짜리도 틀리는 어려운 문제 말고 조금만 공부하면 맞출 수 있는 쉬운 문제부터 정복해야 한다는 뜻이다. 우선순위에서 90점짜리도 틀리는 문제가 아니라 70점짜리는 맞고 나는 틀리는 문제부터 극복하는 것이 순서라는 이야기다. 1등급이나 2등급짜리가 90% 정답률 문제를 틀렸다면 그건 비상사태다. 얼른 해결해야 한다. 반면 낮은 등급이 정답률 낮은 문제를 틀렸다고 그 문제에 집중하는 것은 시간낭비다.

또 하나의 팁을 공개하자면, 문제풀이 서비스에는 정답률만 나오는 것이 아니라 오답률도 나온다는 것이다. 어느 객관식 문제 A의 정답이 1번이고 정답률이 60%인데, 2번, 3번, 4번 지문의 오답 기록이 10%씩이라고 치자. 그런데 B는 똑같이 정답률이 60%에 정답이 1번이지만 2번을 답으로 선택한 사람이 36%, 3번, 4번, 5번을 선택한 사람이 1%라 치자. 그렇다면 A와 B는 전혀 다른 유형의 문제다.

오답이 고루 분포된 것은 지문이나 문제를 이해 못한 학생이 많은 것이고, 오답이 특정 문제에 분포되어 있으면 매력적인 오답이 존재하는 것이다. 즉 이 오답을 선택하라는 함정이 굉장히 매력적이다, 그럴싸하다는 이야기다. 그렇다면 A유형의 문제를 공부할 때는 문제가 묻고자 하는 것이 무엇인지를 배워야 한다. 그것을 못 뚫어서 틀리는 것이다. 하지만 B 문제에서는 함정을 어떻게 파는가를 배우는 것이다.

문항별 정답률도 도움이 되지만 조금 더 깊이 들어가서 수험생들이 무엇을 정답으로 선택했는지를 보면 해당 문제 유형과 스타일을 알게 된다. 좀 더 세밀히 분석하면 조금 더 도움이 된다. 그런데 학생들은 모의고사 정답률에 거의 관심 없다. 그냥 느낌과 감으로 '쉬운 문제인데 왜 틀렸지?' 이러고 만다. 우선순위, 중요도를 분석하고 그 결과를 반영해서 학습하지 않는다. 이런 것을 반영하는 것이 바로 맞춤학습이다. 맞춤학습을 꼭 과외교사에게서 배워야 하는 것은 아니다. 스스로 노력해서 하는 맞춤학습이 가장 도움이 되는 맞춤학습이다.

7

질문,
이렇게 해야 실력이 쑥쑥 는다

나와 우리 학원의 강사들은 질문하는 방법을 굉장히 강조한다. 많은 학생들이 자신의 실력을 키워주는 효율적인 질문을 못하기 때문이다. '질문'이란 그저 모르는 것을 물어보는 것이라고만 생각한다. 5번 문제를 틀렸으면 "선생님, 5번 문제 좀 가르쳐주세요" 또는 "선생님, 5번 문제 왜 4번이 답이에요?"라고 묻는 것을 질문이라고 생각하는 것이다. 물론 그것도 질문이다. 하지만 이는 공부를 더 잘하는 데 아무런 도움이 되지 않는 질문이다. 제대로 된 질문을 하는 학생이 공부를 잘하는 학생이다. 이 말은 공부에 보탬이 되는 질문방법이 분명히 있다는 이야기다. 지금부터 실력을 쑥쑥 키워주는 질문방법에 대해 알아보자.

질문을 잘한다는 것은 질문을 많이 한다는 것이 아니라 수준 있는 질문을 한다는 것이다. 공부를 잘하려면 질문하는 방법부터 달라져야 한다. 수학문제를 틀려 선생님에게 질문을 할 경우, 공부에 도움이 되는 질문을 하려면 자신이 그 문제를 풀어본 과정을 모두 이야기하고 어디에서 잘못된 것인지를 물어야 한다. "이것 좀 풀어주세요"가 아니라 "제가 풀다가 여기에서 막혔습니다. 제가 왜 막혔을까요?" 이것이 좋은 질문이다. "3번이 왜 답이죠?"가 아니라 "저는 이러저러해서 2번이 답이라고 생각했는데 틀렸어요. 어디에서 뭐가 잘못된 것일까요? 제가 무엇을 놓쳤을까요?"라고 물어야 한다.

공부를 가르친다는 것은 선생님과 학생의 커뮤니케이션이다. 그래서 교사는 학생들이 질문을 해도 그냥 풀어주려고 하지 않고 '왜 쟤가 저런 질문을 할까, 쟤는 왜 저기에서 막힐까?'를 끊임없이 생각하고 되물어본다. 어떤 일이든 끊임없이 커뮤니케이션을 하면서 진행하면 실수가 줄고 오류가 바로잡힌다. 문답법이나 산파법을 연상시키는 이런 식의 질의응답을 하다 보면, 공부방법이 잘못된 것을 잡아내기도 한다. 학생들의 질문 내용을 자세히 들어보면 선생님들은 '이 학생의 공부방법이 잘못되었구나' 하는 것까지 보기 때문이다.

그래서 나는 학생이 시험지를 들고 틀린 문제를 질문하러 오면, 자신이 풀어본 과정을 모두 설명하도록 한다. 문제 하나를 푸는 데는 여러 단계가 있고, 도대체 뭘 모르는지를 정확히 알아야 제대로 된 처방을 내릴 수 있기 때문이다. 자신의 상황과 문제가 무엇인가를 선생님께 알려주고, 그 부분에 대한 클리닉을 받는 것이 실력을 키우는 질문 방법이다. 학교 선생님에게든 학원 선생님에게든 간에, 이런 식으로 질문을 하고 가르침을 받는다면 가장 효율적인 맞춤학습이다.

　물론 이렇게 질문하는 것이 처음부터 쉬운 것은 아니다. 공부를 못하는 학생들은 자신이 어디까지 풀었는지, 뭘 모르는지조차 모른다. 하지만 질문할 때마다 자신이 푼 데까지 설명하게 하고, 왜 그 오답을 골랐는지, 어느 단계에서부터 헷갈렸는지 되묻다 보면, 대부분의 학생들이 질문하는 방법을 제대로 알게 된다. 문제를 풀기 시작할 때부터 구조적으로 파악하는 능력을 키우게 되는 것이다.

　나중에는 질문하는 패턴도 확연히 달라진다. 수학이든 영어든 국어든, "선생님 여기에서부터 이렇게 했고 저렇게 했는데, 그 다음으로 안 넘어가요" 하고 명확히 자신이 모르는 부분을 알고 싶어 찾아오게 되는 것이다. 학생들이 이런 식으로 질문을 하게 되면 "네가 이것을 몰라서 그래. 이 문제에서는 이게 핵심인데 이걸 파악을 못해서 엉뚱한 데로 접근을 한 거야"라고 모르는 부분을 명확히 짚어주고 가르쳐줄 수 있다.

　이것이 바로 제대로 된 진단을 내리고 제대로 된 처방전을 줌으로써 병을 낫게 하는 치료법이다. 처음에는 더디고 시간이 오래 걸리겠지만, 어느 정도 틀이 잡히면 실력이 늘어나는 소리가 들린다. 모르는 부분을 명확히 알아내서 가르쳐주면, 다음부터는 비슷한 문제를 틀리지 않게 된다. 그래서 학생들에게는 제대로 질문하는 방법부터 가르쳐야 한다. 자신이 무엇을 모르는지, 왜 모르는지 알아야 배울 것 아닌가. 그런 훈련을 시키는 것이 처음에는 답답하고 느리게 가는 것 같아도 결국은 빨리 가는 지름길이다.

8

◇ ◇
◇

수능시험과 내신시험의
차이부터 확실하게

대학수학능력시험, 흔히 우리가 수능이라고 부르는 시험은 1994학년도부터 시행되고 있다. 수능시험의 주창자는 2009년 54세의 젊은 나이로 과로사한 서울대 김영정 교수로서, 입학사정관제 역시 이분이 도입했다. 이렇게 수능시험의 주창자까지 들먹이는 이유는, 교과서에서 출제되는 내신시험과 달리 수능에서는 내신시험 대비하듯 공부하면 높은 점수를 얻을 수가 없기 때문이다.

수능에서 중시하는 것은 창의력이다. 김영정 교수의 논문들을 참조하면 창의력은 무에서 유를 만드는 것이 아니라 유추와 통합이다. 그분은 창의력 있는 사람의 예로 고 정주영 현대그룹 회장을 들고 있다. 정주영 씨가 인천에서 부두노동자로 일할 때 빈대가 너무 많아 잠을 잘 수가 없었다. 밥상 두 개를 이어놓고 그 위에서 잤는데도 빈대가 물자, 밥상 다리 밑에 물을 넣은 밥그릇을 놓았더니 벼룩들이 밥상 위로 올라오지 못해서 편히 잘 수 있었다고 한다.

빈대를 물리치는 도구로 밥을 먹는 도구인 밥그릇을 쓴 것은 유추고, 이것이 바로 창의력이라는 것이다. 새롭고 거창한 것을 만들어내는 것이 아니라, 특정 용도의 물건 등을 다른 데에도 응용해 사용하는 것이 창의력이고, 그런 능력을 테스트하는 시험이 수능이라는 것이다.

수능시험을 잘 보려면 수능에 대해 잘 알아야 한다. 그래서 설명회 때 항상 하는 말이 지피지기면 백전불태知彼知己 百戰不殆라는 한자성어다. 이 말에서의 초점은 상대를 알고 나를 알아야 한다는 것이다. 백전불태하려면 일차적으로 알아야 할 상대는 당연히 수능이다. 그런데 수능이 뭔지를 잘 모르는 학생과 학부모, 선생님들이 의외로 많다. 40대 이상은 수능 이전의 시험인 학력고사 세대여서 모르고, 학생들은 아직 수능시험을 많이 겪어보지 못해서 모른다.

수능에 대해 잘 모르면 내신과 수능시험에 같은 태도로 접근하기 쉽다. 그러나 두 시험은 운전면허시험과 취직시험만큼이나 다르다. 수능시험을 이해하고 접근해야 수능에서 고득점이 나온다. 교육과정을 기반으로 문제를 낸다는 것은 공통점이지만, 문제의 성격은 다르다. 그렇다면 내신과 수능은 어떻게 다를까?

내신시험은 학기마다 중간고사와 기말고사를 보기 때문에 한 학년에 네 번 치러진다. 시험범위는 대부분 1년 동안 배워야 할 학습내용을 1/4로 나누어 시험을 치른다. 간단히 말해 내신은 한 번 시험 볼 때 고등학교 3년 과정의 1/12에 해당하는 범위만 공부하면 되는데,

수능은 3년 동안 배운 모든 내용이 시험범위다. 엄밀히 말하면 고등학교뿐 아니라 초등학교 때부터 12년 동안 배운 모든 것이 시험범위다. 당연히 두 시험에 접근하는 방식이 달라질 수밖에 없다.

출제 포인트와 시험범위가 다르기 때문에 문제 유형도 다르다. 내신시험은 한 단원에서 문제를 출제하는 데 반해, 수능은 두세 단원을 연결시켜 문제를 만들어낸다. 배운 내용을 유추하고 통합하는 능력이 있어야 문제가 풀리는 것이다. 그래서 내신시험에는 교과서에서 배운 지문이 나오고, 수능에는 교과서에서 배운 내용을 이용해야 풀 수 있는 다른 지문이 나온다. 수능시험의 지문이 교과서 밖에서 나온다고 불평하는 수험생들은 수능문제에 대한 이해가 부족하기 때문에 그런 말을 하는 것이다.

수능은 창의적 인재란 유추 통합적 사고력이 있어야 한다는 관점에서 문제를 출제하므로, 국어나 영어과목 역시 교과서에서 배운 내용을 유추 통합해야 풀 수 있는 문제가 나온다. 다시 말해, 내신은 교과서에서 배운 작품이 나오고, 수능은 배우지는 않았지만 교과서 지문의 표현방식이나 정서, 이론, 주장을 이해한 것을 토대로 유추하면 해결할 수 있는 교과서 외의 작품이 나온다.

예를 들어보자. 국어교과서에서 김소월의 〈진달래꽃〉을 배웠다면, 학교 내신시험 문제에는 〈진달래꽃〉이 나오지만 수능에서는 〈산유화〉가 나온다. 〈진달래꽃〉에서 배운 내용을 유추해 〈산유화〉 문제를 맞힐 수 있는지 여부가 중요하다. 즉 교과서에서 배운 것을 새로운 작품에 유추 적용할 줄 아는지를 평가하는 것이다. 실생활에서 다른 사람의 논문을 읽고 이해하는 것이 중요한 언어적 활동이라면, 김소월에 관한 지식이 아니라 김소월의 언어적인 것을 이해하는 학생이 이해도가 높은 학생이라는 의미다.

수학 수능시험은 통합에 가깝다. 내신에서는 두 단원을 배웠으면 시험범위가 두 단원이지만, 수능은 1단원과 4단원과 6단원을 섞어야 풀 수 있는 문제가 나온다. 예컨대 문제의 출발은 함수의 극한인데 풀이과정에서 중학교 때 다뤘던 배분법칙을 쓰고 중간에 미분이 살짝 들어가는 식이다. 제한된 특정 단원에서 출제되는 것이 아니라 고등학교의 몇 과정, 심지어 중학교에서 배운 것까지 사용해야 문제가 풀린다.

그런데 이런 수능 문제를 내신형으로만 공부할 경우 극한 문제가 나오면 '이것은 극한 문제네?' 하고 극한에서 공부한 것만 머릿속에 떠올린다. 그러면 다른 단원의 개념을 사용해야 하는 부분에서 막혀 결국 문제를 끝까지 풀어낼 수 없게 된다.

따라서 수능시험을 잘 치르려면 수능이 뭔지 알고, 그 유형에 맞춰 공부해야 한다. 코끼리를 본 적이 없는 세 사람의 눈을 가리고 코끼리를 만지게 한 다음 대화를 나누게 했다 치자. 한 사람은 코끼리는 커다란 기둥 같다고 하고, 또 한 사람은 커다란 부채처럼 생겼다고 하고, 마지막 한 사람은 딱딱하고 뾰족하게 생겼다고 말했다. 세 사람은 코끼리 다리와 귀, 상아를 각기 만진 것이다. 만일 세 사람에게 그림을 제시하고 코끼리를 고르라고 한다면 어떨까? 맞출 수 있을까? 세 사람 말은 모두 맞지만, 코끼리는 세 사람의 말 모두를 합한 것 이상이다. 내신과 수능이 이런 모양새다. 수능은 코끼리 전체를 보는 시선을 가져야 문제를 풀 수 있다.

꿈을 이루는 방법은 아주 쉽다. 계획대로 행동하는 것, 그것 하나면 된다. 꿈을 글로 적으면 목표가 되고, 목표를 쪼개서 기한을 설정하면 계획이 된다. 그 계획을 더 잘게 쪼개어 날짜를 붙이면 일정표가 된다. 일정표대로 실천하면 계획이 달성되고, 계획대로 행동하면 목표가 달성되고, 목표가 달성되면 꿈이 이루어지기 때문이다.

그런데 수능을 정확히 분석하고 이해해서 가르치는 선생님들은 그다지 많지 않다. 그리고 학생들은 단기간에 효과 내는 방법만을 배우려고 하는데, 수능을 단기간에 효과 내는 방법으로 접근하면 단기간에만 결과가 나오지, 실제 수능시험에서는 효과를 발휘할 수 없다. 이렇게 잘못된 방법으로 공부를 하면, 열심히 공부해도 수능성적이 안 나올 수밖에 없다.

그러면 수능시험을 잘 치르기 위해서는 어떻게 공부해야 하는가? 폭 넓고 깊게, 즐기면서 해야 한다. 김소월의 시를 하나 배웠다면, 그 시만 달달 외우는 것이 아니라 김소월의 시 세계를 살펴보고 자신의 일상의 사물을 김소월처럼 표현해보는 것이 바람직하다. 교과서에서 설명문이나 논설문을 배웠다면, 신문 사설이나 뉴스를 읽고 직접 논설문을 써보는 것이 바로 수능형 공부다.

9

교과서 학습목표와
학습활동 확인은 필수!

수능시험을 앞둔 고3 학생이나 재수생은 흔히 교과서 등 기본서는 제쳐두고 문제풀이 위주로 공부하는 경우가 많다. 많은 학교에서 교과서를 수능시험 훨씬 전에 다 배운 다음, 3학년이 되면 EBS 등과 연계해 문제풀이 위주의 수능시험 대비에 들어가기 때문이다. 그러니 교과서와 기본서는 모두 안다고 생각하고 다양한 유형을 공부한다는 이유로 문제풀이에 치중하는 것이다.

하지만 수능시험을 잘 보기 위해서는 교과서의 학습목표와 학습활동을 확인하고, 기본개념을 익혀두어야 한다. 교과서를 보면 어떤 단원이든 첫머리에 학습목표가 제시되어 있고 뒷부분이나 중간에 학습활동이 소개되어 있다. 학습목표는 무엇을 공부해야 하는지를 알려주는 것이고, 학습활동은 어떻게 공부해야 하는지를 알려주는 방법론이다. 그런데 대부분의 학생들은 이 부분에 거의 주목하지 않는다. 우리가 공부해야 할 것을 학습목표와 학습활동이 말해주는데도, 많은 학생들이 그 부분을 빼고 본문만 보는 것이다. 만일 여러분이 지금까지 본문 위주의 공부를 했다면, 지금부터라도 교과서를 볼 때 반드시 학습목표를 확인하고 학습활동을 직접 해보는 습관을 들여야 한다. 각 단원의 개념을 언제든지 꺼내 쓸 수 있도록 공부하는 것이 중요하다.

나는 가끔 학생들에게 묻는다. "시험기간이 5일 남았고 5개 단원을 공부해야 하면 너는 어떻게 공부할래?" 물으면 내신형 공부를 하는 학생은 "하루에 한 단원씩 꼼꼼하게 볼래요" 한다. 수능형 학생은 "이틀 꼼꼼하게 보고 나머지 이삼 일에 두세 번 반복해서 볼래요"라고 답한다. 이렇게 공부방법이 다를 경우 세밀한 내용은 내신형 학생이 더 잘 알겠지만, 1단원과 5단원의 연계성은 여러 번 스피디하게 공부한 학생이 더 잘 파악한다. 빠르게 읽어나가는 작업을 하는 쪽이 단원 연계성이나 여러 단원에 걸쳐 나오는 문제를 더 잘 풀 수밖에 없다. 수능은 플러스알파가 필요하다.

수능시험의 평가목표는 교과 평가목표와 연동 되어 있기 때문에, 그 연동작업을 해볼 필요가 있다. 지금까지 수능의 평가목표에 대해 잘 모르고 관심도 없었다면, 평가원이나 교육청 홈페이지에 들어가 자료실을 뒤져보자. 출제 매뉴얼은 출제 작업에 투입되는 검토위원이나 출제진에게 수능 출제 메커니즘 훈련을 시키려고 묶어놓은 것을 일반에게 공개한 자료다. 이 매뉴얼을 살펴보면 수능평가 목표를 알 수 있다. 교수들이 서로 논의해서 어떤 것은 넣고 빼고 하는 과정이 다 나오기 때문에, 수능에 대해 이해할 수 있다. 교과서 학습목표를 다 공부하고, 시중서점에서 판매하는 교사용 교과서를 한번 읽어보는 것도 유용하다.

이런 작업을 거치고 난 후에 수능기출문제를 가지고 '이런 스타일로 내는구나' 하는 것을 파악하고 나면, 수능이라는 적에 대해 완벽히 파악할 수 있다. 교과서 또는 교사용 지도서, 수능평가원 자료, 기출문제, 이 세 개만 가지고도 구체적이고 실전적인 학습이 되는 것이다. 수능시험을 치르는 학생이 아니라 중학생 또는 초등학생 자녀가 있다면 교육청 자료들을 활용해보는 것이 좋다. 교육청 홈페이지에 들어가보면 서술형 평가문항 또는 선생님들을 위한 교육 자료들이 있다. 이런 자료를 훑어보고 활용하면, 새로운 학원에 등록시키지 않고도 얼마든지 학습적인 면에서 남보다 능력 있는 엄마가 될 수 있다.

고등학생이 되면 대부분 1년에 4번 정도의 모의고사를 본다. 내신 성적은 그럭저럭 나오는데 모의고사만 보면 성적이 하락하는 학생이 많다. 이러한 학생의 경우 모의고사와 수능점수를 올리는 방법은 지금까지 모르던 새로운 내용을 알아나가기보다 배우긴 했지만 확실하게 내 것으로 만들지 못한 것을 찾아 내 것으로 만들면 된다. 스스로에게 '나는 이 개념을 실전에서 활용할 수 있는가?' 라는 질문을 던지고, 자신이 없다면 반드시 기본학습 시간을 학습계획에 포함시켜야 한다.

출제자가 학습목표를 달성했는지 여부를 판단하는 것이 수능평가이기 때문에, 가장 중요한 것이 학습목표를 확인하는 것이다. 학습목표를 모른다는 것은 결국 무엇을 공부해야 하는지를 모른다는 이야기와 다르지 않다. 교과서를 많이 본다는 이야기는 내가 알아야 할 학습목표를 안다는 이야기다.

　문제풀이 학습의 단점은, 문제를 푸는 기술은 늘지 모르지만 전체를 보는 눈이 키워지지는 않는다는 것이다. '문제 풀어볼 시간도 없는데 언제 교과서 보고 기본학습을 해?' 라고 생각하기 쉽지만, 교과서를 읽는 편이 문제풀이로 파악하는 것보다 시간이 훨씬 적게 걸린다. 수학이라고 할지라도 교과서를 눈으로 읽는 경우 하루면 충분하다. 그렇게 눈으로라도 몇 번 읽으면 전체 단원이 조망이 된다. 따라서 공부를 하루에 10시간 한다면 30분 정도라도 교과서를 보는 습관을 들이자.

　다시 강조하지만 수능은 유추와 통합이다. 따라서 수능시험을 잘 보고 싶다면 교과서를 빠르게 읽는 습관을 들여라. 시간이 적으면 적을수록 문제풀이보다는 교과서를 읽는 것이 오히려 낫다. 수학의 경우에도 마찬가지다. 수능시험이 어렵게 느껴지거나 예상보다 낮은 등급이 나온다면, 수학 상·하, 수1, 미분과 통계 기본 등 네 권을 빠르게 5번만 읽어보자. 교과서 네 권을 다 반복해도 EBS 문제 절반 푸는 것보다 시간이 덜 걸릴 뿐 아니라, 이렇게 공부해두면 실전에서 꺼내 쓰기가 편하다.

　교과서 학습이 어느 정도 진행되고 나면 기출문제를 보되, 수능에서는 학습목표를 어떤 형식으로 물어보는지 파악해보자. '기출문제는 이런 지문을 이용해서 물어보는구나' 하는 것까지 파악하면 수능 공부는 끝이다. 계속 학습목표를 보고 이해하고 반복하고, 마지막에 확인하면서 문제풀이 학습을 하는 것이 가장 정상적이고 바람직한 수능학습 패턴이다.

새벽 1시 취침을 지키기에는 할 일이 너무 많았다. 1시가 넘어서도 재우려는 쪽과 안 자려는 쪽의 줄다리기가 계속되자 학교는 아예 전기 차단 시스템을 기숙사에 설치해서 1시가 되면 기숙사 방의 전등이 저절로 꺼지도록 했다. 그 때문에 아이들은 불이 켜져 있는 복도에 나와서 이불을 깔고 공부하거나 화장실에서 공부하는 진풍경까지 벌였다. 시험 때면 화장실 변기 위나 세면대 바로 앞 명당자리(?)는 자리 잡기가 힘들 정도였다.

『가난하다고 꿈조차 가난할 수는 없다』, 김현근, 사회평론

10

마무리 학습과
이미지 트레이닝

수능이 코앞에 다가온 시점이 되면 수험생들의 심정은 막강한 상대와의 중요한 시합을 앞둔 운동선수의 심정이나 다를 바 없을 것이다. 이길 것인지 질 것인지, 시합이 끝나면 웃는 얼굴로 헹가래를 칠 것인지, 비참한 심정으로 고개를 못 들 것인지…. 그래서 많은 학생들이 남은 기간 동안 시간을 효율적으로 사용하지 못하고 황금 같은 시간을 허비하게 된다.

아무리 집중하려고 해도 집중이 되지 않는 시기이므로 수험생들은 여러 가지 공상에 빠지기 쉽다. '이 영역에서 9월보다 몇 점이 오르고, 저 영역에서 몇 점이 오르고 그렇게만 된다면 내가 원하는 대학에 갈 수 있을 텐데.' 이미지 트레이닝은 이렇게 숫자 놀음하는 공상보다 훨씬 실전에 도움이 되고, 자유로운 상상만으로도 가능한 방법이다. 그러므로 무슨 책을 어디에서부터 볼까 망설여지는 교재를 놓고 하는 학습보다 더 집중하기 쉬울 것이다.

지금은 프로축구팀 감독이 된 황선홍 선수는 2002년 월드컵 폴란드전에서 전 국민이 붉은악마가 되어 응원하며 기다리던 첫 골을 그림 같은 발리슛으로 쏘아 올렸다. 전반 26분, 이을용 선수가 왼쪽 후방에서 걷어 올린 크로스가 황선홍 선수의 왼발을 거쳐 폴란드의 골키퍼 두덱이 지키던 골망을 흔든 것이다. 이후의 인터뷰에서 황선홍 선수는 비결을 묻는 기자에게 마인드 컨트롤과 이미지 트레이닝을 언급했다.

"저는 경기를 앞두고 눈을 감고 경기를 미리 그려보는 연습을 많이 했습니다. 이미지 트레이닝을 하던 장면이 실제로 경기장에서 많이 나타났습니다. 첫 골을 넣은 상황은 오늘 시합 전에 상상하던 상황이라 침착하게 성공시킬 수 있었습니다. 마인드 컨트롤, 이미지 트레이닝, 비디오 연습을 한 다음에 훈련하면 훈련 효과도 높아져요. 골을 놓친 경기 장면을 보고 차분히 분석하는 것도 중요합니다. 비록 실수를 했다 해도 리뷰해서 보는 게 좋습니다. …부정적인 생각보다 긍정적인 생각을 하려고 노력했어요. 못 넣으면 어떻게 할까 두려움이 있다면 플레이가 위축될 수 있습니다. 부정적인 두려움이 없어야 합니다. 자신감을 높이면 골 확률은 자연히 높아집니다."

황선홍 선수의 인터뷰 내용을 소개하는 이유는 그의 훈련방법이 학생들이 공부할 때의 방법과 다르지 않기 때문이다. 교과서 등 기본서를 공부하고 문제풀이를 하고 오답 노트를 적는 것도 중요하지만, 그에 못지않게 시험을 잘 보려면 마인드 컨트롤과 이미지 트레이닝도 중요하다는 이야기다.

　스스로 출제자가 되어보라. 수능에서 무슨 문제가 나올지를 예상해봐라. 공부가 손에 안 잡힐 때 예상문제를 뽑아보면 그동안 봤던 내용이 전부 복습이 된다. 30문제가 출제된다면 3배수인 90문제쯤 나올 문제를 생각해봐라. '홍길동 버전 수능 모의고사' 1회, 2회, 3회 하는 식으로 이름을 붙여보면 재미있을 것이다. 무엇을 공부하든, 나중에 기억날 수 있도록 이름 하나라도 더 붙여보고, 오감을 이용해 이미지화하라. 집중이 안 되는 시기, 뭔가 정리해야 하는 시기이므로 오감을 이용하고 이미지를 이용하면 훨씬 더 기억에 남는다.

　모의고사를 직접 출제해볼 경우, 그 문제를 고르는 과정 자체가 공부다. 어디에서 어떻게 문제를 뽑아야 할지 모를 경우에는 개별교과서 자습서나 문제집보다는 EBS 문제집을 활용하는 것이 좋다. 학년별로 구분되는 개별 문제집은 절대 금물이다. 학년별 문제집은 내신형 문제로 구성되어 있기 때문이다. 반면에 EBS 문제집은 수능형 문제일 뿐 아니라 EBS에서 일정 부분 출제가 되기 때문에 일석이조의 효과가 있다. EBS 문제집이 과목마다 너덧 권씩 있으므로, 그 문제에서 선별해보자. 만일 예상문제 중에서 하나라도 실제 시험에서 나오면 기분이 엄청 좋아진다.

　인간의 뇌는 기분이 좋고 활성화된 상태에서 훨씬 더 큰 능력을 발휘한다. 수능시험에 나오는 내용은 모두 한 번 이상 배운 것으로, 우리의 뇌 어딘가에 저장된 것을 우리가 끌어내지 못할 뿐이다. 그런데 예상문제 중에서 한 문제라도 나오면 엔도르핀과 아드레날린이 분비되어 훨씬 더 긍정적인 결과를 가져온다. 우리 몸이 피곤하고 우울할 때와 기분이 엄청 좋을 때의 운동능력에 차이를 보이는 것처럼, 우리의 뇌도 긴장하고 불안할 때와 기분이 좋을 때의 능력에 차이가 난다.

그리고 수능시험을 볼 때는 시험 시작 20분 전부터 아무것도 못하게 하니 그때 이미지 트레이닝을 해보자. 손해 볼 것 하나도 없다. 위에서 언급한 황선홍 선수뿐 아니라 세계무대에서 독보적인 경기력을 자랑하는 우리나라 양궁선수들의 비법도 바로 이미지 트레이닝이다. 경기장에 들어설 때부터 경기내용까지 눈앞에 선명하게 보일 만큼 이미지 트레이닝을 하면, 실전에서도 같은 결과를 얻을 가능성이 높아진다.

수험생들도 마찬가지다. 시험장에서 눈을 감고 여러 긍정적인 이미지와 예상문제를 떠올려보자. 예상했던 문제가 나오면 기분이 업그레이드되고, 기분이 업그레이드되면 점수도 업그레이드된다. '언어영역 1번 문제는 그림을 이용한 문제가 나올 거야. 설명 내용 중에서 소재는 같으나 구도가 다르게 설명된 함정이 오답일 거야. 두 번째로 설명된 내용이라 앞부분에서 집중하지 못했다면 놓치기 쉬운 문제이니 앞부분을 특히 주의해서 들어야 하는 문제일 거야.' 이런 방법으로 각 영역의 문제나 지문을 떠올려보는 것이다.

만약 잘 안 된다면 자신이 풀어오던 문제집에서 마음에 든 것들을 떠올려보는 것도 좋다. 일명 '이미지 트레이닝'이라고 명명한 이 방법은 마무리 학습으로 상당히 효과적이다. 먼저 문제들을 떠올리면서 그 영역 전반에 대한 정리가 자동적으로 된다는 것이다. 비슷한 문제 유형들을 검토하면서 선별하는 것이므로 자신이 결정한 문제 이외의 내용도 무엇이 나올까를 고민하는 과정에서 머릿속에 잔상을 남기기 때문이다.

　예상하던 문제가 시험지에 보였을 때 기분이 좋아지는 경험을 누구나 해보았을 것이다. 수능이 100% 신유형으로 출제되지 않는 한, 수능 날 자신이 예상한 문제와 유형이나 해결과정이 유사한 문제가 반드시 출제되게 마련이다. 그리고 이때 느끼는 희열은 시험에 대한 집중력과 자신감을 향상시키는 요소가 된다.

　물론 자신이 지금껏 정리해놓은 오답 노트나 여러 차례 반복해 정리된 기본서들을 보는 것 역시 마무리 학습으로 바람직한 방법이다. 그런데 만약 이렇게 정리된 내용이 없거나 있더라도 집중이 안 된다면 독서실 커피 자판기 앞에서 쓸데없는 수다를 떨거나, 헛된 공상에 사로잡히기보다는 자신이 출제자가 됐다는 기분으로 수능 문제를 예상해보는 것이 훨씬 도움이 될 것이다. 그리고 이러한 자신감과 침착함을 무기로 실전에서 '수능대박'이라는 결승골을 넣는 멋진 수험생이 될 수 있을 것이다.

30년의
교육 노하우가 담긴
'학부모 다이제스트'

1

부모라는 '자격'으로
습관처럼 '상처' 주지 마라

미국에 진출해 제68회 U.S.여자오픈 우승을 거머쥔 골프 여제 박인비는 '침묵의 암살자'라는 별명을 갖고 있을 만큼 차분한 평정심의 소유자로 알려져 있다. 그런 박인비의 멘탈코치 조수경 박사는 2008년 11월 U.S.여자오픈 우승 뒤 슬럼프에 빠진 박인비를 꾸준한 멘탈 트레이닝을 통해 현재의 박인비로 만들었다.

박인비의 평정심과 긍정적 마인드에는 합리적인 사고가 기초를 이룬다. 합리적인 사고는 자신의 통제 범위 안에 있는 것과 밖에 있는 것을 구분하는 능력이다. 즉 날씨, 자연환경, 주변의 관심, 경기 결과 등 통제 불가능한 것은 있는 그대로 받아들이는 반면, 기술, 컨디션, 심리상태 등 스스로 통제 가능한 부분에 에너지를 집중하는 것이다.

박인비 선수는 성적이 저하되면서 사람들이 자신을 미워한다는 착각으로 슬럼프에 빠졌을 때, "사람들이 골프를 잘해서 너를 사랑하는 것이 아니다. 골프는 골프고 박인비는 박인비다"라고 조언해준 조수경 박사의 격려가 큰 도움이 되었다고 강조한다.

어떤 일이든 좋은 결과를 얻기 위해 반드시 필요한 것이 바로 마인드다. 골프를 잘하기 위해서 통제 가능한 부분에 초점을 맞추듯, 수험생들도 흔들릴 수 있는 여러 여건이 있기 때문에 자신이 통제 가능한 부분에 에너지를 집중하도록 부모가 도와주어야 한다. 물론 공인들과는 강도에서 조금 차이가 있겠지만, 수험생들 역시 성적이 조금만 떨어져도 부모가 자신을 사랑하지 않는다고 생각하고 자신은 쓸모없는 존재라고 착각한다.

대중들이 나를 더 이상 사랑하지 않는다는 공인의 착각은 아닐 수도 있고 맞을 수도 있지만, 가족 간의 관계는 분명 착각이다. 성적이 잘 나와서가 아니라 아들이고 딸이기 때문에 사랑하는 것이다. 수험생들은 자신이 시험을 잘 보지 못하면 부모님이 사랑하지 않거나 미워하게 될 거라고 착각하고 자괴감에 빠져드는 것이다. 부모는 자녀들의 그런 심리에 민감하지 않게 마련인데, 반면에 대부분의 수험생은 성적이 저조하면 엄마한테 미안해 하고 성적이 발표될 때 부모가 실망할까 걱정을 한다.

이런 자녀들의 착각이 어찌 보면 당연한 것이, 1등 했을 때는 눈에 넣을 듯이 예뻐하다가도 성적이 떨어지면 야멸차게 구는 모습을 보이기 때문이다. 내면을 들여다보면 분명 성적이 떨어져도 자식을 사랑하는 것이 분명한데도, 아이 눈에는 성적에 따라 달라지는 부모의 태도가 자신을 사랑하지 않는 것처럼 보이는 것이다.

성적과 가족 간의 사랑은 별개다. 좋은 성적이 플러스알파일 수는 있으나 근본적인 마음이 성적 때문에 없어지거나 미움으로 바뀌지는 않는다. 명문대학도 인생에서 플러스알파다. 명문대학을 나오면 남들보다 잘살 수 있는 확률이 다소 높아질 뿐이며, 부모는 자녀가 실패해서 힘들게 살까 두려워 좋은 성적을 추구한다. 부모는 실패할 리스크를 없애는 데 관심이 있고, 그래서 연예인이 되기보다는 공부하기를 원한다. 공부가 그래도 우리 사회에서 가장 안정적인 투자처이기 때문에 인생에서 실패하지 않았으면 하는, 리스크 헤지risk hedge 차원에서 압박을 주는 것이다.

아이들과 이야기하다 보면 사춘기 시절의 많은 아이들이 부모와의 관계에서 상처를 받는다. 그럴 때 내가 해주는 이야기가 바로 위의 이야기다. 가족들이 상처를 주는 이유는 그만큼 많이 사랑하기 때문인데, 그 사랑이 의심될 때 아이들은 힘들어 하고 상처받는다. 부모는 조언 또는 훈육이라고 생각하고 해주는 이야기도 아이들에게는 힘든 상처가 된다. 이런 상처가 아이들의 사고방식을 부정적으로 바꾸는 것이다.

특히 아버지가 어렸을 때 가난하고 힘든 환경을 이겨내고 성공한 경우, 다시 말해 계층이동의 사다리에 올라선 경우 자녀들이 기대에 미치지 못하면 "돌대가리냐? 아빠는 없는 형편에도 이렇게 했는데 너는 왜 그러냐!" 하는 식으로 이야기한다. 개천에서 용이 태어나던 것은 아버지 시대의 환경이다. 그 시절에는 누구나 가난했고, 노력하는 사람이 더 성적이 잘 나올 수밖에 없는 구조였다. 하지만 지금은 다르다.

대부분의 학생이 부모의 아낌없는 뒷받침을 받고 있고, 일찍부터 학원에 다니고 있다. 그래서 눈에 보이는 노력만으로는 성적이 나오지 않는다.

가슴에 손을 얹고 냉정하게 생각해보라. 개천 출신의 용이 된 아빠도 고등학교 시절에는 스트레스 많이 받고 힘들어 했고 많은 고민을 했다. 그러니 "그래, 충분히 아픈 거야. 정말 넌 힘든 상황임에 틀림없어. 그런데 아빠도 이렇게 이겨서 나왔잖아. 그러니 너도 이겨나갈 수 있을 거야. 나는 너를 늘 응원한단다" 이렇게 이야기를 해줘야 한다. 말을 하는 의도는 같지만 "그게 뭐 힘들다고"라고 말하는 것과는 정반대의 효과를 낸다.

아이들을 섣부르게 위로하는 것보다 공감하는 것이 먼저다. 자녀들과 공감하는 것은 절대 어려운 일이 아니다. 우리도 같은 시절을 거쳐왔기 때문이다. 우리도 경험한 일을 공감하지 못할 이유가 없지 않은가? 절대 어려운 것이 아니다. 지금 시점에서 돌이켜보지 말고 그때로 돌아가 생각해보면 쉽게 느낄 수 있다. 눈을 감고 그 시절로 돌아가 생각해보라. 그러면 아이들의 고통이 느껴질 것이다.

부모들이여, 자신들의 중학시절로, 야간자습과 도시락, 콩나물 교실로 상징되던 고등학교 시절로, 아이도 아니고 성인도 아니었던 십 대 말, 이십 대 초반으로 돌아가보라. 그리고 그때 받았던 상처들을 떠올려보면, 지금 자신의 아이에게 상처가 되는 말을 하는 자신이 부끄러워질 것이다.

2

부모의 교육적 소신에
아이를 포함하라

부모의 그릇된 교육적 소신이 자녀에게 독이 되는 경우는 흔히 '공부 잘해서 명문대 졸업장을 가지고 있어야 인생이 편안해져'라는 판단 아래 자녀에게 지나치게 공부를 강요하는 경우다. 공부 때문에 스트레스를 받은 자녀들이 오히려 튕겨져 나가서 공부도 가정의 화목도 부모자식 사이의 사랑도 금이 가는 사례는 주변에 무수히 많다. 반면 부모가 이러한 입시 위주의 교육에 너무 염증을 느낀 나머지 그릇된 선택을 하는 경우도 있다.

성공해서 잘사는 내 친구가 있다. 그 친구는 우리나라 학교의 공교육 교과과정이 마음에 들지 않는다는 이유로 자신의 아이를 중학교 때부터 대안학교에 보냈다. 교육부의 인가를 받은 대안학교에서는 교과과정의 절반은 국어·영어·수학 등 국민공통교과를 가르치지만, 나머지 50%는 학교의 특성을 살려 생태농업, 건축 등 특성화 과목을 가르친다. 시험을 보지 않으며, 따라서 성적순으로 아이들을 줄 세우지 않는다.

그런데 그 친구가 작년에 나를 찾아왔다. 아이가 고등학교 3학년이 되자 생각지도 못하던 고민이 생겼다는 것이다. 자신은 대학교를 졸업하지 않아도 얼마든지 인생을 행복하게 잘살 수 있다고 생각했고, 그래서 공부와 성적표에 찌들지 않고 행복한 학창시절을 보낼 수 있는 대안학교에 보냈다. 그런데 아이가 대학에 가서 문학을 전공하고 싶다는 거였다.

문제는 중학교와 고등학교 6년을 대안학교에서 공부한 친구 아들이 일반 중학교와 고등학교 교육을 받은 친구들과 공부 면에서 경쟁이 될 리 없었다. 시험과 성적이 없는 대안학교에서는 성적이 아무런 상관이 없었지만, 고3이 되고 진로를 생각하면서 그제야 대학에 가려고 보니 들어갈 수 있는 대학이 없었다. 그래서 친구 아들은 재수생 종합반에서 기본기를 밟아가며 처음부터 차근차근 공부하고 있다.

이 친구가 아이를 대안학교에 보낸 것이 잘못은 아니다. 다만, 대안학교에 보낸다는 결정을 할 때 자녀의 장래 희망사항이나 꿈, 적성과 진로, 무엇보다도 자녀의 의사를 반영해야 했다. 대안학교에 진학한다고 해서 무조건 대학에 못 가는 것이 아니다. 학력 인정이 안 되는 미인가 대안학교도 있지만 체험 및 인성교육과 함께 수능을 준비시키는 학교도 있다.

1997년 지리산에 최초의 전일제 대안학교인 간디청소년학교가 설립된 이후, 대안학교는 '학생이 자기주도적으로 인생을 개척할 수 있게 하며, 체험과 인성 위주의 교육을 하는 학교'로서, 공교육의 문제점을 극복하려는 노력을 계속해왔다. 대안학교에는 인가학교와 미인가학교가 있는데, 미인가학교는 도시를 벗어나 생태적 학습을 하는 전원형학교와 도시 안에서 생태적 학습 등을 시도하는 도시형학교로 나뉜다. 미인가학교는 학교 특성별로 그룹홈학교, 마을학교, 창의성학교 등이 있는데, 교육과정과 등록금을 자유롭게 편성하는 대신 학력인정을 받으려면 검정고시를 봐야 한다.

인가학교는 학력인정을 받으며, 본인이 원할 경우 대학입시를 준비하도록 도와주는 대안학교도 많고, 대학진학률이 좋은 대안학교도 있다. 2013학년도 수능실적만 보더라도 춘천의 전인고등학교, 성남의 이우고등학교, 산청의 지리산고등학교, 부산의 지구촌고등학교 등은 어지간한 일반고보다 오히려 좋은 성적을 냈다. 최초의 대안학교인 간디고 역시 2013 수능성적 기준 1, 2등급 비율이 5.8%에 달하며 대학진학률은 70% 선을 기록하고 있다.

이렇게 인성교육과 체험이라는 대안학교의 장점과 취지를 충분히 살리면서도 교과목 공부까지 두 마리 토끼를 잡을 수 있는 대안학교도 얼마든지 있기 때문에, 대안학교를 선택하더라도 그 선택 과정에 자녀의 의사와 진로계획이 충분히 반영되어야 한다는 이야기다. 내 친구의 경우에도 대안학교 입학을 결정할 때 자녀가 판단능력이 미숙하거나 무언가를 스스로 결정할 준비가 안 되어 있었다면 대안학교 입학을 재고했어야 했다.

자녀교육에 관한 부모의 생각과 행동에 대해 내가 문제라고 생각하는 것은 의사결정과정에서 자녀들의 의사가 반영되지 않는다는 것이다. 아무리 부모가 머리를 맞대고 자녀를 위해 연구한 결과라고 할지라도, 그 과정에 자녀들의 의사가 반영되지 않기 때문에 결국은 자녀에게 부모의 생각을 옳다고 강요한 이치밖에 되지 않는다. 자녀가 선택할 준비가 안 된 상태에서 '이렇게 살아야 해' 하고 강요하는 것은 비교육적인 처사다.

설사 부모가 아무리 진보적인 지식인이어도 아이가 "나는 진보적이고 싶지 않아요. 내가 원하는 다른 일을 하고 싶어요" 하면 아이 말을 들어주어야만 한다. 자녀의 인생을 살아가는 것은 아이고, 아이는 부모가 없는 세상에서도 수십 년 동안 살아가야 한다. 부모가 진보적이라고 해서 자녀도 진보적인 삶을 살도록 강요하는 것은 잘못이며, 역으로 부모가 보수적이라고 해서 자녀도 보수적인 삶을 살아야 한다고 강요하는 것은 잘못이다.

자녀들은 자신의 삶의 색깔을 선택할 수 있어야 한다. 교육의 스펙트럼은 매우 다양하다. 그토록 다양한 스펙트럼 중에서 어느 방향을 택할 것인가는 자녀 본인이 선택하도록 해야 하며, 그 방향성을 부모가 강요하는 것은 좋지 않다, 특히 어린 나이에 강요하는 것은 더욱 좋지 않다. 부모가 아무리 대학졸업장이 별로 중요하지 않다고 강조해도 아이가 가고 싶은 대학이 있고, 대학졸업장이 중요하다고 생각하면 대학에 보내야 한다.

아이가 이와 같이 자신의 방향성을 결정하기도 전에 좁은 길을 걸어갈 수밖에 없는 선택, 예를 들어 대학진학의 길로 들어설 수 없는 대안학교에 보낸다든지 하는 것은 일종의 횡포라는 사실을 알아야 한다. 그 길이 무엇이든, 아이에게 중요한 것이 중요한 것이다.

3

◇ ◇
◇

'엄마 덕분에'와 '엄마 때문에'

몇 달 전 〈무한도전〉 TV 프로그램에서 MC 유재석이 어느 어머니의 편지를 소개해서 많은 사람들을 뭉클하게 만든 적이 있다. 1909년 10월 26일 이토 히로부미를 저격하고 사형선고를 받은 안중근 의사의 어머니 조마리아 여사가 사형을 앞둔 아들에게 전한 마지막 편지였다.

"옳은 일을 하고 받는 형刑이니

비겁하게 삶을 구걸하지 말고 떳떳하게 죽는 것이

이 어미에 대한 효도인 줄을 알아라.

살려고 몸부림하는 인상을 남기지 말고

의연하게 목숨을 버리거라.

네가 만약 늙은 어미보다 먼저 죽은 것을

이런 어머니 밑에서 자랐기에 안중근 의사는 대의를 위해 목숨을 바치는 의인으로 성장할 수 있었을 것이다. 위대한 인물이나 성공한 사람들 뒤에는 대부분 위대한 어머니가 있다. 나폴레옹은 "자식의 운명은 언제나 그 어머니가 만든다"라고 말하면서 "프랑스 여인들이여, 훌륭한 어머니가 되도록 노력합시다. 그래야 모든 자녀가 훌륭해질 수 있습니다"라고 했다.

벤저민 프랭클린Benjamin Franklin은 17남매 중 15번째로 태어나 1년밖에 학교를 다니지 못했다. 하지만 "낮에는 노동하고 밤에는 책을 읽어라" 하는 어머니의 가르침에 충실히 따른 끝에 미국의 위대한 정치가이자 과학자, 외교관, 저술가로서 왕성한 활동을 했다. 토머스 에디슨의 어머니는 초등학교에서도 쫓겨난, 19살까지 편지 한 장 제대로 쓰지 못하던 에디슨을 직접 가르치고 지도해 발명왕으로 만들었다. 에디슨은 훗날 "어머니는 내 마음을 이해하여 내가 좋아하도록 자유롭게 공부를 시켜주셨다"라고 강조하면서 자신의 성공은 오로지 어머니 덕분이라고 했다.

우리나라 화폐에 등장한 유일한 여성인 율곡 이이의 어머니 신사임당은 지금도 훌륭한 자식 교육의 표본이다. 율곡은 어머니가 15살 때 돌아가시자 너무나 슬퍼한 나머지 금강산으로 들어가 스님이 되려고까지 했다. 한석봉이 공부를 게을리하자 그의 어머니가 불을 끄고 "나는 떡을 썰 테니 너는 글을 써라" 해서 고르게 썰린 떡으로 아들을 깨우치게 한 이야기 또한 모르는 사람이 없을 것이다.

세계 최고의 교육열을 자랑하는 대한민국 어머니들의 선조답게 조선시대의 여성들 역시 자식들에 대한 교육열이 대단했다. 여성들이 직접 교육을 받을 수 없는 시대였음에도 불구하고, 아이들이 서당에서 『천자문』, 『동몽선습』 등의 책 한 권을 다 배우고 나면 책거리를 통해 마을 잔치를 했다. 열심히 잘했다고 칭찬함과 동시에 다음 진도를 향해 나아가도록 독려했던 것이다.

'훌륭한 어머니 하나가, 교사 백보다 낫다' 는 말은 동서고금을 불문하고 틀린 말이 아닌 것이다. 그래서 많은 수상자들이나 훌륭한 사람들이 "어머니 덕분에 성공했다", "제일 먼저 부모님께 감사드립니다"라는 이야기를 하는 것이다.

그런데 이렇게 '어머니 덕분에' 라고 칭송받는 엄마들이 있는가 하면 '엄마 때문에' 라고 지탄받는 부류도 있다. "어려서 작은 것을 훔쳤을 때 왜 따끔하게 혼내주지 않았느냐"면서 자신의 어머니를 원망했다는 도둑 이야기처럼, 잘못된 사람들을 살펴보면 대부분 그 부모에게 문제가 있는 경우가 많다.

훌륭한 아이를 낳고자 하는 엄마는 임신 초기부터 태교를 한다. 뱃속에 있을 때부터 엄마가 먹는 것, 보는 것, 듣고 느끼는 것에 따라 아이들의 성격이 달라지기 때문이다. 많은 문제아들이나 일탈아동, 가출청소년의 가정을 보면 화목하고 행복하게 서로를 존중하며 사는 부모들이 거의 없다. 겉으로는 모든 것을 갖추며 사는 것처럼 보여도, 가족관계를 살펴보면 아이들 행동의 답이 나오는 것이다.

가정에서 존중받지 못하고 인격적인 대접을 받지 못해 비뚤어진 많은 아이들은 '엄마 때문에' 또는 '아빠 때문에' 힘들다고 호소한다. 부모들이여, 현재 자신의 양육태도를 한번 되돌아보라. 당신의 자녀는 10년 후에 '엄마 덕분에'라고 감사할 것 같은가, '엄마 때문에'라고 원망할 것 같은가?

4

학부모 천태만상

길을 걸으면서도 자녀에게 끊임없이 잔소리를 하는 부모, 많은 사람들 앞에서 아이를 호되게 꾸짖는 부모, 등교하는 아이의 뒤통수에 대고 공부 열심히 하라는 부모, 자녀에게 하는 말의 80%가 공부 이야기인 부모, 공부 잘하는 아이의 친구와 비교하는 부모, "숙제 다 했니?"가 입에 붙은 부모, "그러니까 네가 그 모양이지"라고 아무렇지 않게 말하는 부모, 자녀와 함께 손을 잡고 산책하는 부모, 아이와 함께 영화를 보는 부모, 아이와 함께 책을 읽는 부모….

부모와 자녀가 엮어가는 관계는 참으로 다양하다. 여러분은 자녀와 어떤 관계를 유지하고 있는가? 자녀들이 내 말을 들어주지 않는다, 내가 무슨 말을 하든 반항한다, 피시방에만 간다, 집에 있어도 게임만 한다, 보면 속에서 열불나고 한심하다…. 이런 말을 하는 부모들을 보면, 대부분 자녀가 어렸을 때부터 습관적으로 잔소리를 한다. 그런데 놀랍게도 부모 입장에서는 스스로가 잔소리를 했다고 깨닫지 못한다. 아이와 대화를 했을 뿐, 또는 꼭 필요한 훈육을 했을 뿐이라고 한다.

만일 엄마가 말만 하려고 하면 아이가 짜증을 내거나 아예 말을 듣지 않으려고 든다면, 스스로의 언어습관을 한번 반성해보아야 한다. 나는 절대 그렇게 하지 않는데도 애가 싫어한다고? 만일 그렇다면 자녀와 대화할 때 핸드폰 녹음기능을 이용해 대화 내용을 녹음했다가 한번 들어보라. 짜증을 내고 톡톡 쏘거나 화난 듯한 말투, 퉁명스럽게 말하거나 명령조의 말투에 스스로도 깜짝 놀랄 것이다. 한쪽에서 이런 말투를 사용하면, 아무리 이야기를 많이 해도 그것은 대화가 아니다.

대화, 즉 커뮤니케이션은 부모와 자식 사이를 원만하게 만들어주는 데 필수불가결한 요소다. 자녀와 소통하고 싶은 부모라면 아이의 말을 경청할 줄 알아야 한다. 아이의 말을 들어주는 것만이 경청이 아니다. '경청했다'고 말하기 위해서는 아이가 하려는 말을 듣고 싶어해야 하고, 아이의 생각이 어떤지를 판단하지 말고 받아들일 수 있어야 하고, 공감해야 하며, 아이를 하나의 독립적인 인격체로 바라봐야 한다. 아이가 어떤 고민을 이야기할 때 중간에 말을 끊고 해결책을 제시해주는 것이 아니라, 아이 스스로 해결책을 만들어낼 수 있다는 것을 믿고 바라볼 줄 알아야 한다는 것이다.

부모가 자녀에게 해줄 수 있는 것은 어떤 결과가 아니다. 부모가 자녀에게 줄 수 있는 것은 아이가 원하는 미래 또는 부모가 원하는 미래에 도달할 수 있는 과정을 선택해주는 것뿐이다. 예를 들어 의사가 되고 싶어 하는 자녀에게 열심히 공부하도록 학원에 보내주고, 학습 환경을 만들어주고, 원하는 책을 사줄 수는 있지만, 대신 공부해서 대신 의사가 될 수는 없다. 열심히 공부할 수 있는 환경을 만들어주는 것, 거기까지가 부모가 할 수 있는 일의 최대치다.

부모가 선택해주는 과정을 자신의 것으로 만들어 결과를 이루어 내는가 여부는 전적으로 자녀에게 달려 있다. 부모가 선택해준 과정을 자녀가 고마워하면서 최대치의 노력을 기울일 것인가, 과정 자체를 싫어할 것인가를 결정하는 것이 바로 부모와 자녀의 관계다. 사춘기 또는 십 대 자녀들은 정신적으로 아직 미성숙한 존재다. 인생 전체를 통틀어 가장 좋은 선택이 무엇인지, 객관적으로 판단하지 못한다는 이야기다. 왜냐하면 자신들이 소용돌이 한가운데 있기 때문이다. 이 소용돌이를 관조觀照하고 아이를 이끌어주는 역할을 부모가 해야 나중에 '엄마 덕분에' 라는 감사의 말을 자녀로부터 들을 수 있다.

자녀를 성공하게 하려면 자녀와 소통이 잘 이루어져야 한다. 소통이 잘 되는 부모와 자녀는 서로에게 영향을 미칠 수 있다. 자녀와 소통하고 자녀를 올바른 길로 인도하려면 부모도 공부를 해야 한다. 아이에게 직접 함수나 미분적분을 가르치라는 이야기가 아니다. 적어도 자신이 자녀들에게 어떤 유형의 부모인지 파악해보고, 뭔가 잘못하고 있다면 고치려고 노력해야 한다. 학부모 유형검사는 인터넷에 들어가보면 얼마든지 해볼 수 있다.

뛰어넘을 수 없는 벽은 찾아오지 않는다. 고통 없는 성공은 있을 수 없다. 성공이라는 글자를 현미경으로 들여다보면 그 속에는 수없이 작은 실패가 개미처럼 많이 기어 다닌다.

『내 인생에 힘이 되어준 한마디』, 정호승, 비채

학부모 유형은 정보수집형, 추종형, 무관심형, 전문가형으로 나누거나, CEO형, 이론가형, 매니저형, 정치가형, 가정교사형, 사감형, 방목형, 남남형으로 나누거나, 통제형control, 자율형autonomous, 방임형neglect, 종속형subordinate으로 구분하거나, 방임형, 민주형, 리더형, 관리형, 권위형으로 나누는 등 다양한 분류방법이 있다. 어느 것이든 골라서 테스트를 해보자. 자녀의 성격 특성도 마찬가지로 파악해보자.

자신과 자녀가 어떤 유형에 속하며 어떤 특성을 가지고 있는지를 파악하면, 둘 사이의 관계를 원만하게 하기 위해 고쳐야 할 점을 알게 된다. 나를 알고 자녀를 알려고 노력하면, 어느 새 아이가 '엄마 때문에'라는 말 대신 "엄마 고마워요"라고 말하게 될 것이다.

5

삼무일극三無一極

학부모 삼무일극, 이 용어는 국어사전이나 한자성어를 아무리 찾아
봐도 나오지 않는다. '삼무일극'은 우리 학원에서 학부모 대상으로
입시설명회를 할 때 '수능대박 수험생 부모 되는 비법'으로 말해주
는, 우리 학원에서 만들어낸 용어기 때문이다.

학부모 삼무일극學父母 三無一極은 수험생 학부모라면 세 가지는 없
어야 하고 하나는 극대화하라는, 즉 절대로 해서는 안 되는 것 세 가
지와 꼭 해야 하는 것 한 가지의 행동수칙을 말한다. 절대 해서는 안
되는 것들은 첫째, 절대로 비교하지 마라, 둘째 일반화하지 마라, 셋
째 성적에 대해 관심을 표명하지 마라, 이 세 가지다. 학부모가 수험
생 자녀에게 극대화해야 할 것은 생활 관리다.

서울대 외교학과에서도 시험 때만 되면 학생들은 기문의 주변으로 모여들었다.
완벽하게 정리된 기문의 노트를 빌리기 위해서였다.
반기문은 워낙에 중고등학교 시절부터 필기를 잘하기로 유명했다.
이른바 '필기의 왕' 이었다. 머리가 좋았지만 반기문은 머리에만 의지하지 않았다.
꼼꼼하게 필기하면서 배운 것을 자신의 것으로 정리했고,
언제든지 들춰보면서 다시 공부할 수 있게 했다.

『바보처럼 공부하고 천재처럼 꿈꿔라』, 신웅진, 명진출판

첫째, 절대로 비교하지 마라. 이것은 수험생뿐 아니라 모든 사람에게 해당되는 것이다. "옆집 애는 학교 갔다 오면 공부부터 한다는데 너는 집에만 오면 컴퓨터부터 붙들고 있니?"라고 비교하는 엄마도 아이가 "친구 엄마는 빵이랑 웨지 감자, 치킨, 새우튀김 이런 것까지 집에서 직접 만들어주신대. 근데 엄마는 왜 이렇게 요리를 못해?" 한다든가 남편이 "김 과장 부인은 당신보다 나이가 많은데도 훨씬 더 날씬하고 세련됐던데. 당신도 몸매 관리 좀 하지 그래" 한다면 듣기 싫고 화가 날 것이다.

그런데 많은 부모들이 자녀에게 상처가 되는 이야기를 한다. '공부하라'는 말을 하루에도 몇 번씩 한다면 아이는 공부의 '공' 자만 들어도 짜증부터 날 것이다. 친구 아들은 공부도 잘하고 운동도 잘하던데, 하는 이야기를 날마다 들으면 '친구 아들' 자만 나와도 듣기가 싫을 것이다.

하지만 절대로 다른 학생과 비교하지 말라는 것은 아니다. 생활 속에서 반복적으로 말하니 문제가 되는 것이지 어쩌다 한번 이야기하는 것 때문에 문제가 되는 것은 아니다. 실은 긍정적인 효과도 조금 있다. 경쟁심과 목표의식 제고를 위해서라도 1년에 한두 번 이야기하는 것은 오히려 도움이 된다.

둘째, 일반화하지 마라. 이 말은 친구 아들이 어떤 선생님에게 배워서 성적이 올랐다고 해서 우리 아이도 그 선생에게 맡기는 어리석음을 범하지 말라는 것이다. 친구 아들이 가지고 있던 문제를 내 아들도 갖고 있는 것 아니고, 친구 아들이 모르던 것을 내 아들도 모르는 것이 아니다. 다른 사람이 아니라 우리 아이에게 집중하고, 우리 아이의 문제에 맞는 게 무엇인지 찾아서 처방을 내려야 한다. 공부에 관한 한 만병통치약은 없다. 국어 하나를 선택해도 상황에 맞는 처방을 내려야지, 어줍지 않게 누가 잘한다더라 하고 쫓아다니는 것은 금물이다.

셋째, 성적에 대해 관심 표명하지 마라. 이 말은 수험생에게만 해당하는 사항이다. 수험생의 심리상태는 일반적이지 않다. 건드리기만 해도 터질 만큼 부풀어 있는 풍선과도 같다. 피해의식을 가진 사람들은 피해의식과 관련된 부분에 대해 칭찬을 해줘도 비아냥거리는 것으로 듣는다. 일반적인 상황에서는 야단을 치면 자존심은 상할망정 의도한 효과가 나온다. 문제점을 개선하려고 노력하는 것이다.

그런데 수험생처럼 피해의식이나 엄청난 스트레스와 두려움, 민감한 상항에 빠져 있을 경우에는 제대로 된 커뮤니케이션이 이루어지지 않는다. 한마디로 수험생은 피해의식 덩어리라고 생각하면 된다. 성적이 올랐다고 칭찬하면 진심으로 칭찬한 것임에도 불구하고 "더 올리라는 이야기죠?" 하고, 성적이 안 나왔다고 걱정하면 바로 혼낸 것으로 받아들이고 "어쩌라는 이야긴데?" 하는 반응이 나온다.

예를 들어 90점 맞던 아이가 95점을 받아서 "이번에 95점 맞았더라?"라고 말했다 치자. 점수를 5점이나 올린 것에 대한 칭찬으로 한 이야기일 때도 "아직도 100점에서 5점 남았다는 말이지?" 이런 식으로 반응한다. 선의로 한 이야기는 악의적으로 받아들이고, 악의는 더 과장해서 받아들인다.

그러니 성적 이야기를 하고 싶다면 아이에게 직접 하지 말고 학원 선생님이나 학교 선생님과 상담하면서 말해라. "우리 애 성적 어떤가요?" 이렇게 말이다. 그렇게 상담도 하고 학생들 관리도 하라고 선생님들이 월급을 받는 것이다. 엄마가 성적 이야기를 꺼내어 애가 실패하는 경우는 많아도, 엄마가 성적 이야기 안 해서 애가 실패하는 경우는 없다.

하지 말아야 할 세 가지 외에, 수험생 부모가 극대화할 것은 생활관리다. "일찍 일어나라, 일찍 자라, 밥 제때 먹어라" 하는 말은 얼마든지 해도 된다. "성적도 못 내면서 늦잠 자니!" 이렇게만 안 하면 된다. 늦잠 자는 아이한테 빨리 일어나라고 했더니 조금 더 자겠다고 짜증을 내더라도 그것은 습관적인 것일 뿐, 아침에 깨운다고 엄마 싫어하는 애는 없다. 아이들은 잠 깨워주는 것, 도시락 싸주는 것, 밥 챙겨주는 것 등은 엄마의 전문영역으로 생각한다. 전문영역에서 전문가가 말하는 것은 당연하다고 생각하기 때문에, 생활관리 영역에서는 얼마든지 잔소리를 해도 된다는 것이다.

아이들은 교육에 관해서는 엄마가 전문가가 아니라 문외한이라고 생각한다. 그래서 엄마가 교육적인 부분과 성적에 관해 뭐라고 나무라면 펄쩍 뛰고 반항하는 것이다. 자신의 전문분야가 아닐 때는 노터치가 가장 좋은 결과를 낸다. 그러니 엄마는 성적에 관한 것은 입을 꼭 다물자. 성적에 관해 아이에게 할 말이 있으면 학교 담임선생님이나 학원 담임선생님을 통해서 "이렇게 말해주세요"라고 부탁하는 것이 좋다.

6

자신과 주변의 이목보다
아이의 인생을 보라

부모는 흔히 성적이라는 단일한 가치로 아이들을 평가한다. 모든 학생들이 공부를 잘할 필요는 없다. 어렸을 때부터 김연아 선수의 소질을 발견하고 키워주지 않고 공부만 시켰으면 전 세계 사람들을 감탄하게 만드는 피겨스케이팅 선수가 될 수 있었을까? 박지성 선수, 박태환 선수, 류현진 선수의 부모가 자녀들을 공부 잘해야 한다고 학교와 학원에 붙들어놓았으면 오늘날의 모습으로 성장할 수 있었을까?

세상은 이미 다양한 가치기준으로 평가를 하는데, 왜 부모들은 20~30년 전 기준으로 아이들을 평가하는지 모르겠다. 총점에서 1등을 받는 것이 중요할 뿐 아니라 미술·수학·영어·음악 등 각자의 고유한 가치가 존중되는 입시문화가 인정받는 세상이다. 예체능계뿐 아니라 대학입시에서도 마찬가지다.

어떤 분야에 탁월한 재능을 보이는 아이를 성적으로만 평가해서 우등생으로 만들려고 하는 것은 자신의 아이를 다른 사람들의 아이와 똑같이 만드는 행위다. 자신의 아이를 다른 가치기준으로 평가해 줘야 차별화된 인재가 되지 않겠는가? 오늘날은 다른 사람과 달라야 성공할 수 있는 사회다. 어릴 적부터 소질을 미리 발견하고, 꾸준히 연습하고 개발하면서 자신의 소질을 발전시키는 편이 무난하게 공부하는 것보다 훨씬 나은 미래를 가져올 수 있다. 열심히 공부해 우등생이 되고 대학입시나 입학시험이나 자격시험 등 각종 시험에 통과하면 무난하고 안전한 삶을 살 수는 있다. 하지만 공부는 못하더라도 자신이 잘하고 좋아하는 분야로 진출하면 인생에서 이른바 '대박'을 칠 수 있다. 학창 시절에 공부를 별로 못했음에도 불구하고 동창모임에 가보면 성공해서 잘 나가는 친구들이 많지 않은가 말이다.

적성이란 특정 활동이나 작업을 수행하는 데 필요한 능력과 그 능력의 발현 가능성과 잠재력을 가늠하는 것을 의미한다. 적성검사를 하는 이유는 직업과 진로를 선택하기 위함이다. 진로는 인생을 어떻게 살아야 하는지에 대한 큰 그림을 그리는 작업이고, 직업은 진로의 한 부분이다. 진로가 숲이라면 직업은 나무라고 할 수 있다.

진로선택을 할 때는 자신이 잘하는 것이나 좋아하는 것, 남들이 잘한다고 하는 것 등을 모두 감안해서 판단해야 한다. 그래서 적성검사가 필요하다. 그런데 학생들의 진로선택이 어렸을 때 부모에 의해서 정해지는 경우가 많다. 부모가 아이의 미래를 결정한 상태에서 아이에게 그에 필요한 것을 배우게 하는 경우가 많다. 사실 아이들의 입장에서 본다면 자신의 미래를 스스로가 결정하지 못하고 부모 님이 결정해주기 때문에 나중에 자라서 성인이 되면 혼란을 겪을 수 도 있다. 나중에 진로 선택 사이에서 부모와 자녀의 갈등이 생기는 이유다. 그래서 객관적인 기준을 통한 다양한 적성검사가 필요한 것 이다.

학생들이 흔히 하는 적성검사는 홀랜드 검사와 다중지능검사 등이 있다. 홀랜드 검사는 미국의 유명한 진로심리학자인 존 홀랜드John Holland의 이론에 근거한 검사로, 6가지 유형으로 직업군을 분류한 뒤 진로유형에 따라 전공학과와 추천직업군이 선정되는 방식이다. 검사 를 하면 홀랜드의 6각 모형으로 검사결과지가 나오며, 6각 모형은 실 재형(R), 탐구형(I), 예술형(A), 사회형(S), 기업형(E), 관습형(C)으로 나 뉜다.

다중지능검사는 하버드 대학교 교수인 하워드 가드너Howard Gardner 가 개발한 다중지능이론을 기반으로 제작된 검사다. 그는 인간의 지 능이 언어지능, 논리수학지능, 신체운동지능, 음악지능, 공간지능, 자연친화지능, 자기성찰지능, 대인지능(인간친화지능)이라는 8개의 지 능과 종교적 실존지능으로 이루어져 있다고 강조한다. 즉 지능검사IQ test만으로는 인간의 모든 영역을 판단하거나 재단할 수 없다는 것이 다. 각각의 지능이 조합됨에 따라 개인의 다양한 재능이 발현된다는 것이다.

적성은 자신이 이미 갖고 있는 자신만의 능력이다. 남과는 다른 자 신만의 장점이므로, 부모는 아이가 커가면서 특별히 잘하는 것을 파 악해 적성을 살릴 수 있는 방향으로 인생을 설계해주는 것이 좋다. 흥미는 자신이 좋아하는 일, 관심 있는 것을 말한다. 그림이 좋아서 그린다든지 컴퓨터를 고치는 것이 재미있다든지 사람과 대화를 하는 것이 즐겁다든지 하는, 그 사람의 흥미를 끌게 하는 요소다. 무슨 일을 하든 간에 흥미가 있어야 재미있고 오랫동안 할 수 있다.

성격은 선천적인 것과 후천적인 것이 있다. 선천적인 것은 태어날 때부터 갖고 있는 것이고 후천적인 것은 살면서 환경적 정보에 의해 형성되는 부분이다. 자신의 성격을 잘 아는 것이 중요한 이유는 진로나 직업을 선택할 때 성격에 맞는 것을 선택해야 하기 때문이다. 예를 들어 내향적인 사람이 영업직이나 대외활동 업무를 맡는다면 성격에 맞지 않아 금방 포기하게 될 것이다. 적성이나 흥미, 성격을 파악하는 분석방법으로는 MBTI, DISC, 애니어그램 등이 있다.

진로적성검사를 한 후에는 검사 내용을 토대로 진로계획을 아이와 함께 세워보는 것이 좋다. 먼저 직업과 학과에 대한 정보를 수집해 상세한 내용을 파악하고, 진로적성검사의 결과를 토대로 추천된 수많은 직업 중에서 자신이 하고 싶은 직업을 두세 개 선택한다. 진로를 성취하기 위한 직업 로드맵을 파악한 뒤 직업에서 요구하는 역량과 지식을 키워줄 수 있는 학과를 선택하면 되는 것이다.

부모는 아이들이 잘 되고 못 되는 것이 모두 자신들의 탓이라고 생각한다. 이러한 착각이 부모로 하여금 가장 비정상적인 생각을 하게 한다. 부모가 아이의 인생을 좌지우지한다고 생각하는 것이다. 부모는 어디까지나 조력자라는 사실을 잊지 말자. 아이 인생의 성공과 실패를 위해 부모가 도와주는 문제는 부분적인 영향을 미친다.

그런데 엄마는 여러 학부모들을 만나면서 주변의 부모가 하는 것

부모님이 시키니까 '억지로', 선생님께 혼나지 않기 위해 '하는 수 없이', 이런 이유들로 공부를 한다면 당연히 공부는 재미없는 것이 될 수밖에 없다. 거기에는 '나'가 없기 때문이다. 하지만 더 나은 내가 되기 위해서, 내게 더 넓고 많은 세상을 보여주기 위해서, 즉 나를 위해서 공부한다면 그 과정이 그렇게 힘들고 괴로운 것만은 아닐 것이다. 나는 지금껏 부모님도 선생님도 아닌 나를 위해서 공부해왔다. 내 삶을 보다 풍성하게 채워가기 위해서 공부해온 것이다.

『공부는 내 인생에 대한 예의다』, 이형진, 쌤앤파커스은 모두 해주고 싶어 한다. 범준의 엄마가 1, 2, 3을 해주고 찬성의 엄마가 3, 4, 5를 해주고 있다면 자신은 1, 2, 3, 4, 5를 다 해준다. 나는 이것을 비판하고 싶다. 서로 그런 마음을 갖고 있다 보니 요즘 학생들이 대부분 1~5를 모두 하게 된다. 아이는 2와 3을 좋아하고 잘하는데 1~5를 하면, 아이들은 자기의 능력이 떨어지는 부분, 스트레스를 받는 1, 4, 5를 하면서 퇴행하는 경우도 생긴다.

부모가 이렇게 하는 목적은 자녀들의 리스크를 막아주려는 것이다. 1, 4, 5를 못해서 피해 보는 부분이 있을까 염려되니 모두를 해주려는 것이다. 모든 분야의 팔방미인이 되게 하려고 한다. 사정이 이러하니 모든 부분을 다 해결해주려고 한다. 그런데 그게 과도하기 때문에 오히려 마이너스가 된다. 아이는 못하는 1, 4, 5를 하면서 자신감을 잃고 스트레스를 받고 좌절감에 빠진다. 2, 3의 잘하는 것에도 자부심을 느끼지 못한다. 차라리 잘하는 2, 3에 집중해서 더욱 잘하게 만들어주는 편이 훨씬 낫다. 그러면 아이는 적어도 2, 3에서만큼은 자신감을 얻게 되고 자존감이 높아진다.

아이가 모든 것을 다 잘하도록 지원하기보다는 자신감을 잃지 않게 해라. 아이들이 잘하는 것을 부각시켜라. 아이의 단점보다 장점을 먼저 떠올려서 이야기해라. 부모들에게 하고 싶은 말은 한마디로 여유를 가지라는 것이다. 아이를 바라보는 시선에 여유를 가져라. 아이를 직접 낳고 기르는 부모 입장에서 몇 가지를 포기하고 아이의 세계를 몇 가지 분야로 한정시키고 다른 면에서는 여유를 갖는 것이 정말 어려운 일이지만, 한 분야에서라도 정말 잘하게 되면 그 아이의 인생은 그야말로 대박이다.

JYP엔터테인먼트 대표이자 가수인 박진영을 보라. 그는 연세대학교 지질학과를 졸업하고 대학원에서는 정치학을 전공하다가 중퇴했다. 만일 박진영이 공부를 잘해서 연세대학교 갔으니 끝내 지질학이나 정치학을 해서 교수가 되어야지 했다면 지금처럼 인생을 즐기면서 부와 명예를 다 가질 수 있었을까? 결코 아닐 것이다. 자신이 좋아하는 것, 자신이 잘하는 분야에 선택과 집중을 했기 때문에 지금 이 자리에 있는 것이다.

자신과 주변을 보지 말고 아이와 아이의 인생을 봐라. 아이가 행복하게 살게 하려면 어떻게 할 것인가. '성적, 대학, 체면' 등에서 좀 더 자유롭게, 여유를 가지고 생각해보라. 그러면 자신의 아이가 공부에 소질이 없는데도 책상 앞에 앉혀놓고 공부시키느라 자존감, 자신감, 행복, 성적을 모두 잃고 스트레스와 우울지수만 높이는 우를 범하지 않게 된다. 모두가 행복해지는 지혜는 멀리 있지 않다.

7

아이가 원하는 진로의
사람들을 만나게 해줘라

과고를 목표로 열심히 공부하던 모범생 창규가 과고에 지원했다가 떨어졌다. 초등학교 때부터 수학·과학 선행학습과 각종 경시대회를 준비하고, 방과 후에도 공부에 매진했는데 과고에 갈 수 없게 되자 창규는 인생의 의미를 잃어버릴 정도로 절망했다. 믿을 수 없을 정도로 아이가 달라지고 방황과 반항이 심해지자, 창규의 아버지는 급기야 아들에게 손찌검을 하고 말았다.

입시에 실패한 학생들 모두 결과에 실망하겠지만, 그 실망 때문에 길을 잃어버리면 안 된다. 상처를 딛고 일어나 또 다른 목표를 향해 나아가야 한다. 부모는 모름지기 그렇게 자녀를 키워야 한다. 고등학교는 살아가는 동안에 거치는 많은 관문 가운데 하나로, 이 문으로 지나가든 저 문을 통과하든, 지나고 나면 하나의 과정에 지나지 않는다.

현재 우리나라 사람들 평균수명은 81세고, 곧 100세 시대가 열리는데, 그중 3년 동안 머물러서 공부하는 중간역일 뿐이다.

물론 중간역이 크고 웅장하고 멋지고 아름다우면 좋겠지만, 목적지가 있는 기차는 중간역이 아무리 멋있어도 잠시 멈추었다가 다음 역을 향해 출발할 뿐이다. 기차에 올라탄 사람은 중간역에 너무 큰 의미를 둘 필요가 없다. 중요한 것은 목적지이기 때문이다. 기차에 타고 있으면 목적지에 도착하지만, 중간역이 마음에 들지 않는다고 기차에서 내려버리면 목적지에 갈 수가 없다.

창규는 본인이 가고 싶은 진짜 목적지가 확실하지 않기 때문에 중간역이 과고에서 일반고로 달라진 것에 그토록 좌절한 것이다. 이럴 때 부모는 어떻게 해야 할까? 가장 먼저 해야 할 것은 아이와 감정적으로 부딪히지 말라는 것이다. 손찌검을 하는 식의 맞받아치기를 했다면, 사과하고 멈추어야 한다. 자녀 스스로가 가장 힘들다. 그러니 부모다운 부모라면 먼저 아이를 안아주어야 한다. 그리고 해결책을 찾기 위해 아이와 대화를 통해 새로운 진로계획을 세워야 한다.

다행히도 창규의 아버지는 곧 현명한 방법을 찾았다. 과학고만이 전부가 아니라는 것을 알려줄 멘토를 찾아 창규와 대화를 나누도록 한 것이다. 창규의 멘토는 "일반계 고등학교로 진학해서도 과학고에 진학한 것과 마찬가지로 서울대도 가고 의대도 갈 수 있다. 오히려 더 유리하다"라는 사실을 설명했다. 고등학교에 떨어진 것이 인생의 커다란 그림을 망칠 만큼 대단한 일이 아니라는 사실을 말해주기 위한 것이었다.

세상에는 두 종류의 사람들이 있다.
자신이 할 수 있다고 생각하는 사람과 할 수 없다고 생각하는 사람이다.
물론 두 사람 다 옳다.
언제나 자신의 경험이 그러한 믿음을 만들기 때문이다.

헨리포드(Henry Ford), 공학기술자, 포드 자동차 창업회장 서울대는 국립대학교이기 때문에 정시는 물론이요 수시에서도 일반 사립대학보다 내신을 더 많이 반영한다. 그런데 특목고로 진학하면 공부를 잘하는 아이들이 많기 때문에 석차등급제 같은 제도에서는 시험에서 한두 문제만 실수해도 등수가 엄청나게 떨어질 수 있다. 그러다 보니 특목고 전교 1등은 석차등급이 1.8등급 또는 1.9등급도 나온다. 그런데 일반계 고등학교 전교 1등은 보통 1.4 내지 1.5등급 이상이 나온다. 특목고가 더 유리한 것은 특별전형으로서, 수시 일반전형에서 특기자전형으로 자신의 특기를 강조해 대학에 가는 방법이다. 특목고로 진학하면 각종 경시대회에 입상해 자신의 특기를 부각시키기가 조금 쉽다. 특목고는 커리큘럼 자체가 일반고보다 유리하기 때문이다. 하지만 일반계 고등학교로 진학해서도 사교육 등을 통해서 얼마든지 준비할 수 있다.

멘토는 창규 아버지에게 창규가 원하는 직업군의 사람들을 직접 만나게 해주라고 권했다. 창규 아버지는 일반계 고등학교 출신으로 잘살고 있는 친구들, 즉 의사, 한의사, 판사, 대기업 임원 등 5명의 친구를 만나고 직장에 가보도록 했다. 창규는 아빠의 친구들을 만나보고 마음을 잡았다.

문서나 글로 된 어떤 정보보다 어떤 과정을 거쳐 그 직업을 갖게 되었는지를 직접 알아보면, 훨씬 더 효과적이고 직접적이다. 자녀가 원하는 직업을 가진 사람과 친분이 없어도, 알음알음 찾아가 부탁하면 만나게 해주는 것은 가능하다고 생각한다. 이것은 학생들에게 원하는 대학이나 학과로 직접 찾아가 선배들이나 교수, 과 사무실 사람들과 이야기를 해보라고 권한 것과 일맥상통한다.

자녀가 원하는 진로가 있다면, 그 진로의 사람들을 만나게 해주자. 부모가 이러이러한 진로를 선택하라고 결정해주는 것이 아니라, 아이로 하여금 원하는 직업군의 사람들을 직접 만나보고 자신의 진로를 정하게 해주는 것이다. 그러면 아이는 확실한 비전을 가지고 자신의 꿈을 이루게 해줄 수 있는 방향의 기차를 올라탈 것이고, 도중에 다소의 난관을 겪더라도 현명하게 헤쳐나갈 지혜와 힘을 얻게 될 것이다.

8

꿈이 꺾이는 순간
공부도 꺾인다

수지 엄마는 '돼지엄마'가 꿈이었다. 돼지엄마와 학원 브로커를 거쳐 직접 학원을 설립해서 운영하고 싶었다. 얼마 전 매스컴을 통해 소개된 돼지엄마는 '돼지가 새끼들을 끌고 다니듯 엄마들을 몰고 다니는 엄마로, 자녀가 전교 1등을 놓치지 않아야 하고, 강남 학원가 스타 강사의 근황은 줄줄이 꿸 만큼 정보력이 좋아야 하고, 탁월한 리더십과 왕성한 활동력으로 스타 강사를 섭외해 팀을 만들고 같이 공부할 팀원도 선발하는 학부모'를 일컫는다. 나아가서는 학원 브로커 노릇을 하면서 학생들을 모아주는 대신 자신의 아이는 공짜로 학원에 다니거나 학원의 상담실장 역할도 한다. 돼지엄마가 되려면 먼저 아이들의 학교 성적이 좋아야 하고, 특목고—명문대로 이어지는 입시성적을 내야 했다. 그래서 수지 엄마는 초등학교 때부터 치맛바람 많이 일으키느라 학교와 학원 출입이 잦았다. 그런데 수지의 오빠가 명문대 진학에 실패한 뒤 엄마의 타깃은 수지가 되었다.

수지는 공부를 곧잘 했지만 엄마가 외고를 보낼까, 과고를 보낼까 갈팡질팡하면서 길을 못 잡고 결국은 일반고로 진학을 했다. 수지는 수학·과학을 좋아했지만 경시대회 수상실적이 나오지 않은 상태였 고, 그래도 고1 때까지는 전교 1, 2등을 계속 유지했다. 2학년이 되면 서 문과와 이과 중 선택해야 할 타이밍이 되자 수지는 엄청난 고민에 빠졌다. 딸을 서울대학교에 보내고 싶은 엄마가 수2 등 여러 가지를 공부해야 하는 이과 대신 문과를 택해서 서울대 경영학과로 진학하 자고 고집한 것이다. 그런데 수지는 문과 쪽으로는 적성이 맞지 않 았다. 수학과 과학은 거의 퍼펙트한 점수를 얻는 반면, 국어와 사회 탐구 쪽은 최상위권이기는 하지만 퍼펙트한 점수어 부족했고 외국 어도 마찬가지였다. 수지는 엄마의 말을 따르는 착한 학생이었기 때문에, 자신은 이과 스타일이고 수학과 과학을 좋아하지만 문과를 선택하라는 엄마의 명령을 거절할 수도 없었다. 아이들 입장에서는 부모를 거역한다는 게 쉽지 않다. 문제아나 반항아도 부모를 사랑 하는 마음이 어떤 반작용으로 튀어나오는 거지, 부모를 정말로 미 워해서 반항하는 사례는 거의 없다. 수지 같은 경우, 부모의 뜻을 거역할 수는 없지만 거역하지 않아도 힘들다. 엄마가 제시한 길은 수지가 걷고 싶은 길이 아니기 때문이다. 부모가 아이에게 특정한 진로를 강요하게 되면, 아이는 어떤 식으로든 딜레마에 빠지게 된 다. 더구나 그 진로가 아이의 스타일이나 아이가 원하는 것과 반대 일 경우에는 문제가 생길 수밖에 없다.

수지가 이과 쪽을 택하고 싶다고 이야기하는데도 불구하고 엄마는 학교에 문과로 통보했다. 그렇게 수지는 문과로 고2 생활을 시작했다. 그런데 고2 시험에서 사회문화 등 사탐과목 성적이 제대로 안 나오기 시작했다. 당연히 성적도 떨어졌다. 당시 수지는 우리 학원 재학생반에 다니고 있었는데, 수지의 담임선생님은 수지가 사회문화 시험을 못 보는 이유를 학습법보다는 수지의 심리상태에서 찾았다.

'내가 그 공부를 하면 뭐하나? 내가 좋아하는 학과로 진학할 수도 없고, 경영학과로 가더라도 사회문화를 나보다 더 좋아하고 잘하는 아이들한테 떨어질 텐데…' 이런 심리가 내재되어 있다고 본 것이다. 자신의 적성에 맞지 않는 곳에 있기 때문에 목표의식이 분명하지 않고, 공부한다고 해도 그 다음의 결과를 담보할 수 없다고 생각해 집중력과 자신감을 잃은 것이다.

이럴 경우 공부를 열심히 하는 것보다 목표를 세우는 것이 먼저다. 그래서 학원 담임선생님은 수지에게 경제학과를 공부하는 데 수학적인 능력이 중요하다는 점을 수지에게 이야기했다. 그래서 수지는 서울대 사회과학과나 경제학과에 가서 수학적으로 사회현상을 풀어내는 사람이 되어야겠다는 목표를 세웠다. 목표가 서자 그때부터 열심히 공부했고, 사탐 과목 점수도 제대로 나오기 시작했다.

그런데 결과는 그다지 좋지 않았다. 엄마가 불안해서 수시 원서접수를 서울대와 연세대에 했는데, 연세대 경영학과에만 합격이 되었다. 서울대 경제학과 정시에 합격할 수 있음에도 불구하고, 정시를 치를 기회도 없이 이른바 '수시납치'가 되어버린 것이다. 수지의 경우 내신이 매우 좋고 스펙도 많이 준비해놓은데다가 토플 점수도 높아서, 연세대 수시에 합격할 것 같으니 넣지 말라는 학원 담임의 조언이 받아들여지지 않은 결과였다. 연대 경제학과도 아니고 경영학과를 갔지만, 수지 엄마는 만족했다. 원하던 대로 학원을 차렸고, 학원 사업이 꽤 잘 되었다고 한다.

이 경우 수지의 엄마는 자신이 원하는 길로 갔지만, 수지는 원하지 않은 길로 접어든 셈이다. 미래로 가볼 수 없으니 이런 진로선택에 나중에라도 만족하고 행복하게 살지는 누구도 알 수 없다. 하지만 적어도 수지는 고교 3년을 원치 않는 상태에서 공부해야 했고, 앞으로 4년간도 원치 않는 전공 공부를 해야 한다. 그리고 이러한 선택은 수지의 인생에 분명 부정적인 방향으로 영향을 미칠 것이다.

처음부터 수지가 원하는 공부를 했더라면 그 공부의 결과물로 세상을 깜작 놀라게 할 수도 있을 터인데, 엄마의 욕심 때문에 그 싹이 꺾였는지도 모를 일이다. 자녀의 진로는 자녀가 결정하게 하는 것이 좋다. 누구나 목표를 분명히 세우고 목표를 향해서 갈 때 보이는 행동과, 목표 없이 갈팡질팡할 때 보이는 행동은 다르기 때문이다.

그런데 부모들은 아이들의 목표를 세워주는 데 집중하는 게 아니라 아주 단기적인 것만 성취하라고 한다. 이번 시험에 점수를 몇 점 올리고, 등수를 몇 등 하고, 대학은 어디를 가라, 이런 것만 던져주는 것이다. 진짜 인생은 대학을 졸업하고부터인데 부모들은 마치 대학이 인생의 목표이고 대학에 합격하면 나머지는 다 해결되는 것처럼 강요한다. 상위권 학생일수록, 인생에 대한 고민이 많을수록, 감성이 예민한 학생일수록 그렇게 간단하게 고민하지 않는다. 사춘기 아이들은 인생을 놓고 고민한다. 인생을 놓고 고민하는 아이들에게 대학만을 목표로 세워주지 말고 대학 다음까지 설계를 해주는 것이 부모의 역할이다. 말 그대로 인생의 목표를 세워줘야 한다.

인생이 확실하게 설계된 학생은 생활도 스스로의 목표에 걸맞게 하려고 노력한다. 확실히 길을 밝혀주는 등대, 목적지가 확실하게 설정된 내비게이션처럼, 목표가 있는 학생은 헤매지 않고 목표를 달성할 수 있다. 하지만 목적지가 어딘지 모르고 길을 걸으면, 아무리 부지런히 걷거나 열심히 뛰어도 갈팡질팡할 수밖에 없다. 중요한 것은 그것을 향해 곧바로 갈 마음이 절로 생기는, 아이가 진심으로 원하는 목표다.

자녀에게 해주어야 할 것은 아이 인생의 목표를 설정해주는 것이다. 그런데 부모들은 그렇게 하지 않는다. 돈 잘 버는 직업, 남들 보기에 그럴싸한 직업, 명문대학교만을 목표로 설정해준다. "돈 버는 게 얼마나 힘든 지 알아? 취업하려면 스카이 나와도 잘 안 돼. 그러니 열심히 공부해서 의사나 변호사 되어야 해." 이런 식이다. 부모가 세워준 '그럴싸한' 목표는 자녀들을 움직여 자발적으로 행동하게 하지 않는다. 부모가 원하는 것 말고 아이가 원하는 것, 아이가 진짜 되고 싶은 것을 고민해보라. 사실 부모들은 알고 있다. 명문대에 가야만 인생에서 성공하는 것이 아니라는 것을 말이다. 그럼에도 불구하고 통계적으로 명문대 나온 사람이 안정적으로 산다는 이유로 들어가기 힘든 좁은 문으로 자녀들을 억지로 밀어 넣는 것이다.

설령 부모가 원하는 것이 아이가 원하는 것과 다르더라도, 부모가 원하는 것과 아이가 원하는 것 사이의 접점을 찾아보라. 부모가 원하는 것이 아니라는 이유로 아이의 꿈을 꺾지는 말자. 왜 아이의 꿈을 꺾는가? 꿈이 꺾이는 순간 공부도 꺾인다.

'인간은 누구나 천재로 태어난다' 는 말이 있다. 그런데 실제로 천재적인 공부 능력을 발휘하는 사람은 극소수다. 공부 때문에 괴로운가? R=VD(생생하게 꿈꾸면 이루어진다: vivid dream realization)공식을 실천하라. 뜨거운 자신감이 생길 것이다. 자신감은 두뇌의 능력을 크게 향상시킨다. R=VD 공식을 지속적으로 실천하면 어떤 일이 벌어질까? 두뇌가 점점 천재적으로 변화한다. 이쯤 되면 성적향상이나 수능만점 같은 것은 별 의미가 없다. 그런 것은 자연스럽게 얻게 될 테니 말이다. 아마도 당신은 새롭게 변화된 두뇌로 인류에게 도움이 되는 위대한 일을 하게 될 것이다. 당신은 본래 천재로 태어났음을 기억하라.

『꿈꾸는 다락방』, 이지성, 국일미디어

멘탈이 강한 아이로 키워라

우리는 살아가면서 누구나 시련을 겪는다. 시험을 망치기도 하고, 사업이나 연애에 실패하기도 하고, 다른 사람들에게 오해를 받아 억울하고 곤란한 상황에 처하기도 한다. 잘 나가던 정치인이나 재계거물이 경찰조사를 받는 일도 생기는 것이 세상이다. 위기에 처했을 때 어떤 사람은 '자살'이라는 극단적인 선택을 한다. 반면에 어떤 사람은 사형선고를 받고도 재기해서 대통령이 되기도 했다. 이런 차이는 도대체 어디에서 나올까? 바로 그 사람의 멘탈mental이다. 멘탈이 강한 사람은 시련에 처했을 때 주저앉거나 포기하는 대신 툭툭 털고 일어나 더 강해진다.

멘탈이 강해지려면 목표의식이 확실해야 한다. 확실한 목표를 가지고 있는 사람은 포기하는 법이 없다. 목표의식은 먼 길을 떠나기 위해 차를 출발할 때, 내비게이션에 목적지를 입력하는 것과 같은 역할을 한다. 내비게이션에 목표지점을 입력하면, 운전자는 내비게이션이 선택한 루트를 따라 포기하지 않고 가기만 하면 목표지점에 도달하게 된다. 내비게이션이 도로안내뿐 아니라 과속 카메라가 있는 지점, 넘지 않아야 할 지정 속도, 분기점의 위치, 분기점까지 남은 거리, 쉬어갈 휴게소가 있는 지점까지 알려주기 때문이다.

자녀를 키울 때도 마찬가지다. 목표지점이 분명히 설정되기만 하면 아이는 내비게이션을 설정한 승용차처럼 큰 실수 없이 길을 잃거나 헤맬 염려 없이 목적지에 도달하기가 쉬워진다. 그래서 자신이 도달해야 할 목표지점을 안다는 것이 무척 중요해진다. 류현진, 박인비, 박세리, 박지성, 김연아 등의 선수들은 자신이 걸어야 할 길을 확실히 설정해두었기 때문에 강한 멘탈로 국제적인 명성까지 얻어낼 수 있었다.

멘탈이 강한 아이로 키우는 것은 부모가 꼭 해야 할 일 가운데 하나다. 그런데 가끔 부모들은 오히려 아이들의 기를 꺾는다. 아이의 기를 꺾을 뿐 아니라 아이의 생명을 꺾는 일도 생긴다. 2012년에 스스로 목숨을 끊은 학생은 139명으로, 사흘에 한 명 이상의 학생들이 스스로 생을 마감했다.

고등학생이 88명, 중학생이 48명, 초등학생은 3명이었으며, 서울대나 카이스트대학에서 자살한 학생들이 사회적 이슈가 되었던 만큼 대학생들까지 범위를 넓히면 더 많은 젊은이들이 스스로 세상을 버린 셈이다. 제대로 된 인생이 시작되기도 전에 스스로 세상을 버린 이유는 가정불화 · 가정문제 > 우울증 · 염세비관 > 성적불량 · 성적비

관>이성관계>신체결함 · 질병>폭력 · 집단 괴롭힘 순으로 나타났다. 모든 학년에서 가정불화와 가정문제가 자살의 주요인이었다. 자녀를 보살피고 보호자 역할을 해야 할 부모가 오히려 서로의 감정을 추스르지 못하고 다투거나 자녀들을 함부로 대하거나 상처를 줌으로써 자녀를 죽음으로 내몬 것이다.

자녀들은 부모의 부속품이거나 성인의 축소판이 아니다. 설사 부부 사이가 좋지 않거나 경제적으로 너무 힘든 상황에 처해 있더라도 자녀들만큼은 자신의 삶을 잘 꾸려나가도록 부모로서의 역할을 다해야 한다. 부모가 어떻게 하는가에 따라 어떤 아이는 큰 경기에 강한 대범한 사람으로 자라고, 어떤 학생은 자신감 부족으로 남 앞에 나서지도 못하는 사람이 되기도 한다.

대범한 학생과 소심한 학생의 경우, 평소 모의고사에서 동점을 맞더라도 실제 수능시험에서는 20점까지 차이가 난다. 큰 경기에 강한 선수가 있다. 김연아 선수가 2010년 밴쿠버 올림픽에서 어떻게 피겨 스케이팅 경기를 해냈는가? 쇼트와 프리 양쪽에서 작은 실수조차 없는 완전무결한 경기를 펼쳤다. 올림픽 경기에서 아무런 실수 없이 쇼트와 프리를 모두 클린한 첫 경기였다. 그런데 프리스케이팅을 클린하고 나서 김연아 선수가 어땠는가? 눈물을 흘렸다. 오로지 정신력으로 올림픽 경기의 중압감을 이겨냈다는 이야기다.

반면 어떤 선수들은 큰 경기에 나서면 오히려 자기 실력을 발휘하지 못한다. 심리적으로 위축되고 멘탈이 무너진 나머지 평소에 하지 않던 실수까지 범하면서 경기를 망치고 만다. 그 차이는 어디에서 나올까? 큰 경기에서 자기 실력을 발휘하지 못하는 아이들은 운이 나빠서 그런 걸까? 아니다. 노력해서 안 될 게 없다. 심리적인 불안감도 본인 스스로 노력하고 옆에서 조력자가 도와주면 해결이 된다. 대부분의 경우 그 조력자와 조련사는 부모가 되어야 한다.

A와 B, 고3때 같은 반인 두 친구가 있었다. A는 천재적인 두뇌를 가진 친구였지만 가정환경이 불우하고 가난했다. 서울대 경영학과에 가고 싶어 했고, 모의고사에서는 원하는 학과에 갈 만한 점수가 계속 나오고 있었다. 그런데 학교 선생님과 부모님이 장학금을 받으면서 다닐 수 있고 취업이 보장되는 학과에 원서를 쓰게 했다. 목표의식을 상실한 A는 나머지 시간을 방황하면서 보냈다. 그 결과 대학입시에 실패하고 말았다. 반면 모의고사에서 서울대 합격권의 점수를 한번도 얻지 못하던 B는 서울대 경영학과에 원서를 썼다. B의 엄마는 아들에게 반드시 합격할 테니 걱정 말라고 응원했다. B는 열심히 노력하면서 남은 두 달을 보냈고, 결국 서울대 경영학과에 입학했다.

A와 B는 결과까지 아주 극명하게 달라졌다. B는 공인회계사가 되어 S회계법인을 거쳐 지금은 K법률회사에 있다. 책도 펴내서 유명해졌고, 매니저, 파트너도 제일 먼저 됐을 뿐만 아니라 아주 좋은 조건으로 현재의 회사에 스카우트됐다. 고3 마지막 시기에 목표를 잃고 공부에 집중을 못해 모의고사보다 낮은 결과를 얻은 친구와 '나는 반드시 된다'는 믿음으로 최선을 다한 결과 놀라운 점수를 받은 친구. 이 둘의 운명을 갈라놓은 것은 바로 시험에 임하는 멘탈이었다.

특히 "네가 믿는 신께서도 네가 합격한다고 했으니 걱정하지 말라"고 강조한 B학생 어머니는 모든 수험생 부모들이 본받아야 한다. 아이에게 자신감을 심어주는 말, "너는 꼭 된다!"는 확신을 주는 말,

그 말의 힘은 생각보다 크다. 뚜렷한 목표를 가지고 그 목표가 이루어진다고 확신하는 학생과 그렇지 못한 학생 사이의 집중력은 엄청난 차이가 난다. 그 결과 역시 엄청나게 차이가 난다.

따라서 자녀가 목표의식이 없다면, 뚜렷한 목표를 세우게 해주는 것이 가장 큰 숙제다. 목표와 멘탈, 이 두 가지가 확실한 아이라면 결코 인생에서 실패하지 않는다.

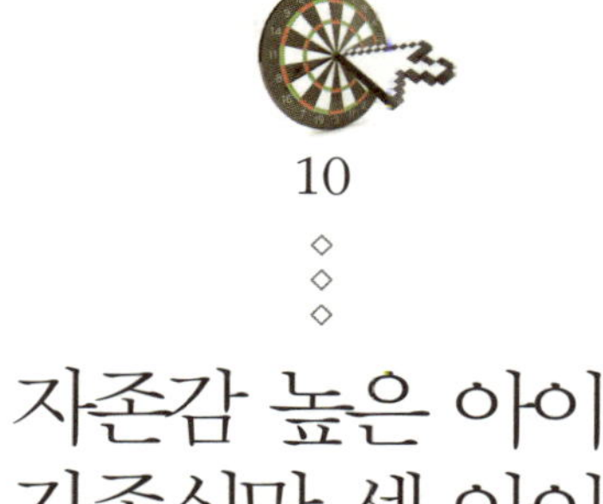

10

자존감 높은 아이,
자존심만 센 아이

『스펙보다 중요한 내 아이의 자존감』이라는 책이 있다. 아직 읽어보지는 못했지만, 제목에는 전적으로 공감한다. 아이들의 꿈은 '행복하게 사는 것'이어야 한다. 돈이 많고 사회적으로 성공한 사람이 모두 행복한 삶을 사는 것은 아니다. 행복하기 위해서는 자존감이 높아야 한다. 그래서 '자존감'은 몇 가지 스펙을 더 갖추는 것보다 '훨씬' 더 중요하다.

자존감은 자아존중감自我尊重感: self-esteem으로, 자신이 사랑받을 만한 가치가 있는 소중한 존재이고 어떤 성과를 이루어낼 만한 유능한 사람이라고 믿는 마음이다. 외모나 성격, 학벌, 직장, 가정환경 등 자신의 모든 것을 있는 그대로 존중하고 아껴주는 심리상태를 말하는 것이다.

자존감이 낮은 사람은 아무리 사회적으로 성공하고 남들이 부러워하는 삶을 살아도 행복하지 않다. 자존감은 남에게 인정받으려고 하는 마음인 자존심과는 매우 큰 차이가 나는 개념으로, 자존감이 낮은 사람들이 오히려 자존심이 세다. 자신감이 없기 때문에 남들에게 우습게 보일까 걱정되기 때문이다.

자존감이 낮은 사람은 외모나 학벌, 재산, 인맥 등 스펙에 집착하고 남들 눈에 어떻게 보이는가에 지나치게 신경을 쓴다. 자신의 행복을 남의 시선에 의지하는 것이다. 자존감이 낮으면 강한 척, 센 척하느라 허풍과 과장이 심하고, 다른 사람들의 평가에 쉽게 상처받는다. 남을 포용할 줄 모르며 작은 일에도 화를 잘 내고, 성격은 뾰족하지만 속은 깨지기 쉬운 유리 상자 같다. 자존감이 낮아 생기는 일들을 덮기 위해 말이 많으며, 다른 사람을 이해하거나 쉽게 용서하지 못한다. 이러니 자존감이 낮은 사람은 매일매일이 행복할 리가 없다.

그렇다면 이렇게 중요한 자존감을 결정짓는 요인은 무엇일까? 자존감이 낮아지는 원인 가운데 전문가들이 공통적으로 지적하는 것이 바로 부모의 양육태도다. 자존감은 어렸을 때 부모와의 관계에서 형성된다. 부모, 특히 엄마와 관계가 나쁜 아이들은 자존감이 낮다. 자녀의 자존감을 낮게 양육하는 엄마의 경우, 대부분 자신도 자존감이 낮다.

자존감이 낮은 엄마는 스스로를 제어할 수 없으므로 자녀에 대한 양육태도에 일관성이 없고 자주 화를 낸다. 아이가 혼이 날 만한 행동을 했을 때 엄마 기분이 좋으면 그냥 넘어가고 나쁘면 된통 혼을 낸다면, 아이는 엄마 눈치만 보게 된다. 나쁜 행동을 해서 혼이 날 때도 잘 못을 해서가 아니라 운이 안 좋아, 엄마 기분이 좋지 않아 혼이 났다 고 생각하게 되는 것이다. 아이의 가치판단 기준 자체가 흔들리는 것 이다. 엄마 눈치만 보면서 자란 아이가 어떻게 자존감이 높아지며, 어 떻게 행복하게 살겠는가? 한국과 중국, 일본의 청소년 심리를 조사한 설문조사 결과를 보면, 우리나라 청소년들의 자존감과 자립심은 세 나라 중 꼴찌다.

그렇다면 내 아이를 어떻게 자존감 있는 아이로 키울 수 있을까? 가장 중요한 것은 자녀를 하나의 인격체로 존중하고 인정하는 태도 를 가져야 한다는 것이다. 자존감 있는 아이로 키우기 위해서는 칭찬 을 많이 해주고, 자주 화를 내지 말며, 아이가 잘못한 일이 있으면 잘 못된 행동을 지적하고 아이의 인격을 무시하지 않아야 한다.

우리 아이를 자존감 있게 키우기 위해 내가 어려서부터 기울여온 노력은 무엇보다도 최대한 아이의 의견을 존중하는 거였다. 그리고 어떤 행동을 하든지 '왜 내가 이것을 해야 하지?' 라는 의문을 가지고 당위성을 찾았을 때만 그 행동을 하도록 했다. 자신이 납득할 수 있는 일을 할 때가, 원치 않은 일을 하고 칭찬받을 때보다 더 행복할 것이 라고 믿기 때문이다.

아이를 사랑하면 자신이 어떤 행동을 해도 된다고 생각하는 부모 들이 있다. 아이를 너무 예뻐한 나머지 일거수일투족에 너무 관심이 많고, 아이가 뭐든지 잘했으면 좋겠고, 그러다 보니 요구사항이 많아 진다. 물론 부모 입장에서는 사랑이지만 아이 입장에서는 간섭과 강 요다. 그러니 서로 대화가 되지 않고, 사이는 자꾸 나빠지게 된다.

다음은 얼마 전에 인터넷에서 우연히 보게 된 시인데, 부모와 자녀의 갈등과 입장 차이가 재미있게 드러난 듯해 소개한다.

기도
한은희

엄마가 나 없을 때 내 방에 들어오지 않게 해주세요.

엄마가 나 몰래 내 핸드폰 열어보지 않게 해주세요.

엄마가 친구들에게 나에 대해서 이것저것 묻지 않게 해주세요.

엄마가 시험공부 기간에 내 방에서 뜨개질하지 않게 해주세요.

엄마가 밤늦은 시간에 나 먹을 간식 만들지 않게 해주세요.

엄마가 내 공부 들먹이며 아빠가 TV 보는 거 말리지 않게 해주세요.

엄마가 내가 돌아올 시간이라며 동창모임에서 먼저 일어나지 않게 해주세요.

엄마가 가족 휴가 잡을 때 내 보충수업 시간부터 챙기지 않게 해주세요.

엄마가 나한테 너 하나 보고 산다는 말 하지 않게 해주세요.

무엇보다도, 엄마가 나를 위해 기도하지 않게 해주세요.

이 시에 등장하는 엄마는 엄마들 입장에서 보면 너무나 자녀를 사랑하는 것이 눈에 보인다. 그런데 아이들 입장에서는 그 모든 것이 족쇄인 것이다. 그러니 대화가 될 리 없고, 아이의 자존감은 자꾸 떨어진다. 부모가 아이와 소통하려고 할 때 정말 중요한 것은 논리성이 아니라 인비주얼 커뮤니케이션, 즉 보이지 않는, 밑에 흐르는 정서적 커뮤니케이션이다. 정서적인 커뮤니케이션이 밑바탕에 없으면 아무리 부모의 말이 a부터 시작해서 b라는 과정을 거쳐 c를 도출하는, 지극히 논리적인 내용이어도 아이는 부모의 감성을 이해하지 못한다.

그러면 도대체 자꾸 엇나가는 아이들과 어떻게 소통하고, 어떻게 아이들의 자존감을 살리는 방향으로 나갈 수 있을까? 간단하다. 논리적으로 설명하려고 할 것이 아니라 아이들에게 동참해라. 아이가 연극을 좋아한다면 자신은 비록 싫어해도 아이와 함께 연극 티켓 끊어서 연극도 보고, 아이가 음악 좋아하면 음악을 들어보고 미술도 살펴보자. 내 아이가 왜 좋아하는지 살펴보는 노력을 기울여야 아이와 소통이 된다. 소통이 되어야 아이의 자존감을 키워줄 수 있다. 아빠는 힘들게 일해서 돈 벌어다 주는데 뭘, 하고 아무런 노력도 하지 않으면서 자신의 생각만 강요하면 자녀와 계속 엇갈리게 된다. 부모와 엇나가는 아이들은 상처를 많이 받는다.

청소년 시기에 특히 필요한 것이 자존감이다. 공부를 잘하든 공부를 못하든, 일단 자신을 사랑할 줄 알아야 작은 일에 상처받고 극단적인 선택을 하는 학생들이 없어진다. 자존감 낮은 학생이 친구들과 자주 싸우고 친구 가운데 누군가를 왕따로 만들곤 한다. 자존감이 높은 아이는 자신을 사랑하고, 자신을 사랑하는 아이가 남도 사랑할 줄 안다. 자존감이 높은 자녀로 키우는 것이야말로 학원 한 군데 더 보내는 것보다, 한 차원 더 높은 대학에 진학시키는 것보다 중요한 일이다.

자존감 있는 아이라면 부모가 강요하지 않아도 스스로 노력한다. 자신의 미래를 사랑하기 때문에, 스스로를 게으르고 나태하게 방치하지 않기 때문이다. 자신의 현재와 미래를 존중하고 사랑하는 사람이라면 당연히 미래를 위해 현재의 시간에 최선을 다한다. 자, 지금 당신의 아이는 어떤가? 자존감이 높은 아이인가, 자존감이 낮아서 자존심만 센 아이인가?

11

학부모라는 이유로
사생활을 포기하지 마라

사춘기, 특히 수험생 자녀에게 지극히 이성적이고 합리적인, 남을 배려하는 판단과 반응을 기대하면 안 된다. 부글거리는 용암처럼 작은 쏘시개 하나만 던져도 화르르 타오른다. 성적이 잘 나와서 칭찬을 해줘도 그것을 칭찬으로 받아들이지 않고, '더 잘하라고 나에게 다그치는 것이다'라고 받아들인다. 성적이 안 나와서 "괜찮아. 다음에는 잘할 수 있어"라고 응원하면 오히려 조롱이나 비난으로 받아들인다.

　엄마와 자녀의 관계가 어그러져 있다면 엄마가 아무리 표현을 바꾸고 태도를 달리하더라도 성적에 관한 이야기를 할 때는 그 이야기를 액면 그대로 받아들이지 않는다. 그리고 이 관계가 계속 악화되고, 아이는 자신감이 없어져 더욱 성적이 떨어지고, 조급해진 부모가 뭔가 달라지게 해보려고 하면 관계는 더욱 나빠지는 식으로 악순환이 계속되는 것이다. 부모가 자녀에게 해줄 수 있는 일은 많지만, 그것은 어디까지나 자녀가 원하고 도움이 되는 방식으로 이루어져야 한다. 아이를 학교나 학원에 태워다 주고 데리러 가는 것, 학교 일을 열심히 하는 것, 자주 학교에 찾아가는 것 역시 아이가 원할 경우에만 해라.

아이가 공부를 안 하거나 성적이 떨어지면 부모는 아이들에게 뭔가 방법을 제시하고 잔소리를 한다. 하지만 부모가 제시한 방법을 따르면서 성적이 오르는 것은 초등학교 저학년 시절에나 가능한 일이다. 아이의 학과공부를 엄마가 가르칠 수 없는 학년이 되면, 성적과 공부방법에 관한 잔소리는 학교나 학원에 맡기는 것이 바람직하다. 사춘기 이후에 부모와 자식이 직접 성적 문제로 부딪히는 것은 문제해결에 도움이 되지 않는다. 같은 이야기라도 성적에 관한 전문가인 선생님이 말하는 편이 훨씬 아이에게 신뢰성 있게 전달된다.

부모와 자식 간의 거리는 조금 먼 편이 관계회복에 도움이 된다. 예를 들어 기숙사 고등학교나 기숙학원에 자녀가 다니면 정말 부모와 자식 간의 관계가 좋아진다. 학생들은 집에서 다닐 때보다 학습이나 자기 관리 면에서 훨씬 더 능동적인 태도를 보인다. 특히 상위권 학생들이 부모의 강한 압박을 받는 경우 학습 페이스를 잃고 자신감을 상실하는 경우가 있는데, 집에서 벗어나면 친구관계에서도 자신감을 회복하고 학원에 오면 즐거워한다. 집에서 힘들었던 장애물을 회피할 수 있는 공간이 학원이 되는 것이다.

중고등학교 때나 지금이나 내게 시간은 늘 '절대적'
으로 부족했다. 공부하는 사람은 늘 시간과 싸운다.
하고 싶은 일도 많고 해야 할 일도 많은데 시간은 한
정되어 있기 때문이다. 10년, 아니 20년이 지나도 마
찬가지일 것 같다. 하지만 초조해 하며 시간에 끌려다
니기보다는 내가 가진 1분 1초를 소중하게 쓰면서 시
간의 주인이 되어보려고 한다.

『공부는 내 인생에 대한 예의다』, 이형진, 쌤앤파커스

보통 학생관리가 잘 되는 학원을 부모는 좋아하고 학생은 싫어한다. 부모가 좋아하는 이유는 관리라는 것을 타율적이거나 외부에서 규제하는 것으로 이해하기 때문이다. 내 아이는 머리는 좋은데 제대로 통제가 안 돼 공부를 안 한다고 생각하는 부모는, 아이가 갖고 있는 잠재력에 대한 능동적인 기대가 없다. 이런 부모는 자녀를 관리 내지 통제하지 않으면 자녀가 잘못될 것처럼 생각한다. 자녀들 스스로는 아무것도 못할 것 같고, 자녀에게만 맡겨놓으면 성적도 떨어지고 품성도 나빠지고 엉망진창이 되어버릴 것 같은 불안감에 시달린다.

하지만 그것은 어디까지나 부모의 조급증이다. 자녀를 품에서 내려놓으면, 어느 정도 학업욕심이 있는 자녀들은 오히려 더 잘하고 더 잘 크게 마련이다. 엄마들 사이에서 가장 힘든 엄마로 꼽는 것이 '고3 엄마'다. 자녀가 고3이나 재수생이 되면 온 가족이 수험생이 된다. 고3 자녀가 학교에서 돌아오면 가족들은 TV를 끄고 '조심조심 모드'로 바뀐다. 수험생 자녀를 위해 온 가족이 1년 동안 근신하는 것이다.

하지만 가족들이 자신만을 위해서 조심하고 TV도 안 보고 가족여행도 가지 않는 것이 과연 수험생에게 도움이 되는 일일까? 반드시 그렇지는 않다. 수험생 자녀에게 집중하다 보면 모의고사 한 번, 내신시험 한 번, 주말에 아이가 잠시 노는 것, 이 모든 것에 일희일비一喜一悲하게 된다. 집착하게 되는 것이다. 그리고 이 집착은 수험생 자녀를 옥죄고, 스트레스와 압박감을 준다.

그러므로 자녀가 수험생이라 할지라도, 그 특수성 때문에 부모가 모든 즐거움을 포기할 필요는 없다. 수험생을 위해 부모가 개인생활을 포기하는 것은 양측 모두를 위해 바람직한 일이 아니다. 수험생 자녀가 그렇게 해달라고 한 것도 아닌데 모든 즐거움을 지레 포기해놓고 자녀의 성적이 조금이라도 떨어지면 "내가 누굴 위해서 지금 재미있게 놀지도 못하고 여행도 못하고 눈치 보면서 이러고 있는데, 넌 도대체 공부를 하는 거니, 마는 거니? 양심도 없니? 이렇게 해서 어떻게 좋은 대학엘 가?" 이런 식으로 몰아붙이는 것은 결코 긍정적인 결과를 가져오지 않는다.

부모는 수험생 자녀가 있더라도 자신들의 즐거움과 여유, 낭만을 포기해서는 안 된다. 간혹 부부동반 또는 친구들과 함께 여행도 가야 한다. 엄마가 편하게 생각하면 아이에게 편안함을 줄 수도 있다. 물론 자녀의 성향에 따라서 판단해야 하는 문제다. 어떤 아이는 시험 때만 되면 엄마가 옆에 있어야 집중도 잘 되고 좋다면서 엄마를 공부방에 머물게 하기도 한다. 이렇게 자녀의 특성에 따라 달라질 수도 있겠지만, 아이가 엄마의 말 때문에 마음에 상처를 입고 있다면 때로 엄마가 며칠 자리를 비우는 편이 부담을 줄여줄 수도 있다.

부모는 아이의 건강만 책임지자. 수험생 맛있게 밥 먹이는 거, 잠 편히 자도록 살피는 일 등은 엄마가 전문가다. 아이들도 그렇게 생각한다. 입시는 나 같은 사람이 전문가라고 생각하고 자신의 건강이나 생활을 돌보는 것은 엄마가 전문가라고 생각한다. 아이들도 어린 것 같지만 다 생각이 있다. 입시문제 얘기해봤자 "엄마가 뭘 알아" 하는 식의 태도가 나올 거다. 대신 아이가 2~3시까지 늦게 자면 일찍 자도록 하고 세 끼 밥 잘 챙겨주고 도시락 싸주고, 생활 관리에 최대한 집중하자. 그래도 시간이 남으면 자신의 운동을 해라. 실은 그것이 가장 현명한 일이다.

아이가 부모의 행복을 담보해주지는 않는다. 아무리 잘 키워도 결국은 내 품에서 떠나가고, 이후에는 며느리 또는 사위가 그 아이의 인생에 가장 큰 영향을 미칠 것이다. 여러 번 언급했지만, 자식은 알 속의 새끼고 부모는 어미 새다. 아이가 독립해서 성인이 되려면 부모는 아이가 알을 깨고 나올 때 조금의 도움만 줄 뿐 알 속에 영원히 가둬두려고 하면 안 된다.

12

객관적인 시각으로
자녀를 바라보라

학부모를 많이 만나다 보면 자녀의 교육과 생활, 진로에 대해 자유분방하고 허용적인 부모들이 있다. 우리 아이에게 공부로 인한 스트레스를 받게 하지 않겠다, 성격 좋고 대인관계 좋으면 사회에 나와서 잘 살더라, 자유롭게 살게 하겠다는 유형의 학부모들이다. 내가 겪어본 학생들을 위주로 보면, 강압적으로 키우는 학생보다는 자유분방하게 키우는 편이 결과가 좋을 가능성이 더 높다.

하지만 더 좋은 결과를 가져올 가능성이 높다는 것이지 '방임'하라는 것은 아니다. 학창시절 공부에서만큼은 부모들이 해주어야 할 어른의 몫이 있다. 의사가 되려면 어떻게 해야 하는지, 교수가 되려면 어떻게 해야 하는지, 영화감독이 되려면 어떻게 해야 하는지 등의 목표를 이루기 위해 필요한 덕목을 알려주고 조언하는 역할은 반드시 해야 한다.

너무 무조건 아이한테 맡기면서 "모든 것을 네가 알아서 해"라고 하면, 운전면허를 따지 못한 아이에게 자동차를 주며 거리로 내보내는 것과 같다. 적어도 운전학원에 보내주고 도로연수까지 시킨 다음에, "이젠 네가 가고 싶은 곳으로 가봐"라고 격려해야 한다. 사실 정확히 말하면, 가장 현명한 부모라면 딱 여기까지 해준다.

목적지와 경로를 모두 정해주고 일일이 일러주면서 시키는 대로 하라고 하면 자녀들은 부모 품에서 뛰쳐나가려고 한다. 자수성가한 부모일수록 자녀의 공부에 있어 더 강압적인 태도를 보이곤 하는데, 지나친 강압은 자녀들의 반항을 불러온다. 물론 이외에도 자녀들이 반항하는 이유는 많다. 이때 흔히 부모들은 '사춘기', '중2병', '고3병', '반항' 등으로 치부해버린다. 그러나 반드시 기억해야 할 것은 많은 아이들의 반항의 이면에는 엄마에 대한 미안함이 자리잡고 있다. 아이들이 보이는 태도, 특히 수험생의 부정적인 태도는 엄마가 밉거나 싫어서가 아니라 미안함에서 파생된 요인이 더 크다. 부모 기대만큼 못하니 미안하고 죄송한 마음에 짜증을 내는 것이다. 미안하지만 미안하다는 말 대신 짜증과 반항으로 대신하는 것, 그것이 사춘기고 성장과정이다.

부모는 새고 아이는 알 속의 새끼다. 성인이 되기 위해서는 알껍데기를 깨고 알 밖으로 나와야 한다. 부모랑 싸우고 부모를 공격하는 것은 지극히 당연하다. 사춘기를 겪는 시기와 질풍노도의 강도가 다소 차이가 있을 뿐 누구나 거치는 과정이다. 그리고 사춘기를 조용히 넘어가는지 거칠게 넘어가는지의 차이는, 아이가 아니라 부모가 만드는 것이다. 자녀를 이해하고 받아들이면 한쪽이 날카롭고 뾰족하더라도 서로 부딪쳐 큰 상처를 입는 일은 없다. 다소 차이는 있을망정 과정을 겪는 아이가 마치 큰 잘못이라도 하는 것처럼 비난하고 바로잡으려고 하면 여러 가지 심각한 문제가 생긴다.

부모에게 저항하고 반항하는 것이 지극히 정상적인 과정이고, 이러한 아이들도 실은 부모를 사랑하고 있다는 것을 부모가 먼저 알아야 한다. 부모에게 쌍욕을 하는 아이도 부모를 사랑하고, 가출하는 아이도 집을 원한다. 근본적인 마인드는 부모와 집을 사랑하는 것이다. 다만, 때가 되어 독립하려는 자연스러운 성장통인데, 마치 그것이 커다란 죄인 것처럼 또는 정말 부모를 싫어해서 하는 말처럼 받아들이고 "네가 그럴 줄 몰랐다" 하고 같이 소리를 질러서는 안 된다.

그렇다면 부모는 무엇을 어떻게 해야 하는가? 무엇보다 아이들이 그런 상태에 있다는 것을 부모가 먼저 이해하고 끌어안아야 한다. 자식이 먼저 잘못되는 경우는 없다. 어떤 학생이나 어떤 아이에게 성격적인 문제가 있을 때, 원인을 파고 들어가보면 반드시 부모에게 문제가 있다. 〈우리 아이가 달라졌어요〉라는 TV 프로그램이 있다. 욕을 하거나 자기고집만 피우는 아이, 누구의 말도 전혀 듣지 않는 일종의 문제아들이 등장한다. 이때 아이들의 행동 교정에 앞서 전문가들은 먼저 부모를 달라지게 하는 것으로 그 치료를 시작한다.

대부분의 학부모들은 자신보다는 자녀에게 모든 촉각이 맞추어져 있다. 그래서 아이를 달라지게 하려고만 하지 스스로 달라져야 한다는 생각은 않는다. 가르치는 것은 학교 선생님이나 학원 선생님 몫이고, 부모는 등록금이나 학원비를 대주면 끝이라고 생각하는 것이다.

그런데 자녀들에게 인성적으로나 교육적으로 가장 많은 영향을 주는 곳은 바로 가정이다. 부모 자신들인 것이다.

자녀들이 마음에 들지 않는 행동을 할 때, 차분히 객관적인 시선으로 자녀를 보라. 아이가 그렇게 행동하는 원인이 어디에 있는가? 아이는 그런 행동을 누구로부터 배우고 습득했을까? 아마 대부분의 부모들은 자녀가 아빠 또는 엄마를 닮았다는 점을 인정할 것이다. 밤 늦게까지 소파에 누워 TV 시청을 하는 부모는 언젠가 똑같은 행동을 하고 있는 아이들을 보게 된다. 그러면 속에서 화가 치밀어 아이들을 혼낸다.

하지만 냉정하게 생각해보자. 아이의 행동을 고치기 위해서는 누가 먼저 모범을 보여야 하는가? 아이를 나무라기 전에 자신부터 돌아보자. 부모가 먼저 달라져야 아이가 달라지고, 부모가 먼저 모범을 보여야 아이가 따라하는 법이다. 부모 먼저 자신의 태도를 돌아보고 고쳐야 할 점과 바람직한 태도를 생각해보기만 해도, 자녀와의 관계는 분명 조금씩 달라질 것이다.

지금 공부하는 네가, 모두를 놀라게 할 것이다

지금 공부하는 네가,
모두를 놀라게 할 것이다

1판 1쇄 발행 2013년 10월 21일
1판 3쇄 발행 2013년 12월 5일

지은이 김형중
기획 스토리텔링 홍태운
컨텐츠감수 이종서
구성진행 이미연
표지 이창욱
본문 정현옥
일러스트 추덕영
펴낸이 김병은
기획편집 서진
펴낸곳 프롬북스

등록번호 제313-2007-000021호
등록일자 2007.2.1.

주소 경기도 고양시 일산동구 장항동 867 웨스턴타워 1동 718호
문의 031-931-5990~1
팩스 031-931-5992
전자우편 edit@frombooks.co.kr

ISBN 978-89-93734-31-7 13370
정가 14,800원